조선의 문화공간

조선시대 문인의 땅과 삶에 대한 문화사

조선의 문화공간

조선시대 문인의 땅과 삶에 대한 문화사

이종묵 지음

humanist

조선시대 문인의
땅과 삶에 대한 문화사

1

조선 후기의 위항시인 장혼(張混)은 「옥계아집첩의 서문(玉溪雅集帖序)」에서 "아름다움은 절로 아름다운 것이 아니라 사람으로 인하여 드러난다(美不自美 因人而彰)"라 하였다. 아무리 아름다운 산과 물도 그 자체로는 의미가 없다. 뛰어난 인물을 만나고 또 그들이 남긴 글이 있어야 세상에 이름을 알릴 수 있다. 조선 중기의 문인 소세양(蘇世讓)은 송순(宋純)의 아름다운 정자 면앙정(俛仰亭)의 현판에서 이렇게 반문하였다. "산과 물은 천지간의 무정한 물건이므로 반드시 사람을 만나 드러나게 된다. 산음(山陰)의 난정(蘭亭)이나 황주(黃州)의 적벽(赤壁)도 왕희지(王羲之)와 소동파(蘇東坡)의 붓이 없었더라면 한산하고 적막한 물가에 지나지 않았을 것이니, 어찌 후세에 이름을 드리울 수

있었겠는가?" 과연 그러하다. 왕희지의 「난정서(蘭亭序)」나 소동파의
「적벽부(赤壁賦)」가 있기에 사람들은 중국을 여행할 때 소흥(紹興)에
가서 난정을 찾고 호북(胡北)의 양자강 강안에서 적벽을 물어본다. 그
렇지만 그곳에 가본들 무엇이 있겠는가? 난정이 있던 곳이나 양자강
의 적벽은 현대식 공원으로 존재할 뿐이다. 이러한 사실을 모르는 것
은 아니지만 역사의 유적지를 찾지 않을 수 없으니, 이것이 바로 글의
힘이다.

　땅은 아름다운 사람의 아름다운 글이 있어야 그 아름다움을 떨친
다. 옛사람들은 아름다운 글로 아름다운 땅의 주인이 되었다. 누가 무
어라 해도 난정과 적벽의 주인은 왕희지와 소동파다. 소동파가 「적벽
부」에서 만물은 주인이 있지만 맑은 바람과 밝은 달은 주인이 없어
취하는 자가 주인이라 하였거니와, 옛사람들은 풍월주인(風月主人)이
되고자 하였다. 옛사람들은 풍월의 주인이 되기 위하여 이름 없는 산
과 물에 이름을 붙이고 그 산과 물에 대한 아름다운 글을 지었다. 아
름다운 글이 있어 땅은 아름다운 이름을 후세에 전하게 된다.

2

　글은 사람을, 그리고 과거를 기억하게 한다. 근대라는 괴물의 힘에
밀려 아름다운 우리의 산하가 많이 손상을 입기는 하였지만, 그러한

땅에도 아름다운 옛사람의 자취가 서려 있다. 장혼이 아름다움은 사람으로 인하여 드러난다고 선언한 곳은 인왕산의 옥류동(玉流洞)이다. 지금 옥류동은 주택가로 변해 그곳에 옥 같은 맑은 물이 흐르던 개울이 있었다는 사실조차 알 수 없지만, 옥류동은 아름다운 장혼의 글로 인하여 길이 사람들의 기억에서 사라지지 않을 수 있다. 기억에서 사라지지 않으면 언젠가 그 기억을 복원할 수 있다. 아름다운 청계천에 대한 기억이 있었기 때문에 청계천이 되살아날 수 있었던 것과 같다.

글은 기억의 끈을 놓지 않게 하는 중요한 수단이다. 옛사람들은 와유(臥遊)라는 말을 좋아하였다. 와유는 방 안에 산수화를 걸어놓고 상상으로 산수 유람을 즐기는 것을 이른다. 왜 이렇게 하는가? 조선 후기의 큰 학자 이익(李瀷)은, 마음은 불빛처럼 순식간에 만 리를 가므로 사물에 기대지 않아도 될 것 같지만 기억의 단서가 없으면 이것이 불가능하다 하였다. 그러면서 본 것이 없는 선천적인 맹인은 꿈을 꾸지 않는다고 하였다. 사진첩을 보고 지난날을 기억하듯이 산수를 그린 그림을 보거나 산수에 대한 글을 읽어야 기억을 놓치지 않을 수 있다.

3
—

이 책은 아름다운 우리 땅에 대한 기억의 끈을 놓지 않기 위해 10여 년 작업한 결실이다. 이언적(李彦迪)의 독락당(獨樂堂)처럼 당시의 모습을 간직하고 있는 곳도 있다. 이황(李滉)이 우리집 산이라 한 청량산은 변함없이 서 있다. 그러나 인왕산 옥류동처럼 지금은 흔적조차 찾을 수 없는 곳이 더욱 많다.

이 책은 관광(觀光)을 위한 것이다. 관광은 빛을 본다는 뜻이다. 빛은 문명이다. 문명을 보기 위해 눈과 다리만 가서는 되지 않는다. 마음이 따라가야 한다. 마음은 글에 있다. 옛사람이 사랑한 땅에 대한 글을 읽으면서 마음으로 그 빛을 보아야 한다. 흔적조차 없는 인왕산 아래의 주택가에서 인왕산에 대한 장혼의 글을 읽고, 압구정동 현대 아파트에서 압구정(狎鷗亭)에 대한 글을 읽으면서 마음으로 옛사람이 남긴 빛을 보기 바란다. 아름다운 산수를 그린 글을 읽으면 그곳에 가서 놀고 싶은 마음이 들고, 지금 이미 사라진 곳이라면 다시 살려보고 싶은 마음이 들 것이다. 또 그처럼 살고 싶은 마음에 상상의 정원을 꾸밀 수 있을 것이다. 그럼으로써 우리 조상들이 사랑한 땅과 삶에 대한 기억의 끈을 현대인들이 놓지 않기를 바란다.

조선 초기부터 조선 말기까지 수백 종에 달하는 문집을 섭렵하면서 기억의 끈이 될 만한 자료를 뽑았다. 그리고 틈틈이 나의 글로 엮고 보니 80편 남짓 되었다. 이러한 작업을 하는 도중에 참으로 안타까운 일이 있었으니, 사람이 아름답고 그가 살던 땅 역시 아름답지만 이를 글로 풍성하게 남기지 않은 경우가 그러하였다. 또 글이 남아 있지만 그곳이 어디인지 확인할 수 없을 때도 있었다. 땅은 그 자체로 아름다운 것이 아니라 사람이 있어야 드러난다는 장혼의 말이 여기에서도 확인된다. 필력으로 없는 자료를 채워 기억의 끈을 잇는 일은 내가 잘할 수 있는 일이 아니라 여겨 부득이 빠뜨린 대상이 적지 않다. 물론 자료는 풍성하지만 다루지 않은 것도 많다. 옛글이 내 마음을 끌지 못하면 다루지 않았고 내가 아니라도 이미 세상에 널리 알려져 있으면 그 또한 일부러 뺐다.

4
—

이 책은 문화유적지에 대한 현장답사를 위한 것이 아니다. 마음으로 옛글을 통하여 옛사람이 사랑한 땅과 삶에 대한 기억의 끈을 이어주기 위한 것이다. 그래서 답사에 편하게 지역에 따라 분류하는 방식을 택하지 않았다. 옛사람은 처한 환경에 따라 시대에 따라 사랑한 땅과 그곳에서 살아간 삶의 방식이 다르다. 이를 보이기 위하여 이 책에서는 시대에 따라 권을 나누고, 처지에 따라 다시 장을 나누었다.

먼저 1책에서는 조선 개국 후 태평을 구가하던 시절에서부터 사화(士禍)로 인하여 사림이 유배를 떠나는 시기까지를 다루었다. 대략 명종 무렵까지에 해당한다. 2책에서는 선조대에서 광해군대까지 우리 문화사에서 중요한 인물과 관련한 공간을 다루었다. 사림정치가 본격화되는 시기로 자의와 타의에 의한 귀거래, 그리고 그곳에서 수양에 힘쓰거나 풍류를 즐기는 사람들의 이야기가 중심을 이룬다. 3책은 광해군과 인조대에 영욕의 세월을 산 문인과 이후 17세기 사상계와 문화계를 호령한 명인들이 살던 땅을 다루었다. 4책은 조선 후기에 해당하는 18~19세기 문학과 학문, 예술을 빛낸 문인들의 이야기다. 이렇게 나눈 것은 역사학계에서의 일반적인 시대구분과 다르지만, 무슨 거창한 뜻이 있어 그러한 것은 아니다. 시대에 따라 처지에 따라 그들이 사랑한 삶의 모습이 좀더 쉽게 전해지기를 바랄 따름이다.

5

이 책은 내가 좋아서 쓴 글을 엮은 것이다. 10여 년 전에 마음에 맞는 벗들과 문헌과해석이라는 모임을 만들었다. 좋아서 공부하고 좋아서 글을 써서 『문헌과해석』에 연재를 하였다. 이를 수정하고 훨씬 많은 글을 더하여 이렇게 세상에 내놓게 되었다. 내가 좋아서 쓴 글이라 애초부터 학술의 냄새를 풍기지 않으려 했기에, 선배들과 후학들의 업적을 크게 참조하였지만 글마다 자세히 밝히지 않고 참고문헌으로 대체하였다. 널리 헤아려주실 것으로 믿는다.

내가 좋아서 쓴 글이지만 남이 좋아할지는 알 수 없다. 그럼에도 서툰 글을 아름다운 책으로 만들어준 휴머니스트의 여러 분들에게 깊이 감사를 드린다. 재주가 부족하여 글이 딱딱한데도 꼼꼼하게 읽고 내 뜻을 사진으로 표현해 준 권태균 선생에게도 경의를 표한다. 내가 가르쳤지만 늘 내 모자람을 채워주는 장유승 군이 꼼꼼하게 교정을 보아주어 참으로 고맙다. 아울러 내 글이 이분들에게 누가 되지 않기를 바란다.

2006년 7월 어느 날

관악산 아래 남쪽 창가에서 이종묵이 쓰다.

조선 중기

귀거래와 안분

들어가는 말   15

1. 산과 물이 좋아 물러난 삶

- 이현보의 귀거래와 분천의 풍류   22
- 세월을 보내는 집 송순의 면앙정   38
- 안의삼동을 사랑한 사람들   60
- 신선의 땅 감호와 양사언   90
- 달빛처럼 고운 창옥병과 박순   108

2. 명현으로 인하여 이름난 땅

- 꽃이 아름다운 땅 화담과 서경덕   128
- 이언적의 맑은 마음과 독락당   146
- 조식의 태산벽립과 지리산   164
- 퇴계학의 성산 청량산   188
- 이이의 고산구곡가와 은병정사   222

3. 예술과 풍류의 공간

- 물과 달이 있는 송인의 수월정   246
- 봉은사와 삼당시인의 풍류   262

- 달이 먼저 뜨는 월선정과 이정   284
- 남원 제호의 풍류와 양대박   300
- 강화 앵두파의 초당과 권필   318
- 사랑과 혁명의 땅 우반동과 허균   340

4. 풍진을 떠나 사는 즐거움

- 권호문이 미인처럼 사랑한 청성산   372
- 유배지 평해를 빛낸 이산해   394
- 유성룡의 귀거래와 하회마을   418
- 은둔의 땅 돈암과 김장생   446
- 돈달산의 야인 고상안   464

참고문헌   478

찾아보기   485

1책   **조선 초기** | 태평성세와 그 균열

3책   **조선 중기** | 나아감과 물러남

4책   **조선 후기** | 내가 좋아 사는 삶

귀거래와 안분

　조선은 선비의 나라다. 조선의 선비들이 가장 좋아하는 말 중 하나가 귀거래(歸去來)다. 도연명(陶淵明)의 『귀거래사(歸去來辭)』에 나오는 이 말은 벼슬살이에 지친 문인들의 꿈이다. 안분(安分)은 자신의 분수를 편안하게 여기는 것이다. 복잡한 현실에서 물러난 뒤 복잡한 도심을 떠나 한적한 곳에서 여생을 보내고 싶은 것은 예나 지금이나 모든 사람의 꿈이다.

　귀거래는 고향으로 돌아가는 것이다. 사대부가 고향으로 돌아간다고 해서 농사를 짓고 사는 것은 아니다. 호미와 쟁기 대신 붓을 잡고 사랑하는 고향땅과 그곳에서 안분자적하는 삶을 그려낸다. 그리하여 그 고향땅은 세상에 널리 이름이 나게 된다. 이현보(李賢輔)의 분천(汾川), 송순(宋純)의 면앙정(俛仰亭), 양사언(楊士彦)의 감호(鑑湖), 박순(朴淳)의 창옥병(蒼玉屛), 임훈(林薰)과 노진(盧禛) 등의 안의삼동(安義

二洞)이 그러한 곳이다. 이들은 물러나 살던 땅을 사랑하여 아름다운 글에 담았다. 이들의 글에는 400여 년의 세월도 훌쩍 뛰어넘는 아름다운 땅이 그려져 있다. 이것이 바로 옛사람이 고향을 사랑한 방식이다. 이들은 벼슬의 높고 낮음은 다르지만 고향을 사랑하였다는 점에서는 다르지 않다.

조선 전기를 대표하는 선비를 꼽자면 서경덕(徐敬德), 이언적(李彦迪), 조식(曺植), 이황(李滉), 이이(李珥) 등을 들 수 있을 것이다. 화담(花潭)은 서경덕의 호이면서 그가 평생 학문을 익히던 땅이요, 독락당(獨樂堂)은 이언적이 수양을 하던 집이다. 지리산은 태산벽립(泰山壁立)의 기상을 자랑하는 조식의 상징이 되었고, 청량산은 온유(溫柔)한 이황의 덕을 닮은 산이다. 해주의 석담(石潭)은 이이가 주자(朱子)처럼 살고자 한 땅이다. 뛰어난 선비들을 상징하는 곳인지라, 임금조차 이곳의 그림을 구하여 그 뜻을 배우고자 하였으니, 조선시대 학문의 성지라 할 만하다.

근엄한 유학자에게 산과 물은 강학과 수양의 공간이었지만, 예술과 풍류를 사랑하는 사람은 그 산과 물을 배경으로 시와 노래를 지어 부르고 그림을 그렸다. 부마로서 남부럽지 않은 부귀영화를 누린 송인(宋寅)은 한강 동호에 수월정(水月亭)을 짓고 아름다운 여인이 부르는 노래를 들으면서 살았다. 동호 건너에 있는 봉은사(奉恩寺)는 세칭 삼당시인(三唐詩人)의 낭만적인 시가 지어진 공간이다. 그림과 시와 글씨에 두루 뛰어나 삼절(三絶)이라 불렸던 이정(李霆)은 금강에 달이 먼저 떠오른다는 뜻의 월선정(月先亭)을 짓고 그곳에서 아름다운 그림을 그렸다. 조선 최고의 시인으로 평가되는 권필(權韠)은 마포와 강화도를 오가며 주옥같은 시를 지었다. 조선의 문제적 지식인 허균(許筠)은 부안에서 혁명을 꿈꾸고 사랑을 속삭였다. 양대박(梁大樸)과 그 아들 양경우(梁慶遇)는 남원 외곽으로 흐르는 섬진강 강가의 집에서 지리산을 닮은 시를 지었다.

선조는 무려 41년 동안 재위하였다. 조선 개국 후 200여 년간 전란이 없는 태평의 세월 속에 길러진 인재가 선조 연간에 크게 활약하게 된다. 그래서 선조의 능호(陵號)를 따서 이 시기를 목릉성세(穆陵盛世)라 한다. 삼당시인과 권필, 허균, 양대박 등은 문학으로 목릉성세를 빛내었다. 이황의 제자로 안동의 청성산에서 조용하게 살다 간 권호문(權好文)은 「독락팔곡(獨樂八曲)」 등을 지어 시가사를 빛내었다. 임진왜란 때 의병장으로 공을 세웠으나 세상이 싫어 고향 돈달산으로 물러난 고상안(高尙顔)도 선비로서의 삶을 맑은 글에 담았다. 이황의 제자로 남인(南人)의 영수가 된 유성룡(柳成龍)과 서경덕의 학문을 계승하여 북인(北人)의 영수가 된 이산해(李山海)는 목릉성세에서 가장 빼어난 정치가로 꼽을 수 있다. 이들은 문학에도 뛰어나 정쟁과 전란의 와중에도 글을 지어 고향과 유배지를 아름답게 꾸몄다. 이이의 제자 김장생(金長生)은 목릉성세를 대표하는 학자로서 벼슬에서 물러나 기라성 같은 제자들을 길러내었다. 그런 점에서 논산의 양성당(養性堂)과 그 터에 세운 돈암서원(遯巖書院)은 서인 혹은 노론의 성지라 할 만하다. ▣

1. 산과 물이 좋아 물러난 삶

- 이현보의 귀거래와 분천의 풍류
- 세월을 보내는 집 송순의 면앙정
- 안의삼동을 사랑한 사람들
- 신선의 땅 감호와 양사언
- 달빛처럼 고운 창옥병과 박순

척수암

이현보의 귀거래와
분천의 풍류

귀거래 귀거래 말뿐이요 갈 이 없어

전원이 묵어가니 아니 가고 어쩔꼬

초당에 청풍명월이 나며들며 기다리나니

농암 귀먹바위를 한자로 바꾼 말로, 은둔하여 벼슬살이에 대한 말을 듣지
않겠다는 뜻을 표방한 것이다. 안동댐이 건설될 때 글씨 부분만 잘라 언덕
위로 옮겼다.

귀거래를 꿈꾸며

이현보(李賢輔, 1467~1555)가 귀거래하기로 마음먹은 것은 그의 나이 44세 되던 1510년이었다. 이때 이현보는 형조정랑(刑曹正郎)으로 조정에 있었는데, 부모 봉양을 위하여 외직을 자청하여 영천군수로 나갔다. 잠시 고향인 분천(汾川)에 들러 조그만 빈터를 잡아 연못을 파고 그 위에 명농당(明農堂)이라는 정자를 지었다. 그러나 그후 벼슬살이에 매여 명농당을 자주 찾지 못하였기에, 도연명의 고사를 바탕으로 〈귀거래도(歸去來圖)〉를 그려 서울집의 벽에 걸고 귀거래를 다짐했다. 세사에 얽매여 귀거래의 뜻을 이루지 못하던 그는 1542년 드디어 완전한 귀거래를 이루었다.

「연보」에 따르면 1542년 7월 17일 고향으로 떠나는 그를 위한 성대한 전별연이 한강에서 열렸다고 한다. 이 자리에는 정사룡(鄭士龍), 이희보(李希輔), 권벌(權橃), 이언적(李彦迪) 등이 참석하였고, 이어진 두모포 전별연에는 김안국(金安國), 성세창(成世昌), 송인수(宋麟壽), 조사수(趙士秀), 이황(李滉) 등이 참석하여 성황을 이루었다. 이현보는 이날의 감회를 이렇게 말했다.

가정(嘉靖) 임인년(1542) 가을, 농암 노인이 비로소 관복을 벗게 되어 도성문을 나와 고향으로 돌아갈 배를 빌렸다. 한강에서 전별의 술을 마시고 취하여 배 안에 누웠다. 달이 동산에 오르고 산들바람이 불어왔다. 문득 도연명의 '배는 가벼운 바람에 흔들흔들, 바람은 하늘하늘 옷에 불어오네(舟搖搖以輕颺 風飄飄而吹衣)'라는 구절을 읊조렸다. 귀거래의 흥겨움이 더욱 커졌다. 저도 모르게 빙그레 웃음지었다.

이현보, 「효빈가(效嚬歌)」, 『농암집(聾巖集)』

이현보는 본시 바둑과 술과 음악을 좋아하여 서울을 떠날 때 배에 싣고 온 것도 화분 몇 개와 바둑판뿐이었다고 한다. 도연명의 청빈한 삶을 따르려 하였음을 확인할 수 있다. 이현보는 도연명의 귀거래를 본받아 「효빈가(效嚬歌)」를 지었다. 「효빈가」는 다음과 같다.

귀거래 귀거래 말뿐이요 갈 이 없어
전원이 묵어가니 아니 가고 어쩔꼬?
초당에 청풍명월이 나며들며 기다리나니.

귀거래의 땅 분천은 이현보의 고조 이헌(李軒)이 정착하여 전장을 마련한 곳이다. 이현보는 1508년경 이곳에 애일당(愛日堂)을 짓고 부모를 모셨다. '애일'이라는 말은 늙으신 부모를 모실 수 있는 시간이 부족하므로 하루하루를 아낀다는 뜻이다. 애일당을 짓게 된 경위는 「애일당중신기(愛日堂重新記)」에 자세히 기록되어 있다.

애일당은 집 동쪽 1리 영지산(靈芝山) 기슭 높은 바위 위에 있다. 주인 늙은이가 중종 2년(1508) 가을 부모님 봉양을 위하여 영천군수로 임명되길 청하였다. 영천은 선영이 있는 곳과 사흘 거리다. 늘상

문서더미에 파묻혀서도 부모님의 안부를 물으러 가지 않은 달이 없었다. 그러나 시골집이 좁고 누추하여 부모님을 즐겁게 해드릴 수 없었기에, 마침내 바위 곁에 집을 지었다. 예컨에는 바위에 이름이 없었다. 민간에서는 이색암(耳塞巖, 귀먹바위)이라 한다. 그 앞에 큰 강이 있고 위쪽에 급한 여울이 있어, 물 흐르는 소리가 울려퍼지면 사람들의 말소리를 듣지 못하게 막아버린다. '이색'이라는 이름은 아마도 여기에서 비롯되었을 것이다. 은둔하여 벼슬살이에 대한 이야기를 듣지 않는 사람들의 거처로는 참으로 마땅하다. 그리하여 이 바위를 농암(聾巖)이라 하고 아울러 늙은이의 호로 삼았다. 명절 때마다 반드시 이곳에 양친을 모셔와 자제들을 거느리고 술잔을 올리거나 색동옷을 입고 놀았다. 그러나 어버이의 연세가 날로 많아지시니 한편으로 기쁘면서 한편으로 슬픈 마음이 들지 않을 수 없어 그 집을 애일당이라 하였다.

이현보, 「애일당중신기」, 『농암집』

그후 이현보는 서울에서 벼슬을 하고 외지에서 왕명을 받드느라 농암에 상주하지는 못하였지만, 30여 년의 세월 동안 분천을 왕래하면서 지극정성으로 어버이를 모셨다. 이현보는 1519년 안동부사로 부임하자 안동부에 사는 80세 이상의 노인들을 초청하여 성대한 양로연을 베풀고 당대 최고 문사들과 수창함으로써 안동을 지방문화의 중심지로 만들었다. 이현보의 「화산양로연시병서(花山養老宴詩幷序)」에 따르면, 그는 1519년 안동부사로 내려왔는데, 1511년 영천군수로

도산도분천리 강세황이 1751년 그린 그림으로 분천서원 오른편에 애일당이 보인다.
국립중앙박물관에 소장되어 있다.

있을 때 쌍청당양로연(雙淸堂養老宴)을 연 데 이어 안동의 80세 이상
노인 수백 명을 모셔 잔치를 베풀었다고 한다. 이때의 성사(盛事)를
그린 그림이 농암종택에 소장되어 있던 〈화산양로연도(花山養老宴
圖)〉다. 1519년 가을에 열린 화산양로연에는 중종대를 대표하는 마흔
명에 가까운 문인들이 시를 보내었으니, 당대 최고의 성사라 할 만하
다. 또「애일당구로회(愛日堂九老會)」에 따르면, 1533년 홍문간 부제
학으로 있던 이현보가 휴가를 받아 내려와 부친을 위하여 70세가 넘
은 마을의 사족들을 애일당에 모셔 구로회를 만들었다고 한다.

분천으로 물러난 즐거움

귀거래의 뜻을 이룬 이현보는 분천의 아름다움을 시문으로 꾸미는 일에 몰두하였다. 이현보가 분천으로 내려오자 이 일대는 당대 최고의 문인 석학들의 시가 제작되는 공간이 되었다. 이현보는 분천의 여덟 가지 승경을 선정하였다. 명농당의 화려한 벽(明農畵壁), 굴탄의 고기잡이(窟灘釣魚), 농암 높은 곳에 오르는 일(聾巖登高), 남쪽 교외에서 활쏘기(南郊射侯), 영천으로 스님을 찾아가는 일(靈泉尋僧), 서산에서의 눈구경(西山觀雪), 송현에 매를 놓아 사냥하는 일(松峴放鷹), 뒤

뜰의 배나무(北園禁梨) 등이 그것이다.

이중 영천은 곧 영지정사(靈芝精舍)를 가리키는 것으로 보인다. 영지정사는 이현보의 집에서 북쪽으로 몇 리쯤 떨어진 곳에 있었는데, 1542년에 그의 도움으로 세워진 절이다. 지나치게 스님들이 많이 올까봐 절이라 하지 않고 굳이 정사(精舍)라는 명칭을 붙였다. 한적한 분위기를 깨지 않도록 찾아오는 손님이 있으면 말과 종을 떨쳐두고 단출하게 들어오라는 뜻에서 입구의 계단을 사마계(捨馬階)라 하였다. 둔대는 두망대(杜妄臺)라 하였는데, 공치규(孔稚圭)의 「북산이문(北山移文)」에 나오는 말을 취한 것으로, 속세에 대한 망령된 생각을 끊겠다는 뜻을 밝힌 것이다. 이현보는 이 절의 한적함을 길이 지키라는 뜻으로 절구시를 써서 손자사위 황준량(黃俊良), 그리고 이황·이해(李瀣) 형제에게 보내어 답을 받았다.

바로 인근에 집을 두었던 이황은 이때 서울에서 벼슬살이를 하고 있었다. 그 역시 영지산을 사랑하여 늘 이곳에서 독서를 하였고, 이곳에 작은 집을 짓고 살고 싶다는 뜻에서 호를 영지산인(靈芝山人)이라 하였다. 이현보는 후학 이황에게 보낸 편지에서, 전에는 이황이 주인이었는데 이제 자신이 차지하여 주인이 바뀌었으니 내려와 송사를 벌이라고 농담을 하였다. 이에 이황은 영지산인이라는 호를 이현보에게 돌린다면서 차운한 시 두 편을 보낸 바 있다.

그후 1542년 9월 이황이 고향으로 내려와 영지정사를 찾아와 수창하였다. 또 1544년 2월에는 경상감사로 있던 이언적이 농암으로 찾아왔다. 같은 해 4월에는 귀향한 황준량 등과 점석(簟石)에서 호탕한 술

자리를 베풀었다. 낙동강이 농암 아래에 이르면 조그만 배를 띄우고 노를 저을 수 있을 만큼 넓고 깊어지는데 이를 분강(汾江)이라 하고, 강 가운데 비단자리처럼 된 반석을 점석이라 하였다.

이와 비슷한 시기에 청량산(淸凉山)을 유람하던 주세붕(周世鵬)이 이현보의 집에 찾아왔다. 이현보는 그와 바둑을 두고 술을 마셨다. 나이든 여종에게 거문고를 연주하게 하고 어린 종에게 아쟁을 연주하게 하면서 「귀거래사」와 「귀전부(歸田賦)」를 노래하고, 이하(李賀)의 「장진주사(將進酒詞)」, 소동파(蘇東坡)의 「달 밝은 밤 살구꽃 아래에서 객들과 술을 마시다(月夜與客飮酒杏花下)」를 노래하였으며, 그의 아들 이문량(李文樑)은 축수(祝壽)의 노래를 불렀다. 이어 주세붕과 이문량이 일어나 춤을 추자, 78세의 고령인 이현보도 일어나 춤을 추었다.

1547년에는 이현보 자신이 중심이 되어 속구로회(續九老會)를 결성하였다. 이 소식을 들은 이황이 화답하는 시를 보내었으며, 영천군수로 이 잔치를 마련한 아들 중량(仲樑)이 다시 화답하였다. 황준량 역시 이 시에 화답하였다. 이때의 일을 기록한 것이 보물로 지정되어 있는 「애일당구로회첩(愛日堂九老會帖)」이다.

애일당을 중수한 뜻

이현보가 완전한 귀거래를 이룬 뒤 7~8년이 지났을 때 아들 이중량이 영천군수가 되어 이현보가 어버이를 봉양했듯 이현보를 모셨다. 이때 애일당은 오래되어 이미 퇴락하였다. 이에 이현보는 예전의 제도를 따르되 조금 늘리기도 하고 줄이기도 하여 농암과 가지런한

애 일 당

부모를 모실 시간이 부족하므로 하루하루를 아끼는 집이라는 뜻이다.

안동댐이 건설되면서 언덕 위로 옮겨 지었다.

높이로 만들었다. 농암 위에는 대(臺)가 있고 대 위에 다시 대가 있어 몇 층의 탑처럼 솟아 있었다. 또한 소나무가 그늘을 드리우고 돌길이 얽혀 있어 잠시 쉬었다가 올라가야 했다. 애일당에서 바라본 경관은 다음과 같다.

이에 옛 제도를 따라 조금 더하고 줄였는데 애일당의 높이는 농암과 가지런하게 하되, 농암 위에 대를 두었는데 대 위에 다시 대가 있어 층층의 탑처럼 빼곡하였다. 솔그늘이 어리고 돌길이 얽혀 있어 사람들이 반드시 쉰 다음에야 오르게 되어 있다. 바라보면 그 북쪽으로는 구름을 받치고 있는 높은 산에 기대어 있고, 서쪽으로는 긴 숲이 큰 길을 빼곡하게 둘러싸고 있다. 동쪽을 바라보면 긴 강이 굽이굽이 청량산에서 흘러나오는데 천 개의 바위와 만 개의 골짜기가 비뚤비뚤 서리고 얽혀 있다.

물이 조금 흘러내린 곳에 관어천(官魚箭)이 있어 긴 성처럼 물길을 끊고 있다. 관어천의 물이 부딪쳐 흘러 그 아래 깊은 못을 이루는데 별하연(別下淵)이라 한다. 별하연은 절벽을 베고 있는데 그 위에 정사를 세웠으니 곧 예전의 병풍암(屛風庵)이다. 기암괴석과 삐죽한 좌우 봉우리의 그림자가 못 아래로 떨어지는데 겁이 나서 아래를 내려다볼 수가 없다.

여기서부터 물이 점점 느려지고 맑아진다. 농암 아래에 이르면 물이 가득 고여 작은 배를 띄울 수 있다. 이곳을 분강이라 한다. 분강 가운데 반석이 있는데 마치 비단으로 만든 자리처럼 생겨 첨암이라 한다. 손님이 오면 술을 싣고 가서 노닌다. 그 건너에 소나무가 늘어서 있는데 일산 모양으로 누워 있다. 예전에 의인현(宜仁縣)의 관아가 있던 곳이다. 그 터는 아직 남아 있고 오래된 절도 남아 있다. 벼가 비옥한 들판에 가득하고 아침저녁 외로운 마을에 연기가 쓸쓸히 피어오른다. 그밖에 원근의 산천에 있는 이름난 고적과 바라다보이는 명승지는 노인들의 전하는 이야기에 남아 있기도 하고 중간에 유람 온 사람들이 쓴 글에도 실려 있으므로 다 적을 필요는 없을 것이다. 그래서 그 대강만을 기록한다.

이현보, 「애일당중신기」, 『농암집』

애일당을 중수한 때는 이미 이현보의 부모가 세상을 떠난 뒤였으므로 단순한 유흥의 공간으로 오해될 소지가 있었다. 어떤 사람이 이 점을 지적하자 이현보는 망설임 없이 자신의 뜻을 밝혔다.

"못과 누대와 정자는 올라가 노닐 만한 좋은 곳이지만 허무하게 세월을 보내면서 즐거움에 탐닉한다는 허물이 있을까 두렵소. 노인이 정자를 수리하여 후대에 넘기려는 것은 자손에게 편안하고 즐겁게 살 마음을 열어주는 것이지, 그들에게 좋은 것을 전하는 것은 아니라 하겠소"

"그렇지 않소. 당을 이미 애일당이라 편액하였으니 한 몸의 유락만을 위한 것이 아니요, 어버이를 받들어 모실 날이 부족하다는 뜻이 들어 있는 것이라오. 늙은이의 후손이 이 당에 올라 마땅히 명예와 의리를 돌아보고 어버이를 가까이함에 오직 효성만을 본받고 몸을 편안히 보존하려고 당을 만들었다는 것만을 생각하여야 할 것이지요. 겨를이 있어 회포를 풀고 봉양할 장소로 삼게 된다면, 애일당은 늙은이 가문에서 대대로 지켜나갈 법이 되리니, 어찌 반드시 이것을 가지고 자손들에게 누가 되게 하겠소."

이현보, 「애일당중신기」, 『농암집』

그의 바람대로 애일당의 전통은 지속되었다. 그 단적인 예가 구로회(九老會)다. 이현보 이후에도 그의 아들과 후손들이 지속적으로 구로회를 계승하여 1775년까지 구로회가 열렸으며, 1902년 다시 구로회가 결성되었다고 한다.

퇴계와 나눠 가진 분천의 풍류

이현보는 애일당을 중수한 뒤 이황에게 기문을 부탁하고 시를 주고받았다. 또 이황 형제와 병풍암에서 뱃놀이를 하기도 하였다. 이 무렵 이황은 단양군수와 풍기군수 등 인근의 고을원으로 있었는데 여러 차례 이현보에게 색지(色紙)나 달력 등을 보내어 존경의 뜻을 표하였다. 이현보 또한 이황이 처소를 옮길 때마다 시를 보내었다. 1550년 2월 이황이 퇴계로 물러나자 이현보는 몸소 이황을 찾아가 수창하였다. 또 1550년 3월 17일에는 농암으로 찾아온 이황과 시주를 즐겼다. 노래하는 아이가 소동파의 「달 밝은 밤 살구꽃 아래에서 술을 마시다(月夜飮杏花下)」를 노래하였는데, 이에 차운하여 시를 주고받기도 하였다. 이해 윤6월 15일에도 함께 배를 타고 달밤을 즐겼으니, 이 무렵 이현보와 가장 많은 시를 주고받은 이는 이황이었다. 1551년 11월에는 눈 속에 임강사(臨江寺)로 찾아온 이황과 시를 나누었다. 이듬해 봄에는 임강사에 있는 번도(蟠桃)를 함께 완상하였으며 여름에는 점석에서 함께 뱃놀이를 즐겼다. 이현보는「비 그치자 배를 띄워 점석에서 노닐면서 경호의 시에 차운하다(雨餘泛舟遊簞石次景浩)」(『농암집』)라는 시의 서문에서 이때의 모습을 다음과 같이 적었다.

　　점석을 유람하기 위해 경호(景浩, 이황의 자), 중거(仲擧, 황준량의 자), 그리고 자제 몇 사람과 더불어 작은 배를 타고 농암 아래에서 출발하였다. 느릿느릿 가서 사자석(獅子石)을 지나 상암(象巖)에 이르러 배를 정박하고 두루 구경하였다. 함께 그 위에 올라가 한참을 배회하였다. 그리고서 바로 점석에 도착하였는데 이때 마침 장맛비가 막 개었다. 점석은 먼지가 다 씻겨 구슬처럼 매끈매끈하고 그저 남은 물방울이 바위틈에 고여 있을 뿐이었다. 자리를 골라 둘러앉았는데 차서(次序)를 정하지는 않았다. 작은 술자리를 열고 예를 갖추어 술과 안주를 들었다. 모두 진솔회(眞率會)처럼 한 것이다. 이야기도 하고 술도 마시면서 하루를 보내니 해가 저물었다.

　　구름이 달을 가리자 물빛이 아스라해져 촛불을 밝혔다. 바위가 강 가운데 있는데 강물이 여기서 갈라져 흐른다. 한 줄기는 내가 앉은 자리를 따라 내려갔다. 경호는 그 아래 앉았다. 늙은 나는 술기운에 장난기가 동하여 술잔에 술을 붓고 나무받침을 만들어 띄웠다.

분천헌연도 1562년 이현보가 분천에서 부모님을 위하여 베푼 잔치를 그린 그림. 높은 언덕에 있는 집이 애일당이고 멀리 보이는 것은 종택이다. 그림은 농암종택에 소장되어 있다.

경호가 웃으면서 가져다 마셨다. 이렇게 두세 번을 주고받으니 중거 등이 멀리서 보고 부러워하였다. 마침 반석 위에 구유통처럼 오목하게 생긴 틈이 있어 물이 담겨 넘치고 있었다. 좌우로 나누어 앉아 술잔을 띄워보내 주거니받거니 하였다. 그 또한 기이한 일이었다. 이 때문에 모두 취하였다. 첫날 태수와 함께하지 못한 것이 한스럽다.

그후 이황이 다시 서울로 올라가자 1554년 이현보는 처소를 아예 농암에서 임강사로 옮겼다. 그리운 마음을 적어 인편에 편지와 시를 보내었다. 직접 만나지는 못하였지만 글로 정분을 확인하였다. 그 이듬해 병이 깊어진 가운데 이황이 서울에서 돌아온다는 말을 듣고 기쁜 마음에 억지로 몸을 일으켜 시를 지어 보내었다. 4월에 귀향한 이황을 위하여 다시 시를 짓고 월란사(月瀾寺) 철쭉꽃을 즐기기로 약속했지만 병세가 악화되어 더 이상 다닐 수가 없었다. 이황은 약속을 연기하자고 했지만 이현보는 이제 늙었으니 자신을 빼달라고 부탁하였다. 이현보는 이황에게 편지를 보내 예전에 강산은 전부 자신에게 맡기라고 한 말은 이제 지난 약속이 되었다고 하였다. 이황이 답장과 화답시를 보내었으나 이현보의 이 글은 생전의 마지막 것이 되었다.

그림으로 전하는 분천

분천은 미술사적으로 중요한 공간이다. 1526년 그려진 〈분천헌연도(汾川獻宴圖)〉는 이현보가 귀거래하기 전의 모습을 담고 있는 그림으로, 종택과 애일당 등의 모습이 보인다.

문경에 살던 권상일(權相一)의 『청대일기(清臺日記)』에 따르면 1701년 무렵 창건된 분강서원(汾江書院)에 이현보의 영정이 걸려 있었다고 한다. 이 무렵 분천의 모습은 1710년 김창석(金昌錫)이 제작한 〈분강촌도(汾江村圖)〉(연세대 중앙도서관 소장)에 그림으로 전한다. 또 표암(豹菴) 강세황(姜世晃)이 1751년 그린 〈도산서원도〉에도 18세기 분강의 모습이 전한다. 이 그림에는 왼편에 분강촌, 분천서원, 애일당 등의 건물이 보이고, 가운데 도산서원이 자리하고 있다. 🔲

세월을 보내는 집
송순의 면앙정

아래에 땅이 있고 위에는 하늘이 있는데

그 가운데 지은 정자 호연지기 일어난다

면앙정 위로 하늘을 바라보고 아래로 땅을 내려다보면서 세월을 보내는
집이라는 뜻이다. 임진왜란 때 불탔는데 효종 때 새로 지었다.

처음 면앙정을 세우고

송순(宋純, 1493~1582)은 자가 수초(守初)·성지(誠之), 호가 기촌(企村) 혹은 면앙정(俛仰亭)이며, 본관은 신평(新平)이다. 1493년 11월 14일 담양의 기곡면(錡谷面, 속칭 豆毛谷) 상덕리(上德里)의 집에서 태어났다. 송순이 태어난 담양의 기곡은 담양 관아에서 남쪽으로 10리 떨어져 있다. 그의 고조 노송(老松) 송희경(宋希璟)이 이곳에 집을 마련하면서 이 집안의 세거지가 되었다. 송희경은 세종 2년(1420) 회례사(回禮使)로 일본을 다녀온 후 『노송당일본행록(老松堂日本行錄)』을 지었는데, 여기에는 일본죽지사(日本竹枝詞)라 불러도 좋을 만큼 일본의 풍속을 잘 묘사한 227편의 연작시가 실려 있다. 그로부터 4대 동안 현달한 이가 없다가 송순에 이르러 비로소 인물을 배출하기에 이르렀다.

송순은 젊은 시절 담양부사로 부임한 박상(朴祥)과 그의 아우 박우(朴祐)의 문하에서 수학하였다. 진사에 오른 뒤에는 능성(綾城) 현감으로 온 송세림(宋世琳)에게 가서 배웠다. 1519년 27세의 나이에 문과에 급제한 이후 승문원·예문관에서 근무하고 사가독서의 영예를 입었으며, 홍문관·사간원 등에서 청직을 맡아보았다. 그러나 1522년 모함을 받아 파직되자 낙향하여 담양 관아 북쪽에 있던 용천사(龍泉寺)를 유람하며 한가한 시간을 보냈다. 이듬해 예문관 봉교로 서울로 올라갔으나 얼마 있지 않아 부친상을 당해 탈상할 때까지 고향 담양에서 지냈다. 시묘살이하는 집을 풍수당(風樹堂)이라 이름하고 효성을 다하였다. 이때 신잠(申潛), 김인후(金麟厚)와 시로써 사귐을 맺었다.

면앙정(俛仰亭)을 지을 터를 구입한 것이 바로 이 무렵인 중종 19년

(1524)이다. 이곳에는 원래 곽씨(郭氏) 성을 가진 사람이 살았는데, 꿈에 여러 차례 벼슬아치의 수레가 그 집으로 몰려들자 사람들에게 "장차 우리 집안에 큰 경사가 있겠다" 하고 자식들에게 학업을 닦게 하였다. 그러나 곽씨는 자식들의 학업이 이루어지기 전에 그 땅을 팔고 다른 곳으로 가버렸으니, 큰 경사가 생길 곳은 곽씨 집이 아니라 송순의 집을 가리킨 것이라 하겠다. 송순은 중종 19년(1524) 상덕리에서 서쪽으로 1리쯤 떨어진 기촌(企村, 錡谷, 가마실)에 집터를 장만하였다.

추성(秋城, 담양의 옛이름) 남쪽으로 10리쯤 떨어진 곳에 기곡이 있다. 이곳은 송씨의 세거지로 노송 송희경 선생이 벼슬에서 물러나 쉴 때 처음으로 터를 잡아 살던 곳이다. 자손들이 이로 인해 집을 짓고 산다. 기곡 곁 작은 골짜기에 납작하고 평퍼짐한 곳이 있으니 고자동(高子洞)이라 한다. 땅이 기름지며 샘물이 달고 시원하다. 이곳을 기촌이라 이름하고 집을 지었는데, 집의 주봉은 제월봉(霽月峯)이다. 산세가 동쪽으로부터 구불구불 이어지다가 제월봉에 이르러 불쑥 일어나, 마치 용이 낚아채고 범이 할퀴는 듯하다. 서쪽으로 몇 리를 가면 우뚝 솟아 맺힌 곳이 일곱 굽이다. 일곱 굽이 중 가장 높은 곳에 정자가 우뚝 솟아 있는데 면앙정이라 한다. 이 모든 것은 노송의 4대손으로 지금 전주부윤으로 있는 수초(守初)가 만든 것이다.

면앙정에서 겨우 백 보쯤 가면 길이 신허리로 돌아가는데 소나무와 대나무 그림자가 서로 얽혀 있다. 지팡이를 짚고 왕래하노라면 따가운 햇살이 들어오지 않는다. 면앙정에 올라 바라보면 언덕 위에 기암괴석이 띄엄띄엄 서 있다. 그 아래 석불사(石佛寺)가 있어 종소리와 경쇠소리가 정자 위로 떨어지는데 여기가 바로 용구산(龍龜山)이다. 창칼을 세운 듯 삐죽삐죽하게 용구산과 나란히 서서 정자의 앞쪽을 마주하는 것이 몽선산(夢仙山)이다. 외로운 봉우리가 뽑힌 듯 솟아 구름 속으로 들어간 것은 옹암산(瓮巖山)이다. 층층 봉우리와 첩첩의 산이 북쪽을 에워싸고 있는 곳은 용천산(龍泉山)이다. 석벽이 비뚤비뚤 가로로 끊어진 듯 감싸안은 곳은 추월산(秋月山)인데 곧 고을의 진산이다. 두 봉우리가 쌍으로 뾰족하여 마치 말의 귀처럼 된 것은 용진산(湧珍山)이다. 비스듬히 뻗어서 누운 소 모양의 것은 수연산(脩緣山)이다. 서남쪽에 성곽처럼 둘러싸고 병풍처럼 펼쳐져 있는 것은 나주의 금성산(錦城山)이다. 높다랗고 커다랗게 동남쪽에 은은하게 눈썹처럼 된 것은 광주의 서석산(瑞石山)이다. 여러 산이 사방에서 읍을 하는 듯하다. 가까이로는 푸른빛을 움켜줄 듯하여 빼어난 모습을 즐길 수 있고 멀리로는 양갈래로 땋은 머리나 상투처럼 아스라한 사이에 연이어져 마치 수묵화와도 같다.

물은 세 갈래다. 하나는 옥천산(玉泉山)에서 발원하여 서쪽으로 흘러 정자 아래에 이르면 용천산의 물과 합쳐진다. 굽이굽이 흘러 내리는데 아래로 내려다보면 노니는 물고기를 헤아릴 수 있는 것이 여계(餘溪)다. 다른 하나는 용천산에서 발원하여 휘돌아 용연(龍淵)이 된다. 북쪽에서 서쪽으로 흘러 정자에서 10여 리 떨어진 곳에서 목산촌(木山村)을 가로질러 정ㅇ리(定ㅇ里)에 이르러 용옥산의 두 물과 합류한다. 세 물이 합쳐 흐르면 큰 배도 띄울 수 있지만 합쳐

지기 전에는 등을 진 듯 앞을 향한 듯 숨었다 나타났다 흐른다. 양 쪽 벼랑에는 모래와 자갈이 비단처럼 눈처럼 깔려 있다. 눈길이 다 하는 곳에서 비로소 합하여 하나가 된다. 한 줄기 긴 강이 도도히 바다로 흘러든다. 큰 비가 왔다가 그치고 나면 파도가 넘실거려 아 득히 끝이 보이지 않는다. 정말 큰 바다가 그 너머에 있는 것 같다. 이것이 산과 물이 정자를 위해 지니고 있는 것들이다.

정자 앞에는 넓은 들판이 40여 리 뻗어 있는데 논밭으로 난 길이 빼곡하고도 평탄하여 마치 바둑판 같다. 그 사이에 길고 나직한 숲 이 있다. 우물이 있고 마을이 있어 울타리와 초가집이 소나무와 대 나무 사이에 가려져 있다. 한 줄기 밥짓는 연기가 곳곳에서 피어난 다. 나무꾼의 노랫소리와 목동의 피리소리가 앞뒤에서 답을 한다.

이것은 비록 정자에 올라 살필 수 있는 빼어난 풍경이지만 또한 태평시대의 기상도 볼 수 있다. 봄날 뿌연 물에서 무논을 갈고 여름 철 푸른 밭에서 김을 매는 모습, 가을철 들판의 곡식과 겨울철 하얗 게 덮인 눈 풍경 등 사계절 아름다운 경관이 갖추어져 있다. 안개와 구름이 나타났다 사라지면 산봉우리도 사라졌다 나타나니, 산중의 아침저녁 변화무쌍한 모습 또한 앉은 자리에서 다 드러난다.

소세양(蘇世讓), 「면앙정기(俛仰亭記)」, 『양곡집(陽谷集)』

소세양은 이어지는 글에서 "산천은 천지 사이에 무정한 사물이지 만 반드시 사람을 기다려 드러나는 법이다. 왕희지(王羲之)가 노닐던 산음(山陰)의 난정(蘭亭)이나 소동파(蘇東坡)가 노닐던 황주(黃州)의 적벽(赤壁)은 왕희지와 소동파의 붓이 없었더라면 황량하고 적막한 땅이 되는 신세를 면하지 못하였을 것이다. 어찌 후세에 이름을 드리울 수 있었겠는가?"라고 반문하고 송순을 만나 면앙정이 이름을 남길 수 있게 되었다고 하였다.

소세양의 글은 그로부터 한참 뒤인 1560년에 제작된 것이다. 송순은 집터만 장만했을 뿐 면앙정을 세우지는 못하였는데, 1525년 세자시강원의 설서(說書)에 임명되어 면앙정을 세우지 못하고 고향을 떠나야 하였다. 이후 홍문관 교리, 사간원 헌납, 사헌부 장령, 이조 및 병조의 정랑 등 청요직을 맡았다. 그 사이 김안로를 탄핵하다가 오히려 곤경에 처하였고, 1533년 파직되어 마침내 고향으로 돌아오게 되었다. 기존의 집 정원 서북쪽 벼랑 위에 초가로 된 면앙정을 세운 것은 이때의 일이다. 성수침(成守琛)으로부터 편액을 받았으며, 이곳에서 5년간 머물렀다. 다음은 이로부터 오래지 않은 시기에 담양부사로 온 유형린(柳亨鱗)의 시에 차운하여 자신의 면앙정을 자랑한 작품이다.

단풍이 숲을 떠나 푸른 강에 지는데
저녁 바람이 비를 불러 섬돌을 지난다.
먼 산은 가느다랗게 눈앞에 출몰하고
너른 들은 나직하게 손바닥 위에 이어지네.
눈앞이 트이니 어딘들 밝은 달이 없으랴
강물이 맑아 오늘 밤은 안개조차 사라졌네.
아스라한 풍광은 누가 그려내리오

면앙정의 숲 기대승의 기문에서 낙락장송이 숲을 이루고 대숲이 다시 사방을 에워싸고 있다고
하였는데 , 지금도 면앙정 주변에는 아름다운 나무가 많다.

도연명과 사령운의 시라야 전하겠네.

丹葉辭林下碧川　晚風吹雨過階前
遠山細入眉間沒　大野平從掌上連
眼豁何方無晧月　河明玆夕絕纖煙
蒼茫光景誰堪畵　陶謝詩中始得傳

송순, 「면앙정 시에 차운하다(次俛仰亭韻)」, 『면앙집(俛仰集)』

붉은 단풍잎이 푸른 물에 지는 광경을 배경으로 가랑비 흩뿌리는 면앙정이 나타난다. 그 위에 오르면 먼 산이 가물거리고 넓은 들판이 환히 내려다보인다. 게다가 밤이 되니 날이 개어 달도 훤하고 강에는 안개조차 걷혔다. 이러한 모습은 도연명(陶淵明)이나 사령운(謝靈運) 정도는 되어야 시에 담을 수 있을 것이다. 물론 여기에서 놀면 절로 신선이 된다. 두번째 시에서는 소동파가 「적벽부(赤壁賦)」에서 말한 대로 날개가 절로 돋아 구만 리 장천을 훨훨 날아오를 것만 같다고 하였다.

환해의 와중에 찾은 면앙정

1537년 김안로가 축출되자 송순은 벼슬길이 활짝 열렸지만, 이 때문에 면앙정을 돌아볼 겨를이 없게 되었다. 홍문관과 예문관에서 응교와 직제학 등 문한(文翰)의 자리를 맡아보았고, 또 도승지로서 기밀(機密)의 업무도 담당하였다. 경상도관찰사, 동지중추부사, 사간원 대사간 등의 직책도 역임하였다. 그러나 이 무렵 권신 윤원형(尹元衡) 일파가 권력을 삽으면서 여러 차례 대립이 있었다. 송순은 대사헌으로서 윤원형을 공박하다가 세에 밀려 1542년 전라도관찰사로 좌천되었다. 이 무렵 외가의 아우가 되는 양산보(梁山甫)를 도와 소세원(瀟灑園)을 중수하고 그곳의 아름다운 산수를 즐겼다. 양산보는 훗날 남원의 유생 오상(吳祥)으로부터 일실되었던『노송당일본행록』을 구해 준 바 있다.

1543년 송순은 한성부 우윤이 되었으나 모친을 봉양하기 위해 광주목사를 자청하여 나갔다. 얼마 후 모친이 돌아가시어 시묘를 위해 담양으로 돌아와 3년 정도 면앙정을 지키게 되었다. 이 무렵 윤원형 일파가 문정왕후(文定王后)와 합세하여 사림에 해를 끼치고 있었는데 송순은 윤원형 등을 풍자하는 노래를 지었다. 송순의 문집에는 사언시(四言詩)로 번역되어 있는데 훗날 가집(歌集)에 우리말로 전하는 것과 나란히 보인다.

꽃이 진다 하고 새들아 슬퍼 마라
바람에 흩날리니 꽃의 탓 아니로다
가노라 희짓는 봄을 시샘하여 무엇 하리오
有鳥嘵嘵 傷彼落花 春風無情 悲惜奈何

송순은 1545년 탈상한 후 다시 벼슬길에 나아갔다. 주문사(奏聞使)로 북경을 다녀오고 나서 부친을 기리는 뜻으로 효사정(孝思亭)을 지었다. 이에 재종숙 송흠(宋欽)에게 청하여 효사정기(孝思亭記)를 받고,

성수침에게 다시 편액을 받아 효사정에 내걸었다.

개성유수로 있던 1548년에는 화담(花潭)을 자주 찾아 서경덕(徐敬德)의 덕을 흠모하였고, 박연폭포 등 여러 명승지를 유람하였으며, 개성 관아에 장암정(場巖亭)을 짓고 그곳에서 소요하며 고향 산수를 향

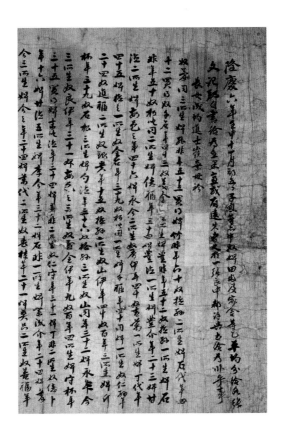

송순의 분재기 1572년 11월 5일 송순이 자식들에게 재산을 나누어주면서 작성한 문서. 노비와 전답, 집 등을 장녀와 서자 등에게 균등하게 분배한다는 내용을 담고 있다. 담양의 가사문학관에 소장되어 있다.

한 그리움을 대신하였다. 장암정에서 지은 시가 면앙정에서 지은 시 못지않은 분량인 것을 보면 이곳에 대한 애착이 강했던 듯하다.

윤원형과 대립하던 송순은 1550년 서울로 올라가 대사헌과 이조참 판을 지냈다. 이때 구수담(具壽聃)이 사당(邪黨)을 만들었다는 죄목으로 사형을 당하였는데, 구수담과 절친했던 송순은 허자(許磁)·이윤경 (李潤慶)·이준경(李浚慶) 등과 함께 연좌되었다. 송순은 처음에 충청 도 서천(舒川)으로 유배되는데, 고향과 가깝다는 이유로 평안도 순천 (順天)으로 이배되었다. 다행히 이듬해 수원으로 이배되었다가 석방 되었다. 석방된 송순은 잠시 담양으로 돌아갔다. 이때 아우 송인(宋 絪)이 면앙정에서 상류 쪽으로 10리 떨어진 곳에 제승정(濟勝亭)을 짓

매학정 황기로는 생애가 자세하지 않지만 글씨는 당대 최고로 평가되었다. 매학정은 매화를 처로 삼고 학을 아들로 삼은 임포(林逋)의 고사를 따른 것이다.

고 살고 있었는데, 송순은 그곳에 들러 기문과 시 두 편을 지어주고 우애를 돈독히 하였다.

1552년 송순은 선산부사로 복직되었다. 정사를 잘 베풀어 나중에 선정비가 세워졌지만, 송순은 이 시절 가장 호탕하게 풍류를 즐겼다. 무진정(無盡亭)에 가서 황윤헌(黃允獻)의 자취를 보고 그 증손자이자 초서로 이름을 떨친 황기로(黃耆老)와 어울렸다. 송순은 황기로의 매학정(梅鶴亭)과 낙동강의 이름난 정자 월파정(月波亭) 등에서 노닐며 시를 지었는데, 이때의 시회에는 상주목사로 있던 신잠(申潛), 송순으로 인하여 금고되어 있던 무진정의 주인 황여헌(黃汝獻), 『묵재일기(默齋日記)』의 저자로 알려진 이문건(李文健), 그리고 동년(同年)의 벗 송희규(宋希奎), 문도인 박운(朴雲)·노수성(盧守誠)·박영(朴英) 등이 참석했다 하니, 그 성황을 짐작할 수 있다.

면앙정을 중수한 것은 선산부사로 있던 1552년이다. 선산부사로 있던 송순은 잠시 휴가를 얻어 고향으로 돌아왔다. 마침 담양부사로 내려와 있던 오겸(吳謙)과 면앙정에 올랐는데, 환로를 떠도느라 돌보지 못한 면앙정은 그 사이 비바람에 부서지고 잡초들만 무성하였다. 오겸은 허물어진 면앙정을 안타까워하면서 송순에게 중수를 권하고 재물을 보태주었다. 기대승은 이렇게 완성된 정자의 모습을 다음과 같이 적었다.

면앙정은 세 칸으로 되어 있다. 긴 대들보를 걸쳐놓았는데, 대들보의 길이가 처마의 두 배다. 이 때문에 그 안을 보면 바르고 단정

면앙정의 현판 정면 오른쪽에 송순이 한문으로 지은 「면앙정가」가 보인다.

하며 귀퉁이는 날개처럼 올라가게 되어 있다. 사방을 비게 하고 난
간을 두었다. 난간 너머의 지형은 모두 조금 내려앉아 있는데 서북
쪽 귀퉁이는 조금 높게 되어 있다. 주위는 무성한 대나무로 둘렀다.
그 아래 암계촌(巖界村)이라는 마을이 있다. 그 기슭에 바위가 많아
삐죽삐죽하기 때문에 붙은 이름이다. 동쪽 섬돌 아래 조금 트인 지
세를 따라 넓히고, 온돌방 네 칸을 만들었다. 담을 둘러치고 아름다
운 꽃나무를 심었으며, 책으로 안을 채웠다. 신허리를 따라 좌우의
골짜기로 뻗어내리면서 긴 소나무가 무성한 숲을 이루어 울창함을
더한다. 정자가 서 있는 땅이 시원한데다 대나무를 다시 사방에 둘
러쳐 두어 사람들의 자취와 접하지 않게 하였다.

기대승, 「면앙정기」, 『고봉집(高峯集)』

송순은 면앙정의 뜻을 노래로 지어 현판에 새겨 매달았다. 면앙(俛仰)은 하늘과 땅을 바라보며 세월을 보낸다는 뜻이다. 그러한 의미에서 '면(俛)'은 '부(俯)'와 같은 글자이므로 정확히 읽자면 '부앙'이 옳으니, 면앙정이 아니라 부앙정이라야 맞다. 그러나 사람들이 모두 면앙정이라 하니 이제 어찌하겠는가?

아래에 땅이 있고 위에는 하늘이 있는데
그 가운데 지은 정자 호연지기 일어난다.
바람과 달빛을 부르며 산과 물에 절을 하고
명아주지팡이 짚고 백년 인생 보내노라.

俛有地 仰有天 亭其中 興浩然

招風月 揖山川 扶藜杖 送百年

송순, 「면앙정가(俛仰亭歌)」, 『면앙집』

송순은 이듬해에도 낙동강을 유람하면서 즐거운 시간을 보내다가, 그해 12월 부인이 죽는 슬픔을 겪었다. 부인의 장사를 치르고 다시 선산으로 와서 정사를 돌보았는데, 이때에는 하위지(河緯地)의 집이 있던 영봉리(迎鳳里) 장원방(壯元坊)에 거처를 정하고 살았다. 송순은 고향의 면앙정을 더욱 빛내고자 선산부사의 임기를 마치고 돌아가는 길에 조욱(趙昱), 이황 등의 시를 받아 면앙정에 걸었다.

이 무렵 송순과 윤원형의 사이는 더욱 나빠졌다. 송순이 "윤원형과 진복창(陳復昌)이 개와 매가 되어 사림을 물어 죽였으니 끝까지 복록을 누릴 수 있겠는가"라고 한 말이 윤원형의 귀에 들어갔기 때문이었다. 이 때문에 송순은 서울로 올라가지 못하고 전주부윤으로 나갔지만, 2년 후인 1560년에 병을 이유로 담양으로 물러나 면앙정을 지켰다.

여전히 윤원형 일파가 조정을 장악하고 있어 중앙정계 진출은 한낱 꿈에 불과했다. 한번은 중국에서 사신이 온다 하여 시재로 명성이 높았던 송순을 마지못해 불러들였다가 사신이 오지 않자 나주목사로 내려보낸 일까지 있었다. 그러다가 1567년 명종이 승하하고 선조가 등극하자 정국이 바뀌었다. 기묘사화와 을사사화에 희생되었던 명현들이 신원되었고, 이듬해 조정으로 돌아온 송순 역시 한성부 좌윤, 형조참판, 대사헌, 한성부 판윤, 의정부 우참찬 등 요직을 맡아하였다.

귀거래의 공간 면앙정

만족을 아는 것은 군자의 태도다. 의정부 우참찬에 오른 송순은 1569년 77세의 나이가 되자 병을 핑계삼아 벼슬에서 물러났다. 벼슬에서 물러나면서 송순은 「치사가(致仕歌)」 세 편을 지어 성은에 감사하는 뜻을 표하였고, 또 물러나 있으면서 「꿈에 주상을 뵌 노래(夢見主上歌)」를 지어 임금을 잊지 않는 마음을 드러내었다. 「면앙정가(俛仰亭歌)」 1편, 「면앙정단가(俛仰亭短歌)」 7편, 「면앙정잡가(俛仰亭雜歌)」 2편, 「오륜가(五倫歌)」 5편을 지은 것도 이즈음의 일이다. 그는 젊은 시절부터 「옥당수사황국가(玉堂受賜黃菊歌)」, 「춘당대관경응제농가(春塘臺觀耕應製農歌)」 등의 국문시가도 지었는데, 이로써 송순은 정철과 더불어 16세기의 가장 뛰어난 국문시가 작가로 군림하게 되었다. 다음은 「면앙정가」의 마지막 대목으로, 면앙정에서의 풍류를 단적으로 보여준다.

인간을 떠나와도 내 몸이 겨를 없다. 이것도 보려 하고 저것도 들으려 하고 바람도 쐬려 하고 달도 맞으려 하고 밤은 언제 줍고 고기는 언제 낚고 시비(柴扉)는 뉘 닫으며 진 꽃일랑 뉘 쓸려뇨? 아침이 나쁘거니 저녁이라 싫을쏘냐? 오늘이 부족하니 내일이라 넉넉하랴? 이 산에 앉아보고 저 산에 걸어보니 번다한 마음에 버릴 일이 아주 없다. 쉴 사이 없거든 길이나 전하랴. 다만 한 청려장(靑藜杖)다 무디어가는구나. 술이 익어가니 벗이라 없을쏘냐. 부르게 하며 타게 하며 당기게 하며 흔들며 온갖 소리로 취흥을 재촉하니 근심이라 있으며 시름이라 붙었으랴. 누웠다가 앉았다가 구부렸다 젖혔다가 시 읊다가 휘파람 불다가 놀대로 놀거니, 천지도 넓고 넓으며 세월도 한가하다. 복희씨 모를러니 이 적이야 그로구나. 신선이 어떻든지 이 몸이야 그로구나. 강산풍월(江山風月) 거느리고 내 평생을 다 누리면 악양루(岳陽樓) 위에 이태백(李太白)이 살아온들 호탕한 정회(情懷)야 이에서 더할쏘냐.

이 무렵 송순은 면앙정을 가꾸는 일에 더욱 힘을 쏟았다. 송순은 1558년 전주부윤으로 있을 때 기대승과 소세양으로부터 「면앙정기」를 받았다. 송순의 연보에는 1552년 중수할 때 기대승으로부터 기문

겨울철의 면앙정

원래는 담을 둘러치고 대숲으로 다시 에워싸도록 하였지만, 지금은 담과 대숲이 보이지 않는다.

을 받은 것으로 되어 있으나, 실제 기대승이 기문을 지은 것은 그가 전주부윤으로 있을 때다. 그런데 중수하였을 때에는 소세양과 기대 승의 기문을 내걸지 않았던 듯하다. 훗날 면앙정에 걸렸던 시문을 다시 모은 책자인 『면앙잡록(俛仰雜錄)』에 소세양의 글이 실리지 않았기 때문이다. 기대승의 글도 이 책에 수록되어 있긴 하지만, 면앙정에 걸리지는 않았을 것으로 추정된다. 송순이 우참찬으로 있던 1569년 기대승은 「면앙정기」를 새로 짓는다. 전주부윤으로 있을 때 지은 것과 나란히 보면, 1569년의 것은 앞서 지었던 것을 반 이하로 축약한 것임을 확인할 수 있다. 처음 지어 보낸 「면앙정기」가 지나치게 길어서 현판으로 내걸기에 적합하지 않아 다시 지었을 가능성이 높다.

송순은 1577년 임제(林悌)에게 편지를 보내어 면앙정을 빛낼 글을 지어달라고 요청하였다. 이에 임제는 호쾌한 「면앙정부(俛仰亭賦)」를 지어 보냈다. 이 글은 면앙정에 걸려 그 아름다움을 빛냈을 것이다. 또 김인후, 임억령(林億齡), 박순(朴淳), 고경명, 양대박(梁大樸), 이홍남(李洪男) 등이 「면앙정삼십영(俛仰亭三十詠)」을 남기고 있는데, 이들 작품들은 송순이 치사하기 전에 받아둔 것으로, 이 시기에는 면앙정에 내걸려 있었을 것으로 추정된다. 다음은 면앙정에서 바라보이는 서른 가지의 아름다운 풍광이다.

추월산의 푸른 절벽(秋月翠壁), 용귀산의 저녁 구름(龍龜晚雲), 몽
선산의 푸른 소나무(夢仙蒼松), 불대산의 낙조(佛臺落照), 어등산의
저녁비(魚登暮雨), 용진산의 기이한 봉우리(湧珍奇峯), 금성산의 아

득한 아지랑이(錦城杳靄), 서석산의 맑은 안개(瑞石晴嵐), 금성산의 옛 사적(金城古跡), 옹암산의 외로운 자태(甕巖孤標), 대추의 어사용(大秋樵歌), 목신촌 어부의 피리소리(木山漁笛), 석불사의 성긴 종소리(石佛疎鍾), 칠천의 돌아가는 기러기(漆川歸雁), 혈포의 새벽 안개(穴浦曉霧), 신통사의 긴 대나무(神通脩竹), 산성의 이른 뿔피리 소리(山城早角), 두 개울의 가을 달빛(二川秋月), 일곱 굽이의 봄꽃(七曲春花), 송림의 오솔길(松林細逕), 죽곡의 맑은 바람(竹谷淸風), 들판의 갠 눈빛(平郊霽雪), 먼 숲의 밥짓는 연기(遠樹炊煙), 빈 들판의 누른 벼(曠野黃稻), 먼 포구의 평평한 모랫벌(極浦平沙), 앞개울의 작은 다리(前溪小橋), 뒷숲에 깃든 새(後林幽鳥), 맑은 물결에 뛰노는 물고기(淸波跳魚), 모랫벌에서 조는 해오라기(沙頭眠鷺), 개울의 붉은 여뀌(澗谷紅蓼)

벼슬에서 물러난 송순은 14년 동안 담양에서 소일하였다. 그를 아낀 선조는 지중추부사의 벼슬을 그대로 지니게 해주었다. 송순은 여든이 넘은 나이에도 책을 보고 글씨를 쓰며 바둑도 두고 활을 쏠 수 있을 만큼 건강하였다. 매일 대나무로 만든 가마를 타고 면앙정의 소나무와 대나무 아래를 왕래하였다. 네 임금을 섬기면서 벼슬한 원로대신으로 자처하지 않고, 매일 시골 늙은이들과 어울려 담소하였다.

사후의 면앙정과 구산서원

송순은 편안한 노년을 보내다가 1582년 2월 1일 90세의 나이로 잠

면앙집 산과 물을 거느리고 바람과 달과 함께 늙어가겠다는 뜻을 말한 7편의 노래다. 송순은 면앙정을 사랑하여 가사 「면앙정가」를 짓고 짧고 긴 여러 편의 한시를 지었다.

결에 조용히 숨을 거두었다. 그는 송희경 이래의 조상들이 묻힌 무량산(無量山)에 묻혔다. 숙종 30년(1704) 면앙정과 2리쯤 떨어진 관아 서남쪽 목산면(木山面) 남산리(藍山里) 여계(餘溪)에 건립된 구산서원(龜山書院)에 배향되었다.

송순이 죽은 뒤 10년 후 임진왜란이 일어나 면앙정에 내걸었던 현판이 모두 불타버렸다. 숙종 5년(1654) 후손이 면앙정을 중수하였는데, 담양부사 김응조(金應祖)가 외손 이훤(李萱)을 시켜 현판의 시문을 다시 모아 『면앙잡록』을 편찬하게 하고 그 서문을 지었다. 여기에는 「면앙정기」와 「면앙정부」, 「면앙정삼십영」 외에 이황, 소세양, 윤두

수(尹斗壽), 고경명, 임억령, 양산보, 노진(盧禛) 등 당대 면앙정을 찾은 문인들의 시, 그리고 이안눌(李安訥), 정홍명(鄭弘溟), 이은상(李殷相), 양경우(梁慶遇) 등 이름난 문인의 시가 상당수 수록되어 있다. 물론 면앙정을 시로 빛낸 이는 여기에 그치지 않는다. 엄흔(嚴昕), 조위한(趙緯韓), 김창흡(金昌翕) 등 시대를 대표하는 문인이라면 면앙정을 찾지 않은 이가 없을 정도였다. 圄

안의삼동을 사랑한 사람들

봄이 가려는 곳에 사람이 떠나가니

봄만 시름겨운 것이 아니라

그대를 보내는 것도 시름겹다네

농월정

안의삼동의 하나인 화림동에 있던
정자인데, 근년에 화재로 소실되었다.
앞산에 오른 달빛을 즐긴다는 뜻에서
농월정이라 한 것이다.

조식과 화림동

안의삼동(安義三洞)은 화림동(花林洞), 심진동(尋眞洞), 원학동(猿鶴洞)을 일컫는 말이다. 언제부터 이 말이 생겨났는지 확인하기 어렵지만, 16세기 무렵 이미 이러한 명칭이 문헌에서 확인된다. 명종 18년(1563)에 남명(南冥) 조식(曺植)이 어떤 사람으로부터 삼동(三洞)의 산수가 아름다우므로 놀 만하다는 말을 들었다는 기록이 있으니, 이른 시기부터 안의의 가장 빼어난 이 세 계곡을 안의삼동이라 불렀을 것으로 추정된다.

화림동은 농월정(弄月亭)·군자정(君子亭)·거연정(居然亭) 등 훗날 세워진 정자가 아름다운 물가에 있어 세상이 다 알고, 심진동은 용추계곡이라 하여 피서지로 각광을 받고 있으며, 원학동은 수승대(搜勝臺)가 있어 경상우도를 찾는 사람들이 반드시 들르는 곳이다. 안의삼동은 경관이 워낙 아름다우니 이곳에 살던 사람들이 일찍부터 즐겨 찾았겠지만, 그 이름이 세상에 알려지게 된 것은 아름다운 사람이 있었기 때문이다. 그 아름다운 사람이 조식과 그를 종유했던 사람들이다. 이들이 안의삼동을 두루 다니며 글로써 그 아름다움을 나누어 차지하였다.

김우옹(金宇顒)의 행장에 따르면 조식은 평생 산수를 매우 좋아하여 아름다운 산수를 두루 편력하여 남김이 없었다고 한다. 조식은 김해에서 고향 삼가로 돌아온 1548년 이후 멀고 가까운 곳의 산수를 찾아 유람을 즐겼다. 명종 4년(1549) 8월 임희무(林希茂)·박승원(朴承元)등을 데리고 거창 남쪽에 있는 감악산(紺岳山) 관포연(觀鋪淵)을 유람하고, 닐리 알려진 시 「욕천(浴川)」을 지어 "온 몸에 찌든 사십 년의 찌꺼기를, 천 말의 맑은 물로 다 씻어 없애되, 그래도 흙먼지가 오장에 남았거든, 곧바로 배를 갈라 흐르는 물에 보내겠다" 선언하였다.

오장에 먼지를 남겼을 리 없으련만, 조식은 그로부터 이태 후인 명종 6년(1551) 다시 안의의 화림동을 찾아 길을 나선다. 이때의 유람길엔 오건(吳健), 노진(盧禛), 강익(姜翼) 등의 벗이 함께 하였다. 이때 쓴 강익의 아래 시는 이 유람의 광경을 잘 보여준다.

남명 어르신 옥계를 이끌고
우리를 불러주셨네.
고운 풀에 산빛은 좋은데
시 지으며 나란히 말 몰고 간다.
월연암에서 발을 막 담그고
용유담에서 시를 다시 짓는다.
구경하느라 곳곳마다 즐거운데
산새는 울음소리를 실어 보내주네.
南冥携玉溪　喚起及吾儕
芳草山容好　吟鞭馬首齊
月淵足初濯　龍澗詩更題
賞心隨處樂　輸與野禽啼

강익, 「화림동에서 놀며(遊花林洞)」, 『개암집(介庵集)』

봄을 맞아 고운 풀로 산이 아름다운데 일행은 그 속으로 말을 나란히 하고 다니며 월연암(月淵巖)에서 발을 담그고 용유담(龍遊潭)에서 시를 짓는다. 이들의 웃음소리가 맑은 새소리와 어울리는 광경을 상상할 수 있다. 최근 화재로 사라진 농월정 터 아래 반석에 '화림동'과 함께 '월연암'이라 새겨진 바위글씨가 있으니, 이들이 노닐던 곳이 바로 이곳임을 알 수 있다.

조식은 그로부터 15년 후에 다시 화림동을 찾았다. 명종 21년(1566) 3월의 일이다. 이보다 앞서 명종 18년(1563) 상을 당한 임훈(林薰)의 여막을 찾아가는 길에 어떤 사람으로부터 삼동의 산수가 아름다우므로 놀 만하다는 말을 들은 적이 있으나, 임훈을 위로하러 가는 길이므

화림동 농월정이 있던 화림동 물가 바위에 새겨진 글씨. 화림은 안의의 다른 이름으로도 쓰였다.

로 훗날 유람하여도 늦지 않을 것이라 미루었으니 조식에게는 삼동의 빚이 있었다 하겠다.

조식은 하항(河沆), 조종도(趙宗道), 이정(李瀞), 하응도(河應圖), 유종지(柳宗智) 등과 함께 함양에 살던 노진의 옥계정사(玉溪精舍)로 찾아갔다. 노진은 원래 함양의 덕곡 개평촌(介坪村), 남계서원(灆溪書院) 근처인 지곡면 덕암마을에 살았는데 중년에 벼슬을 하다가 물러나 1564년 추담(秋潭)에 초옥을 짓고 신의재(申義齋), 양휴당(養休堂) 등의 편액을 건 추담정사(秋潭精舍)에서 강학에 힘을 썼다.

조식은 강익을 불러 함께 자면서 담소를 나누고, 다음날 갈천동(葛川洞)에 있던 임훈의 집을 방문하였다. 임훈은 조식과 도의로 사귄 벗이기도 하다. 임훈은 아우 임운(林芸)을 보내어 중도에 맞이하게 하였고, 조식 또한 인근의 여러 학생들이 와서 가르침을 청하자 정성껏 가르쳤다. 이들의 만남은 안의삼동 유람으로 이어졌다. 조식이 삼동의 명성을 익히 들어 잊지 못하고 있다면서 임훈에게 함께 노닐자고 청하였던 것이다. 이들은 원학동에서 장수동(長水洞)을 경유하여 옥산동에 이르는 코스를 유람하였다. 조식 일행이 경유한 장수동은 장수사가 있는 곳으로 심진동 상류이고, 옥산동은 화림동의 상류다. 그러니 조식은 원학동, 심진동, 화림동의 삼동을 다 본 것이다.

> 푸른 봉우리 높이 솟고 물은 쪽빛인데
> 많은 경치 가지고 숨겼지만 탐욕은 아닐지라.
> 세사에 얽매이지 않고 살면 그뿐 세사를 말하랴

산을 말하고 물을 말해도 할 말이 많은데.

碧峯高插水如藍　多取多藏不是貪

捫蝨何須談世事　談山談水亦多談

조식, 「안음 옥산동에서 놀며(遊安陰玉山洞)」, 『남명집(南冥集)』

옥산동이 아름다운 모습을 많이 갖고 있어도 이는 욕심이 아니라 하였다. 중요한 것은 세사에 대한 욕심을 끊는 것이다. 그래서 조식은 세사에 얽매이지 않고 살면 그뿐이니 굳이 세사를 말할 필요조차 없다고 하였다. 조식의 한시는 반복적인 표현을 즐겨 쓰거니와, 특히 결구에 묘처가 있다. 성운(成運)이 "만나는 사람마다 산중의 일을 즐겨 말하지 않으니, 산속의 일을 말하면 또한 사람의 뜻을 거스르기에(逢人不喜談山事 山事談來亦忤人)"라 한 말과 흡사하다. 조식은 시를 공교롭게 짓지 않지만, 옥산동의 아름다운 경관에 그의 시도 절로 공교롭게 되었다. 아래의 시도 같은 시기의 작품이다.

흰 바위는 구름처럼 천 가지 모습

푸른 넝쿨은 만 개의 베틀로 짠 듯.

다 묘사해 가지는 마시게

내년에 고사리 캐러 오리니.

白石雲千面　青蘿織萬機

莫敎摸寫盡　來歲採薇歸

조식, 「안음 옥산동에서 놀며」, 『남명집』

흰 바위는 하늘의 뭉게구름이 천만 가지 모습을 지닌 것처럼 온갖 모습으로 널려 있고, 푸른 넝쿨은 수많은 베틀로 짜낸 비단처럼 곱다고 말한 대목은, 시어를 다듬는 시인의 정교한 솜씨에 뒤지지 않는다. 조식 일행은 경쟁적으로 시를 지었다. 그래서 조식은 우스개로 내년에 고사리 캐러 올 때를 위해 아름다운 경치를 시에 다 담아가지 말자고 하였다. 물론 이곳에 은거하고 싶다는 뜻을 담은 말이기도 하다. 이에 임훈은 다음과 같이 차운하여 시를 지었다.

흐르는 물 천 굽이
육신을 잊고 사심마저 사라지네.
진정한 근원 다 찾지 못하여
저물녘에 쓸쓸히 발길 돌린다.
流水回千曲　忘形坐息機
眞源窮未了　日暮悵然歸

임훈, 「화림동 월연암에서 남명의 시에 차운하다(花林洞月淵岩次南冥韻)」,
『갈천집(葛川集)』

굽이도는 화림동을 살피노라니 육신이 힘든 줄도 잊고, 세상의 명리도 더 이상 가슴속에 없다. 저 물길을 따라 끝까지 가서 아름다운 풍광을 다 보고 싶지만 날이 저물기에 그렇게 할 수 없어 안타깝다 하였다. '진원(眞源)'에는 성리학에서 흔히 이르는 원두(源頭), 곧 진리의 근원이라는 뜻이 있으니, 풍광에 대한 사랑과 함께 강학의 뜻도 읽을 수 있다.

　제자 정유명(鄭惟明)이 쓴 조식의 행장에는 "일찍이 참봉공(임훈)을 이끌고 남명, 옥계 두 선생과 본현의 화림동에서 노닐기로 약속하였다. 배회하고 완상하는 여가에 음영하고 수창하였는데 성정을 지극하게 말하고 마쳤다. 어찌 당시 덕성(德星)이 이곳에 모였음을 알지 못하겠는가?"하였으니, 당대 경상우도의 명현들이 모여 성대한 시회를 벌인 일이 인구에 회자되었음을 알 수 있다.

　18세기 남인 학자 이만부(李萬敷)가 조식으로부터 200여 년 후에 덕유산 아래 안의삼동의 기문을 제작하여 당시의 모습을 자세히 기록하였는데, 화림동 대목은 이러하다.

　월성(月城)에서 남령(灆嶺)을 넘어 영각사(靈覺寺)로 들어갔다. 그 산은 노악(蘆嶽)이라 한다. 덕유산이 남쪽으로 치달리고 지리산이 다른 줄기를 뻗어내린 곳 그 겨드랑이에 절이 있으니, 화림동의 첫 머리에 해당한다. 그 46개의 고개가 신라와 백제의 옛 경계다. 동쪽으로 20리 아래로 내려오면 남쪽에 영취산(靈鷲山)이 있는데 물과 바위가 자못 아름답다. 아래위에 서운암(瑞雲庵), 극락암(極樂庵), 삼불암(三佛庵) 등의 절이 있다. 다시 동쪽으로 10리를 가면 군자암(君子巖)이 있는데 수석이 자못 아름답다. 두 그루 소나무가 아름드리로 자라 짙푸른 빛으로 울창하다. 일두(一蠹) 정여창(鄭汝昌) 선생이 그 위에서 노닐었기에 이 이름을 붙였다고 한다. 그 아래 용유담(龍游潭), 차일암(遮日巖), 월연암(月淵巖) 등이 몇 칸이나 몇 보, 혹은 백여 보씩 떨어져 있는데, 월연암의 반석이 가장 넓다. 몇 갈래 물줄기가 나누어졌다가 합하는데 빙빙 돌며 흰 포말을 날린다. 목욕하기에도 알맞고 시를 읊조리기에도 알맞다. 이때 간밤의 비가 막 걷혀 만물에 윤기를 더하니 화창한 모습이 또렷하여 이를 보노라면 끝이 없을 정도다. 아래로 괴아까지는 몇 리 되지 않는데 화림동이 끝난다.

이만부, 「화림동기(花林洞記)」, 『식산집(息山集)』

이만부는 오늘날 거창의 월성계곡에서 남령을 넘어 영각사를 경유하여 화림동으로 들어갔다. 오늘날 군자정이 세워진 바위가 바로 군자암이며, 차일암은 동호정(東湖亭)이 서 있는 바위다. 군자암 아래쪽에 연이어 용유담과 차일암, 월연암이 있다고 하였다.

노진과 심진동

노진은 중년에 벼슬을 두루 지냈으나 곧 귀거래하여 추담정사에서 강학에 전념하였다. 그럼에도 평소 개평촌에서 멀지 않은 옥산동을 사랑하여 만년에 물러나 살 뜻을 두고, 옥산동에서 임훈을 만나 집을 구하고자 하였다. 비록 그 뜻을 이루지는 못하였지만, 자신의 집이 있던 남계(灆溪)가 발원하는 용추계곡인 장수동을 자주 찾았고, 장수사를 빛낸 글을 남겨 장수동의 주인이 되었다. 심진동의 상류인 용추계곡, 곧 장수동은 조식과 함께 유람한 곳이기도 하다. 조식은 안의삼동 중 화림동 상류인 옥산동을 빛내었고, 노진은 심진동의 상류인 장수동을, 임훈은 원학동을 차지하였다.

장수사는 노진이 젊은 시절 매해 찾아가 독서를 하던 곳이라 산속의 짐승들조차 노진의 얼굴을 알고 있을 정도였다. 그러나 나이가 들면서 세사에 얽매여 장수동을 찾지 못하였다. 젊은 날에 물고기를 잡아 조려 먹고 산에 걸린 등불을 구경하면서 놀던 일이 늘 가슴속에 남아 있었다. 그러던 중 그의 백형 노희(盧禧)가 서울에서 생활하다가 1532년 이곳으로 들어와 집을 정하였다. 노진은 백형에게 지우산(智雨山)의 빼어남을 매번 자랑하였고, 1538년 드디어 따뜻한 봄날을 잡아 형제가 함께 장수사를 찾아가게 된다.

이때의 유람을 적은 글이 「유장수사기(遊長水寺記)」다. 아름다운 글을 남기면 그 땅은 그 사람의 것이 되는 법이니, 장수동은 이로써 노진의 무진장(無盡藏)이 되었다.

영남의 산수가 뛰어남은 동방에서 으뜸이요, 높고도 빼어난 것은 지리산이 최고다. 기운이 쌓여 우뚝 큰 산악을 이루었으므로 신령한 땅이 자못 많다. 그 곁에 가까이 있는 고을들도 모두 그윽하고 빼어난 것으로 알려져 있지만 지리산 북쪽의 함양이 독차지하고 있는데 함양과 화림이 땅이 이어져 있어 화림현 역시 빼어나다는 소문이 있다.

화림현 관아 서쪽 멀리 동서로 두 산봉우리가 솟아 있는데 덕유산이 구불구불 십 리쯤 뻗어내려 빙 둘러 고개를 숙이며 끝나는 곳에 골짜기가 있다. 그 봉우리가 자못 높고 빼어난 것이 지우산이다.

산 아래 수원이 뻗어나와 뱀처럼 구불구불 흘러 한곳에 이르면 천 길 절벽에서 나는 듯이 달려 쏟아지는데 마치 천 척의 길다란 비단을 하늘에 걸어놓은 듯하니 곧 폭포다. 폭포 아래 눈같이 흰 물결이 뒤집어지면서 차고 흘러 안개를 뿜어내어 흰 기운이 하늘을 쏘아 두려워 엿볼 수가 없는 것이 곧 용추다. 용추를 경유하여 골짜기 입구에 이르면 바위가 평평하게 늘어서고 개울물이 굽이도는데 쟁그랑 옥이 울리는 소리를 내는 곳이 도처에 있다.

용추 위에 큰 사찰이 있는데 장수사다. 불전과 요사채는 단청이 휘황찬란하다. 놀러 와서 보는 사람들이 모두 이곳에 투숙하면서 구경한다. 그 남쪽으로 세 칸의 누를 지었는데 아래로 바위와 소를 내려다보게 되어 있다. 늙은 나무 수십 그루가 절벽에 무성한데 그곳에 올라가 그 너머를 보면 은하수가 아래로 드리운 듯 황홀하다. 신기하게도 흰 무지개가 허공에 어려 있다. 깊은 못은 물이 검게 고여 있고 바위의 구멍은 기괴하다. 경악을 금치 못하게 하니 그 모습을 거의 형용할 수 없다. 이 때문에 이웃 고을에서 아름다운 산수를 일컫는 자들은 반드시 지우산을 들고, 여러 사찰의 빼어남을 평가하는 자들은 장수사를 으뜸으로 친다.

노진, 「장수사를 유람한 기문(遊長水寺記)」, 『옥계집(玉溪集)』

노진 일행은 용추에서 한참을 놀다가 장수사로 올라갔다. 장수사는 노진과 인연이 깊었다. 장수사의 동쪽 건물 벽에는 아우 노과(盧祼)가 지은 기문이 걸려 있었는데 조선 초기 판서를 지낸 박습(朴習)의

용추폭포 심진동은 오늘날 용추계곡이라 부른다. 장대한 폭포가 아름다운 곳이다. 예전에 가뭄이 들면 그 아래 용추에서 기우제를 지냈다.

정사가 있던 곳이며, 장수사는 그 집안의 원당(願堂)으로 삼으려 지은 것이다. 그후 박습의 정사는 불타버렸는데 승려 학료(學了)가 그 터를 찾아 중수하려 하였으나 완공하지 못하였다고 한다. 지금 장수사는 터만 남아 있다. 장수사는 18~19세기 지도에 보이는데 그 산 이름이 지우산이 아닌 기박산(旗朴山)으로 되어 있다. 지금은 기백산이라 부른다. 인간이 만든 절은 사라졌지만 기백산 자락의 계곡은 여전히 아름다움을 자랑하고 있다.

장수사 북쪽의 용추계곡에는 설옥담(屑玉潭)이라는 소가 있다. 오

설옥담

용추사 뒤편 개울가의 바위에
새겨져 있다. 백설과 백옥처럼 맑은
물이 고여 있다는 뜻으로
윤녕이라는 사람이 붙인 이름이다.

늘날 장수사 위쪽 용추사 경내를 벗어난 곳에 있는 작은 다리를 지탱하는 바위 한 귀퉁이에 '설옥담'이라는 글씨가 새겨져 있다. 설옥담이라는 명칭은 진사를 지낸 윤녕(尹寧)이라는 사람이 붙인 것이다. 물결이 바위틈에서 사납게 흘러 옥가루와 눈이 날리는 듯하여 이러한 이름이 붙었다. 설옥담 위쪽은 모두 바위로 되어 있고 용추폭포로 인해 그 너머로는 물고기가 없었다. 정여창이 고을원으로 왔을 때 그 위에 붉은 물고기를 풀어놓아 그후 번성하게 되었다고 한다. 노진은 젊은 시절 이곳에서 공부할 때 용추의 물고기를 잡아먹은 일을 떠올리고 지난날을 반성하였다.

용추계곡의 상류에는 바위가 물 속에 서 있었는데 그 곁으로 물이 거칠게 휘돌아 가까이 갈 수 없을 정도였다. 노진은 바위에다 최치원(崔致遠)이 가야산 홍류동(紅流洞) 계곡에서 쓴 "첩첩 바위 사이로 미친 듯 달려 물을 뿜어 여러 골짜기를 울리네(狂奔疊石吼重巒)"라는 시를 적었다. 기우제를 지내던 폭포 동쪽 벼랑의 용대(龍臺)에서 승려들이 내어온 나물밥에 아이들이 잡아온 물고기를 구워 점심을 맛있게 먹으니 정여창의 고사도 잊어버렸다. 술을 거나하게 마시고 가랑비를 맞으면서 흥겹게 돌아왔다. 계곡을 나서면서 노진은 아름다운 여인과의 이별인 양 아쉬워하였다. 노진은 죽어 함양군 지곡면 평촌리 주곡마을 앞산에 묻혔으니, 그렇게 이별을 아쉬워하였던 심진동을 먼발치에서나마 바라보게 되었다.

그로부터 150여 년 후 이만부가 이곳을 찾아 당시의 모습을 다음과 같이 그렸다.

설 옥 담 위 쪽 의 개 울

예전에는 용주논포 위쪽에 물고기가 없었는데 장어장이 물고기를 풀어놓았다고 한다.

월연암에서 길을 돌려 관아 뒤쪽으로 나오면 물이 엇갈려 흐르는 곳에 향교가 있다. 무성한 숲과 낙락장송에 안개와 노을이 절로 걸려 있다. 북으로 20리쯤 가면 물과 바위가 더욱 많아진다. 바위는 누운 것도 있고 서 있는 것도 있다. 물길을 막고 있는 것은 물과 부딪쳐 다투고 우뚝 솟아 끊어진 바위로는 물이 그 위로 넘쳐 떨어지며 우묵하게 깊은 바위에는 물이 양보를 하여 머물러 있다.

최고가 풍류암(風流巖)이고 용음대(龍吟臺)고 채호암(彩虎巖)이다. 아래위로 수백 보 거리로 바위를 타넘고 흐르는 물이 어지럽게 장수사로 들어간다. 그 산은 지우산인데 덕유산에서 뻗어내린 것이다. 북쪽 골짜기 덤불 속에 용추가 있다. 동쪽으로 높은 고개를 지나 도솔대(兜率臺)를 오르면 그 아래는 절벽이라 땅이 보이지 않아 오싹해서 오래 머물 수가 없다. 심진동의 빼어남은 여기에서 다한다.

이만부, 「심진동기(尋眞洞記)」, 『식산집』

이만부가 이른 심진동은 장수동, 곧 용추계곡이다. 그곳에서 가장 아름다운 것으로 풍류암·용음대·채호암 등을 들고 있는데, 용음대는 노진이 말한 용대이므로 풍류암이나 채호암도 노진 이후 새롭게 이름이 붙여진 것으로 추정된다.

임훈과 원학동

원학동의 주인은 임훈이었다. 임훈의 집이 그곳에 있었기 때문이다. 오숙(吳䎘)은 17세기 초반 임훈이 살던 원학동의 모습을 이렇게 증언하였다.

　덕유산 남쪽에 골짜기가 있는데 원학동이라 한다. 옛 처사 갈천 임훈이 살던 곳이다. 세상에서 무릉도원이라 하는데 맑은 물과 흰 돌이 아래위로 50여 리 뻗어 있다. 등반할 도구가 없으면 그 근원을 다할 수 없다. 그중 가장 기이한 곳이 척수암(滌愁岩)이다. 골짜기 입구에 우뚝 일어나 맑은 물을 아래로 임하고 있어 올라가 조망할 수 있다. 척수암에서 긴 둑을 따라 수십 걸음 가면 수송대에 이른다. 대는 개울 가운데 솟구쳐 있는데 그 높이가 몇 길이고 가로는 그 배다. 모두가 하나의 바위로 되어 있는데 낙락장송이 바위틈에서 자라나 사방을 두르고 있어 시원한 기운이 늘 머물고 있다.

　석면에는 시가 새겨져 있는데 "수송이라는 이름이 이제 새로워졌는데, 봄을 맞아 경치가 더욱 곱구나. 먼 숲에 꽃이 일렁일 듯하건만 어둑한 골짜기에는 눈이 아직 덮여 있네. 찾고자 하는 눈길을 부치지 아니하여 상상하는 마음만 더하네. 훗날 한 동이 술을 가지고, 큰 붓으로 구름 덮인 벼랑에 시를 쓰리라(搜勝名新換 逢春景益佳 遠林花欲動 陰壑雪猶埋 未寓搜尋眼 唯增想像懷 他年一尊酒 巨筆寫雲崖)"라 하였으니, 퇴계선생이 임처사에게 부친 시다. 이름을 새로 바꾸었다고 한 것은 퇴계가 '수승(搜勝)' 두 글자로 대의 이름을 바꾸라 한 것이다. 그런데 임처사는 화답하여 "꽃은 강가 언덕에 가득하고 술은 동이에 가득한데 놀러 오는 사람들 끊이지 않고 분분하구나. 봄이 가려는 곳에 사람이 떠나가니, 봄만 시름겨운 것이 아니라 그

대를 보내는 것도 시름겹다네(花滿江皐酒滿樽 遊人連袂謾紛紛 春將
暮處君將去 不獨愁春愁送君)"라 하고는 옛이름을 바꾸지 않았다.

대 아래 바위구멍이 깊숙한데 술을 담아둔다는 뜻의 장주갑(藏酒
岬)이라 한다. 장주갑 아래 너럭바위가 있어 백 명이 앉을 만하다.
개울물이 너럭바위에서 졸졸 흘러 아래로 내려와 고여 깊은 소를
만들었다. 맑아서 바닥이 보인다. 대 위에서 노는 사람들의 그림자
가 비친 모습이 또렷하다. 참봉 오덕봉과 함께 갈천의 옛일을 이야
기하면서 술 몇 잔을 마시고 마쳤다. 개울을 따라 사오십 리를 가니
거창 현아가 나왔다. 긴 하천과 넓은 들판에 저녁빛이 파르스름하
게 이르고 있었다.

오숙,「수송대를 유람한 기문(游愁送臺記)」,『천파집(天坡集)』

오숙이 그린 수승대의 모습은 최근 관광지로 정비하는 과정에서 운
치가 사라지기는 하였지만, 수승대 입구 길가에 서 있는 높다란 척수
암, 수승대 아래 반석 위에 뚫린 장주갑 등을 지금도 확인할 수 있는
것은 다행이다. 오숙은 원학동의 주인이 임훈이라 하였고, 이황이 시
를 지어 수승대(搜勝臺)라 이름을 바꾸도록 하였지만, 임훈은 벗과의
이별이 안타까운 곳이라 하여 수송대(愁送臺)라는 명칭을 바꾸지 않
았다고 하였다.

사실 이황은 수승대에 가보지 못했다. 이황은 오늘날 거창 마리면
영승리, 당시 영승동(迎勝洞) 혹은 영승촌(迎勝村)이라 불리던 곳까지
갔으나 지척에 있는 수승대에는 이르지 못하였다. 그런데 영승촌은

원래 영송촌(迎送村)이었는데 이황이 그 이름을 바꾼 것이다. 이황은 1542년 12월 사헌부 장령으로 있다가 다음해 정월 단성(丹城)에서 서울로 가는 길에 장인 권질(權礩)을 방문하였는데, 권질의 집이 바로 영송촌에 있었다. 장인이 영송촌 농월담(弄月潭)에 정자를 짓고 그 이름과 시를 청하자 이황은 다음과 같은 서문이 달린 시를 적어 보내었다.

안음현에 영송촌이 있는데 산과 물이 맑고 고우며 토지가 비옥하다. 전씨(田氏)들이 예전부터 대대로 살고 있다. 개울가에 정자를 지었는데 자못 그윽하고 빼어나다. 장인 권공께서 귀양지에서 돌아와 가족을 이끌고 남쪽으로 가서 이 마을에 머물렀다. 이 정자를 얻고 기뻐하여 아침에 가서 저녁까지 돌아올 줄 몰랐다. 서울로 편지를 보내어 정자 이름과 시를 구하였다. 내가 그 빼어남을 익히 들었기에 한번 가고자 하였으나 그렇게 하지 못한 지 10년이다. 시골살이 가운데 즐길 만한 것이 한 가지가 아니겠지만, 여러 사람들과 함께 즐길 만한 것과 홀로 즐길 만한 것을 찾아보니, 오직 농사짓고 누에 치며 물고기를 잡고 나무를 하는 네 가지가 그러할 것이다. 이에 이름을 사락정(四樂亭)이라 하고 시를 부친다.

이황, 「사락정에 부치다(寄題四樂亭)」, 『퇴계집(退溪集)』

이황은 "안음 옛고을에 바위가 개울에 임해 있는데 속명이 수송대다. 물과 바위가 매우 빼어나다. 나는 이번 걸음에 겨를이 없어 가보지 못하였으니 한스럽다. 그 이름이 우아하지 못한 것을 싫어하여

'수승'이라 고치고자 하였더니, 여러 사람이 모두 수긍하였다"라 하였다. '영송'을 싫어하여 '영승'으로 바꾸고, 또 같은 맥락에서 '수송'을 '수승'으로 바꾼 것이다.

이황은 여러 사람이 수긍하였다고 하였지만 임훈은 이를 받아들이지 않았다. 또 「퇴계선생문집고증(退溪先生文集攷證)」에는 "임갈천이 점유한 곳"이라 밝혔으니, 이황의 후학들도 수승대의 주인을 임훈이라 여겼던 것이다. 그러나 이황의 높은 명성 때문에 그 주인 임훈의 뜻과는 달리 이 바위의 이름은 수승대로 변해 버리고, 그 주인도 이황으로 알려지게 되었다.

1580년 임훈이 이곳에 살 때 민인백(閔仁伯)이 방문한 적이 있다. 민인백의 외조부가 노진의 사촌 노인(盧禋)이다. 그 때문에 외가가 있던 함양을 찾았다가 안의삼동에 대한 소문을 듣고 내친김에 이곳까지 온 것이다.

경진년(1580) 내가 처음으로 함양 외가의 선영을 배알하고 친척들을 찾아뵈었다. 또 남계서원과 추담정사에 배알하였다. 추담정사는 옥계 노진의 제사를 모시고, 남계서원은 일두 정여창의 제사를 모신다. 두 선생은 모두 안의군 사람으로 같은 마을에서 제사를 지내니 더욱 성대한 일이다. 안음의 영승동으로 들어가니 갈천 임훈의 옛집이 있다. 명함을 올리니, 나와서 나를 맞았다. 연세가 여든이 넘었는데 수염과 눈썹이 하얗고 용모가 단정하고 엄중하며 말소리는 맑고 밝았다. 정말 세상 밖의 난새요 학이라 할 만하다. 그 문을

수승대 수승대 바위에는 온통 글씨가 새겨져 있다. 수승대와 수송대가 나란히 새겨져 있다. 수승대 아래 퇴계가 명명한 땅이라 새겨져 있다.

보니 붉은 정려 두 개가 나란히 서 있는데 모두 효자라 써 있다. 하나는 갈천이고, 하나는 아우 참봉 임운이다. 닭을 잡고 밥을 지어 내어놓았다. 이윽고 연소한 유생 4명이 와서 앉았다. 함께 이웃 고을 사또의 자질을 말하였다. 내 장인이 이때 거창 고을원이었기 때문인데 말이 매우 예리하였다. 갈천은 한마디 말이 없었다. 이야기를 마치자 이렇게 이야기하였다. "자네들은 그저 말만 많아서 이런 이야기를 하는구려. 그 자리를 당해 보면 그 또한 쉽지 않을 걸세."

인사하고 나와 개울의 상류로 갔다. 길이 더욱 깊어졌다. 물과 돌이 모두 기이하였다. 3~4리 가니 땅이 점점 으슥해졌다. 바위에 '효자반신구거(孝子潘新舊居)' 여섯 글자가 새겨져 있었다. 골짜기

반쯤 되는 곳에 수승대가 있다. 수승대는 바위인데 5, 60인이 앉을 만하다. 그 곁에 왜송 한 그루가 있고 또 바위에 구멍이 있어 절로 술동이가 되는데 한 줄기가 개울가 몇 칸 정도 떨어진 곳으로 흘러들었다. 물이 바위 위로 흘러 수십 길 높이로 떨어져 내렸다. 삼경쯤 되면 개울의 물고기가 바위 위로 뛰어오른다. 마을사람들이 베로 보자기를 만들어 바위 끝에 펼쳐놓으면, 물고기들이 한번 뛰어 보자기 안에 떨어진다. 보자기 매듭을 지나면 물고기가 멈추고 뛰지 않는다. 그 이치를 알기 어렵지만 더욱 볼 만하다. 개울가의 마을은 부유하고 화려하다. 개울 안 바위에 '옥계(玉溪)' 두 글자가 새겨져 있다. 나와 함께 생원을 한 정유명(鄭惟明)이 이곳에 은거하기에 내가 가서 방문하였다. 거창 사람 이인식(李仁植)의 별업도 이곳에 있는데 나를 맞이하여 매를 놓아 꿩을 잡고 풍류를 잡고 술을 내어놓았다. 이 고을에는 삼동이 있는데 여기가 곧 화림동이다. 내 일정이 바빠 나머지 두 곳을 찾지 못한 것이 한스럽다.

민인백, 「안음 영승동(安陰迎勝洞)」, 『태천집(苔泉集)』

그 뒤 안의삼동을 두루 유람한 이만부는 수승대와 인근 갈천동, 그리고 정온(鄭蘊)의 집을 방문하였다.

덕유산 동남쪽이 원학동이다. 골짜기 아래는 곧 옛 감음현(感陰縣) 관아가 있던 곳으로, 동계옹이 세거하는 곳이다. 마을 서쪽에 작은 산이 있는데 창을 늘어세운 듯한 높은 바위가 서 있어 별명이 금원촌(金猿村)이다. 동쪽으로 큰 바위가 개울을 누르고 있는 것이 셋이다. 척수암에서 서남쪽으로 개울을 따라 백여 보 가면 다시 큰 바위가 있는데 상대할 것이 없을 정도다. 그 정상을 메워 수십 인이 앉을 수 있게 되어 있다. 노송(老松)과 고송(枯松) 두 그루가 있는데 노송은 그늘이 짙고 고송은 고색창연하다. 앞으로 시퍼렇게 고인 물을 내려다보고 있는데 이름이 수송대다. 예전 퇴계 이선생이 이름을 수승대라 고쳤는데 갈천옹이 시를 지어 뜻을 풀이하여 "봄이 가려는 곳에 사람이 떠나가니, 봄만 시름겨운 것이 아니라 그대를 보내는 것도 시름겹다네"라 한 것이 있다.

수송대에서 5~6리 가서 석문(石門)을 지나면 갈천동으로 들어간다. 골짜기가 탁 트이고 숲이 빼곡하여 별세계를 이룬다. 갈천옹이 아우 첨모당과 은거하면서 의로움을 행하였다. 정려문 둘이 마을에 서 있어 인사를 하였다. 조금 북쪽에 병담정사(屛潭精舍)가 있는데 박씨의 별업이다. 다시 서쪽으로 올라가면 바위가 더욱 희고 물이 더욱 세차다. 아래위로 몇 리에 걸쳐 한덩어리로 되어 있는데 이름을 얻은 곳으로는 회암(匯巖)이 있다.

남쪽의 작은 골짜기가 모리(某里)로, 동계(桐溪)의 구소(鳩巢)가 그곳에 있다. 두번째는 부연(釜淵)이고, 세번째는 외순암(外筍巖)이며, 네번째는 내순암(內筍巖)이고, 다섯번째는 종연(鍾淵)이며, 여섯번째는 송암(松巖)이다. 층층의 바위가 깨끗하고 맑은 물이 뒤섞여 흐르는데 꽃이 흐드러지게 피고 새가 절로 한가로움을 즐기고 있었다. 고요함을 사모하는 사람들이나 놀러 온 사람들이 함께 찾는다.

또 그 위쪽 기슭을 올라갔다 내려가면 월성(月城)이라 이르는데, 갈천이 겨우 3분의 1이 보이고 안기도 또한 그러하다. 그 서쪽은 남령(藍嶺)이다. 원학동은 여기가 끝이다.

이만부, 「원학동기(猿鶴洞記)」, 『식산집』

이만부는 정온이 금원촌과 모리의 주인이고, 임훈이 갈천동의 주인임을 분명히 하였다. 이황이 '수승'이라 고친 것을 인정하지 않고 임훈의 뜻을 좇아 수송대라 한 것도 이 뜻을 밝힌 것이다.

정온과 금원동

원학동은 금원동(金猿洞)이라고도 하였다. 원학동 계곡물이 발원하는 곳이 금원산이기 때문이다. 금원동에는 조식의 적통을 잇고 훗날 남인의 영수가 된 동계(桐溪) 정온(鄭蘊, 1569~1641)이 살았다. 정온은 안의의 역동리(嶧洞里)에서 태어나 살았기에 안의의 명승을 늘 바라보며 살았다. 1609년 5월 심진동을 유람하고 장수사에서 독서한 바도 있다. 환해(宦海)에 환멸을 느낀 정온은 1633년 선산이 있던 거창의 가북면 용산(龍山) 아래에 용천정사(龍泉精舍)를 짓고 칩거하였다. 그러다가 조정이 청나라에 항복하자 1637년 봄 원학동 금원산 아래 모리로 들어가 초가를 짓고 비둘기집이라는 뜻으로 집 이름을 구소(鳩巢)라 하였다. 정온의 조부 정종아(鄭從雅)가 벼슬을 그만두고 물러나 산 곳이 이곳이었으니, 선대로부터 이 땅을 물려받은 것이다. 정온은 '모리', 곧 아무개 마을이라는 뜻을 이렇게 풀이하였다.

동계 고택 금원산 아래 원학동에 있다. 경주에서 시집온 종부가 고가를 잘 지키고 있다.

　무릇 모든 사물은 모두 이름을 가지고 있다. 크게는 높은 하늘과 두터운 땅, 빛나는 해와 달, 흐르는 강과 바다, 높이 솟은 산악, 작게 는 미미한 초목과 많은 짐승, 조그만 개울과 바위, 여항 골목의 부스 러기까지 모두 이름이 있어 기록을 한다. 오직 이 골짜기만을 '모 (某)'라 한 것은 무엇 때문인가?

　대개 이 골짜기는 깊은 듯하면서도 깊지 않고 얕은 듯하면서도 얕지 않다. 높다고 해도 마을에서 10리도 되지 않고, 낮다고 해도 세 봉우리 중 둘을 차지하고 있을 뿐이다. 우묵하게 되어 있어 밖에 서 보면 골짜기가 있는 줄 알지 못하고, 넓고 평평하여 아래에서 보 면 평평하다는 것도 알지 못한다. 개울이나 물, 바위의 모습이 볼 만한 것도 없고, 방위로 동서남북이라 이름할 것도 없다. 아마도 옛

사람이 이름을 찾으려다 찾지 못하여 이에 모리라고 한 것이 아니 겠는가?

정축년 봄 동계의 고고옹(鼓鼓翁)이 남한산성에서 고향으로 돌아왔다. 몸이 병들고 늙어 다시 이 세상에서 무엇을 하고자 하는 마음이 들지 않았다. 늙어 죽을 땅을 찾다가 마침 이 골짜기를 찾게 되었다. 이에 고고옹이 그 이름을 기뻐하여 나무를 엮어 몇 칸 둥지를 지었다. 비둘기 둥지처럼 졸렬하여 이렇게 이름한 것이다.

이듬해 여름 병든 몸을 이끌고 와서 거처하였다. 가지고 다니는 것은 한 질의 주자서(朱子書)요, 따르는 자는 몇 명의 아이들이었다. 이곳에서 잠을 자고 이곳에서 노닐면서 늙는 줄도 모르고 세상의 희로애락을 몰랐다. 세금을 재촉하는 관리도 보이지 않고 부침하는 조정의 정사도 들리지 않는다. 이에 고고옹이 몸과 마음이 편안하여 은거의 노래를 불렀다.

정온, 「모리의 구소에 대한 기문(某里鳩巢記)」, 『동계집(桐溪集)』

정온이 죽은 후 문하생들이 구소의 터에 사당을 건립하고, 동계가 쓰던 지팡이, 책상, 「모리구소기」, 숭정(崇禎)의 책력에 쓴 절구 등을 봉안하였다. 그후 1704년 화재로 사당과 봉안된 유물이 다 소실되어 버렸다. 이에 1705년 석천암(石泉庵) 터에 다시 서재를 건립하고, 1706년 구소의 터에 사당을 건립하였다. 정온이 숭정의 책력에 쓴 시 "그저 꽃잎을 보고 계절이 바뀐 것을 아노라(只看花葉驗時移)"는 명나라에 대한 의리를 상징하는 것이었는데, 이를 기려 그 후손이 모리재 곁에 화엽루(花葉樓)를 만들고 정종로(鄭宗魯)의 기문을 받아 그 경과를 적었다. 이러한 후손들의 정성으로 지금 거창군 북상면 농산리에 모리재가 남아 있게 되었지만, 화엽루 현판은 어디로 갔는지 보이지 않는다.

모 리 재

정온이 살던 땅 이름이 모리였기 때문에 서재의 이름을 모리재라 하였다.
앞쪽의 건물은 화엽루인데 꽃잎을 보고 계절이 바뀐 것을 안다는 뜻이다.

신선의 땅
감호와 양사언

내게 무슨 일로 한가한 곳에 사느냐고 묻는다면

천하의 이름난 땅 이만한 곳 없기 때문이라 한다네

감호 고성의 북쪽 금강산 쪽에 있는 호수로 그 서쪽에 금강산을 닮은 구선봉이 있다.

영평 양사언의 집

봉래(蓬萊) 양사언(楊士彦, 1517~84)은 신선처럼 살다간 사람이다. 양사언의 본관은 청주이고, 자는 응빙(應聘)이다. 봉래라는 호는 금강산을 사랑한 그의 이력을 단적으로 말해 주며, 또 다른 호 해객(海客) 역시 해금강에 대한 사랑을 보여준다. 날아갈 듯한 그의 초서(草書)는 활발한 정신세계를 표상한 것이기도 하다. 양사언은 양사준(楊士俊), 양사기(楊士奇)와 함께 삼걸(三傑)로 일컬어지면서 소동파(蘇東坡) 부자형제에 비견되기도 하였다.

신선처럼 살다갔지만 양사언도 보통의 문인들처럼 과거에 급제하여 벼슬길에 나아갔다. 그러나 그의 벼슬길에서 독특한 점이 있으니, 주로 외직을 맡아 40년 동안 여덟 고을의 수령을 지냈다는 사실이다. 물론 이러한 행적은 서얼이라는 신분적인 제약 때문이기도 하다. 이주진(李周鎭)이 올린 상소문에서 송익필(宋翼弼)의 경학(經學), 박지화(朴枝華)의 절의(節義), 신희계(辛禧季)의 문장(文章), 최명룡(崔命龍)의 지략(智略), 우경석(禹景錫)의 재서(才諝)와 함께 그의 사화(詞華)를 들었으니, 재주는 뛰어났지만 불우한 사람이었다.

양사언은 평창과 강릉의 수령을 거쳐 1565년 4월부터 1567년 3월까지 철원현감을 지냈으며, 이듬해에는 회양부사를 지냈다. 철원도 금강산에서 멀지 않거니와, 특히 회양은 금강산에서 가장 가까운 고을 중 하나다. 양사언은 회양부사로 있으면서 금강산을 자주 찾았다. 그는 이때부터 세사에 관심을 끊고 신선처럼 살 뜻을 품었다. 1567년 역시 금강산에서 멀지 않은 안변부사로 부임하였는데 얼마 후 지릉

(智陵)의 화재사건 때문에 해서(海西)로 귀양갔다가 2년 뒤 병으로 객사하였다.

　양사언은 오늘날 포천에 속한 영평 금주산(金柱山, 金烏山이라고도 한다)에 묻혔다. 당시 영평 관아에서 동쪽으로 20리 떨어진 길명리(吉明里)로, 오늘날의 행정구역으로는 포천군 일동면 길동리 백운산(白雲山) 아래다. 양사언 자신이 직접 묘터를 골랐다. 금주산 아래에 하천이 뻗어 있고 그 위에 높다란 아치형의 만세교(萬歲橋)가 놓여 있었다. 잡목을 쓰지 않고 오로지 깊은 산의 소나무만 사용해 만든 것이었기에 스스로 명불허전(名不虛傳)이라 자랑하였다.

양사언 묘 포천시 일동면 길명리 금주산에 있는데 비문은 포천이 고향인 조경(趙絅)이 썼다. 조경은 사람들이 양사언이 살던 마을을 지나면 선생의 마을이라 하고, 묘를 지나면 선생의 묘라 하였다고 적고 있다.

양사언은 오늘날 국민관광지가 된 포천의 백로주(白鷺洲) 근처에도 집을 마련해 두었다. 지금은 도로와 다리가 놓이면서 강안의 절벽이 훼손되고 물도 탁해졌지만 당시에는 선경(仙境)으로 일컬어졌다. 양사언은 이곳 물가에 집을 짓고 살았다.

근원을 찾아 새벽에 푸른 산 골짜기로 들어가고
달맞이하러 한밤에 백로 노는 모랫벌에 노니노라.
가는 곳마다 빼어난 땅에 초가를 지으리니
물가나 산마루나 모두 내 집이라네.
尋眞曉入靑山洞　遡月宵遊白鷺沙
到底結茅奇勝處　水涯山頂遍吾家

양사언,「어촌에서(漁村卽事)」,『봉래집(蓬萊集)』

물가의 바위가 백로와 같다는 뜻에서 이름붙여진 백로주, 그 물길을 따라 상류로 가면 나타나는 영평의 대표적인 산 백운산, 그 어디든 자기 집이라 하였으니 산수를 탐하는 그의 자유로운 정신을 짐작할 수 있다. 오늘날까지 양사언의 필치가 영평땅에 남은 것은 이 때문이다. 금수정(金水亭), 창옥병(蒼玉屛) 같은 유적지에 그의 글씨가 전하는 것도, 그가 영평에 살면서 인근의 명승지를 자신의 필치로 더욱 빛내고자 하였기 때문이다.

경도(瓊島) 양사언의 바위 글씨. 신선이 사는 섬이라는 뜻이다. 금수정(金水亭) 앞에 있는데, 서명응은 김확의 글씨로 보았다.

봉래산의 양봉래

양사언은 아름다운 산수자연을 차지하고자 하는 소망이 간절하였다. 영평의 집 외에도 포천 남쪽에 평망정(平望亭)이라 이름한 정자를 가지고 있었다. 또 설악산으로 들어가는 양구(楊口)에도 별서가 있었다. 그의 「복거(卜居)」라는 시를 보면, 어딘지 정확하지는 않지만 금강산 근처로 추정되는 녹문산(鹿門山)에서도 잠시 거처하였던 것으로 보인다. 금강산 신계사(新溪寺) 인근에 집을 짓고 산 적도 있다. 정엽(鄭曄)의 「금강록(金剛錄)」(『守夢集』)에는 신계사에 남긴 양사언의 자취에 대한 기록이 있다.

12일. 해가 뜨자마자 먹구름이 모여 비를 내릴 듯하였다. 억지로 골짜기의 바위 밑으로 들어갔다. 바위틈에 푸른 소나무와 흰 눈이 있어 엄동설한 같았다. 안개와 노을이 모였다 흩어지고 산의 모습이 보였다 가려지니 또한 기이한 형상이다. 밑바닥이 바위로 되어 양쪽 벼랑까지 이어져 있는데 맑은 개울이 흩어져 내리니 비파를 뜯는 듯한 소리가 울려퍼진다. 백천동(百川洞)과 만폭동(萬瀑洞)만 아름다운 이름을 독차지하겠는가? 선비 양사언이 이곳을 사랑하여 천석고황(泉石膏肓)의 병이 생겼다. 그 곁에다 초가 몇 칸을 엮어두고 때때로 왕래하면서 즐겼다. 그러나 신선이 한번 가고 나자 발자취를 잇는 이가 없어졌다. 다행히 황근중(黃謹中) 공이 강원도관찰사로 와서 승려들을 모으고 비용을 대어 다시 정사를 지었다. 지세가 예전 터에 비해서 조금 높아졌다.

신 계 사

금강산을 사랑한 양사언은 신계사 곁 대명암 터에 산 적이 있다. 후대에 이를 기려

초가를 지어둔 바 있다. 신계사는 불타고 터만 남았는데 근년에 일부를 중창하였다.

황근중이 강원도관찰사가 된 것은 광해군 6년(1614)의 일이니 양사언의 신계사 초옥도 이때 중수되었음을 알 수 있다. 18세기 초에 감호의 역사를 정리한 권구(權絿)는 대명암(大明庵) 터에 섬돌과 우물터가 있는데다 산을 등지고 바다를 내려다보게 되어 있으며 좌우의 산봉우리가 모두 옥을 깎아놓은 듯 아름다우므로, 대명암이 폐치된 후에 양사언이 그 자리에 초당을 지었을 것이라 추정하였다. 권구는 이곳에서 만년을 보내기 위하여 건물을 새로 지었으나 산불로 전소되어 버렸다고 한다.

양사언의 자취는 신계동뿐만 아니라 금강산 도처에 있다. 만폭동에는 '봉래풍악원화동천(蓬萊楓嶽元化洞天)'과 '봉래도(蓬萊島)'라 새긴 글씨를 남겼다. 이곳에 새겨진 차식(車軾)과 최호(崔顥)의 삼오칠언(三五七言) 시 역시 양사언의 글씨다. 차식은 차천로(車天輅)의 부친으로 고성군수로 있을 때 관아에 그 유명한 해산정(海山亭)을 만든 인물이기도 하다. 다음은 양사언이 이들과 함께 금강산을 유람하면서 쓴 작품이다.

백옥경 봉래도
아득히 안개와 파도조차 예스러운데
맑고 맑은 바람과 햇살이 좋도다.
벽도화 아래 한가히 오가노라니
한 소리 학 울음에 천지가 늙어 있네.
白玉京 蓬萊島

浩浩烟波古　熙熙風日好

碧桃花下閒來往　笙鶴一聲天地老

양사언, 「풍악(楓岳)」, 『봉래집』

　양사언은 금강산에 집을 짓고 살았거니와 그 이후에도 금강산을 매우 자주 찾았다. 유산객(遊山客)이 남여(藍輿)를 타는 일이 그에게서 비롯되어, 금강산의 승려들이 양사언을 매우 원망하였다는 말이 있었을 정도였다. 그러나 남여가 산을 찾아 놀러 다니는 도구로 쓰인 것은 고려시대부터이니 그 말을 곧이곧대로 믿을 것은 아니다.

감호의 비래정

　조경(趙絅)이 쓴 묘갈명(墓碣銘)에는 양사언이 금강산 동쪽 아름다운 곳 다섯 군데에 정자를 세웠다고 되어 있다. 그가 가장 사랑했던 감호(鑑湖)도 그중 하나다. 양사언은 1564년 금강산 서쪽 고성의 구선봉(九仙峯) 아래 감호에다 집을 지었다. 감호는 당나라 사람 하지장(賀知章)이 은거하던 곳의 이름인데, 금강산에 감호라는 지명이 등장하는 것은 양사언의 글에 처음 보이므로 그가 붙인 이름인 듯하다. 감호는 둘레가 5리 남짓으로 그 형세는 마치 구선봉을 향해 절을 하는 듯한데, 동으로 바다를 마주하고 흰 모래와 소나무가 사방을 두른 매우 아름다운 곳이었다.

　양사언이 감호에 집을 정한 것은 모친이 그곳에 살고 있었기 때문이기도 하지만, 다녀본 곳 가운데 이곳이 가장 아름다웠으며, 무엇보다 구선봉이 금강산을 닮아 있었기 때문이기도 하다. 신익성(申翊聖)은 「유금강소기(遊金剛小記)」에서 감호에 대해 이렇게 적고 있다.

　　감호는 둘레가 몇 리인데 맑은 물결이 터럭조차 비출 수 있다. 앞으로 구선봉을 마주하고 있어 금강산의 향로봉(香爐峯)이나 백탑동(白塔洞) 등 여러 승경과 완전히 같다. 그 아래 빼어난 집이 들쑥날쑥 서 있는데 왼편에 양봉래의 옛집이 있다. 촌락이 숲 사이로 그림처럼 어른어른거린다. 오른편에는 긴 솔숲이 있어 바다 쪽을 막고 있다. 솔숲 너머에는 사봉(沙峯)이 하늘을 찌를 듯 우뚝 솟아 있다. 멀리서 바라보면 옥과 같다. 감호에 걸터앉아 정자를 앉힌 사람은 토호인 정전(鄭沺)이다. 바다에 많은 호수가 있지만 마땅히 이를 으뜸으로 삼아야 할 것이다.

신익성, 「유금강소기」, 『낙전당집(樂全堂集)』

이 글에 나오는 정전(鄭沺, 鄭佃으로 된 곳도 있다)은 호가 남호(南湖)이며 광해군 때 병조좌랑을 지냈다. 양사언의 아들 양만고(楊萬古), 박세채(朴世采) 등과 어울려 노닐었는데 그때 지은 시가 『고성읍지(高城邑誌)』에 실려 전한다. 정전이 세운 정자의 이름은 어풍정(御風亭)인데 숭정(崇禎, 1628~43) 연간에 지은 것으로, 양사언 생전에는 이 정자가 없었다. 그러니 양사언이 감호를 빛낸 첫 주인이라 하겠다. 양사언은 집 이름을 감호당(鑑湖堂)이라 하고 시를 붙였다.

내게 무슨 일로 한가한 곳에 사느냐고 묻는다면
천하의 이름난 땅 이만한 곳 없기 때문이라네.
모래 희고 바닷물 푸르며 소나무 파란 길
만 송이 연꽃 핀 곳 모두 내 집이라네.

問余何事卜閑居　天下名區盡不如

沙白海靑松翠路　芙蓉萬朵盡吾廬

양사언, 「감호당에서(鑑湖堂)」, 『봉래집』

양사언은 감호에 비래정(飛來亭)이라는 정자도 지었다. 글씨에 능
한 그였지만 정작 자신의 비래정 현액은 완성하지 못하였다. 이와 관
련한 신이한 이야기가 전한다.

봉래가 갑자년(1564)에 영동의 고성군 구선봉 아래 감호 위에 집
을 정하였다. 그 정자 이름을 비래정이라 하였다. 고래수염을 묶어
큰 붓을 만들고 직접 편액을 써서 붙였다. '비(飛)'자가 먼저 완성되
었는데, '래정(來亭)' 두 글자가 마음에 차지 않아서 '비'자만 족자
를 만들어 정자의 벽에 걸어두었다. 일꾼 한 사람을 두어 정자를 지
키게 하였다. 하루는 큰 바람이 갑자기 불어와 달아두었던 정자의
문이 저절로 열리더니 서적과 병풍, 족자 등이 바깥으로 날려 땅에
떨어졌다. 수습해 보니 잃어버린 것은 거의 없지만, 오직 '비'자 족
자만이 허공으로 날아 바다로 가서 점점 멀리 사라졌다. 따라가던
자가 해안에 이르렀지만 아득히 어디로 갔는지를 알 수가 없었다.

그후 그때를 헤아려보니, 양봉래가 귀양지에서 죽은 날이었다. 아, 신이하다.

유근(柳根), 「비자기(飛字記)」, 『서경집(西坰集)』

이름 때문인지 비래정은 바람과 인연이 많았다. 1571년 4월 태풍이 불어 영동의 가옥 수백 호를 날려버렸는데, 이때 비래정도 밤사이에 지붕이 날아가 버렸다. 아침에 지붕이 들판에 팽개쳐져 있었다.

양사언의 비래정은 16세기 말 문인 재사들의 문화공간이 되었다. 감호 곁에는 반월산(半月山)이 있었다. 양사언은 반월을 닮은 거문고인 반월금(半月琴)을 가지고 있어, 이곳에 올라 연주하기도 하였다. 여기서 이달(李達)과 함께 노닐며 수창한 적도 있다. 또 구선봉 아래 천서암(天書巖) 동쪽 수십 보 떨어진 곳에 연엽정(蓮葉亭)이 있어 이곳에서도 노닌 바 있다.

감호에서 양사언은 유근(柳根)과 교분을 가졌다. 1577년 유근은 양사언에게 편지를 보내어 국도(國島)를 유람하자고 권하였다. 유근의 부친이 양사언과 동년의 벗이었으니 전부터 인연이 있는데다, 당시에 유근이 학림(鶴林, 歙谷의 별칭) 사또로 있었기 때문이다. 양사언은 이렇게 답장을 보내었다.

함께 국도를 유람하는 것은 기필할 수 없지만 거울 같은 맑은 물 위에 솟아 있는 연꽃 모양의 바위나 하늘가에 아른거리는 상투 모양의 산은 우리집에서 병풍으로 삼고 있는 바라오. 근래 예전 살던 곳으로 가보고 싶었소. 찾아뵙고 회포를 풀고 싶소.

유근이 쓴 「비자기」에 이렇게 인용되어 있다. 나이가 한참 어린 유근이지만, 서얼인 양사언은 유근에게 깍듯이 예우를 하였다. 여기서 병풍으로 삼았다는 산은 곧 비래정에 있는 구선봉을 이르는 것이다. 유근은 양사언과 약조를 하고 학포(鶴浦)에서 만나 국도를 유람하였다.

양사언의 아들 양만고(楊萬古, 1574~1654)도 참으로 감호를 사랑한 사람이다. 양만고는 영평 고향땅 두문산(斗文山) 아래 연송재(鍊松齋)를 짓고 살았다. 그러나 영평의 집을 두고 금강산을 자주 유람하다가 아예 감호에 눌러 살았다. 호까지 감호라 하였거니와 그의 문집도 『감호집(鑑湖集)』이다. 양만고는 감호의 빼어난 풍광을 묘사하자면 이름난 중국의 용면거사(龍眠居士) 이공린(李公麟)조차 솜씨가 모자라 근심할 것이라 하며 세상의 모든 아름다운 광경이 비래정에 있다고 자랑하였다. 양만고는 김상헌(金尙憲)에게 수학하였고 이소한(李昭漢), 조경 등과 친분이 깊었으니, 이들도 금강산을 유람하고 감호에 들러 시를 수창하였겠지만 불행히 전하지 않는다. 다만 양만고가 이소한의 시에 차운한 작품에서 자신은 단사표음(簞食瓢飮)의 빈궁한 처지이지만, 이름난 감호를 차지하고 천 수의 시를 지었으므로 부자라고 자부하였다. 양만고는 비래정에서 갈매기와 가을 안개 속에 꿈을 꾸면서 살았다.

감호와 비래당의 역사

감호의 역사를 정리한 사람은 권구다. 권구는 고성과 금강산을 두루 답사하고 방대한 시문과 현판을 모아 역사적 사실을 고증하여 『고성읍지』의 보유편을 편찬하였다. 16세기 후반에서 17세기 전반까지 감호의 주인은 양사언과 그의 아들 양만고였지만, 원래 감호는 그들의 땅이 아니었다. 감호의 첫번째 주인은 황신지(黃信之)이고 그 사위 최서지(崔瑞芷)가 이어받았다. 이후 강릉 사람으로 정언(正言) 벼슬을 하던 최자점(崔自霑)이 15세기 말 고성군수로 왔다가 아들 최세환(崔世桓)을 최서지의 딸과 혼인시켰고, 이에 최세환이 감호의 주인이 되었다. 그러다 다시 양사언이 최세환의 사위인 이시춘(李時春)의 사위가 되면서 감호의 전장을 차지하게 된 것이다.

물론 감호가 세상에 이름나게 된 것은 양사언 때문이다. 그러나 양사언과 양만고가 감호를 떠난 뒤 감호는 다시 최씨의 소유가 되었으며 비래정도 임진왜란 때 불타버렸다. 그후 최세환의 후손 최윤덕(崔潤德)이 산수의 풍류를 좋아하여 옛 비래당 터 서쪽에 건물을 다시 짓고 감호당이라 이름하였다. 그 규모가 웅장해 인근에 놀러 온 이들은 이곳에 올라 경치를 완상하였다.

박세채의 부친 박의(朴漪)도 감호와 깊은 인연을 맺었다. 박의는 최윤덕의 사위였기에 감호당에 머물러 살았다. 그 때문에 박세채도 가끔 들러 쉬는 곳으로 삼고 또 시를 남긴 바 있다. 이로써 감호는 다시 한번 이름이 높아지게 되었다.

최윤덕의 증손 가운데 최일경(崔一卿)이라는 사람이 있었다. 그 역시 감호를 사랑하여 초당을 하나 엮었다. 그리고 조유수(趙裕壽)에게 부탁하여 1717년 「감호장기(鑑湖莊記)」를 받았다. 조유수의 글에 따르면 영동의 호수는 모두 바다에 붙어 있어 사람이 살 수 없는데 산과 물 외에 논밭이 있어 전장을 만들 수 있는 곳은 감호뿐이었다고 한다.

양사언과 양만고 부자가 떠나고 감호가 최씨 집안으로 다시 넘어간 후에도 금강산을 찾는 문인들은 해금강에서 가까운 감호에 들러 양사언의 자취를 돌아보았다. 특히 허봉(許篈), 허적(許禴), 허균(許筠) 등 허씨 집안의 인물들이 자주 감호를 찾았는데 이 집안의 전장이 감호 서쪽에 있었기 때문이다. 그밖에 이식(李植), 이민구(李敏求), 조위한(趙緯韓), 이명한(李明漢), 김창흡(金昌翕), 채팽윤(蔡彭胤), 조문명(趙文命), 윤봉조(尹鳳朝) 등 17~18세기를 대표하는 문인들이 감호에서 지은 시가 전한다.

양봉래가 귀거래한 땅
푸른 산에 외길이 구불구불.
맑은 날 호수 빛은 햇살에 눈부시고
저물녘에 바다 기운은 노을을 만든다.
천고에 빛나는 아름다운 필치
황량한 마을에는 두서너 집.
신선의 수레 만날 수 없으니
어느 곳에서 선약(仙藥)을 물을까나.
楊子歸來地 靑山一徑斜

길명사 양사언을 제사지내는 사당으로 포천시 일동면 길명리에 있다. 뒤편 금주산 기슭에 양사언의 묘가 있다.

湖光晴曖日　海氣晚成霞

彩筆能千古　荒村只數家

雲輧不可接　何處問丹砂

채팽윤, 「감호의 봉래 양사언의 비래정 옛터(鑑湖楊蓬萊飛來亭舊基)」,
『희암집(希菴集)』

　채팽윤이 감호에서 신선의 자취를 찾을 수 없다 하였으니, 그로부터 다시 오랜 세월이 지난 지금은 더더욱 양사언의 자취를 찾을 수 없다. 다만 금강산 육로관광이 이루어지면서 먼발치에서나마 감호를 볼 수 있게 된 것은 그나마 다행이다. 휴전선을 넘어선 곳, 직립한 북한 병사들이 감호를 지키고 있다.

양사언의 행적도 희미하기만 하다. "태산이 높다 하되"라 시작하는 시조는 그가 지은 것이 아니지만 그의 작품으로 와전되었고, 오히려 그가 짓고 또 한시로까지 번역해 놓은 시조인 "창힐(蒼纈)이 작자(作字)할 제 원수(怨讐)의 이별이자(離別二字), 진시황(秦始皇) 분시서시(焚詩書時)에 어느 틈에 들었다가, 지금에 재인간(在人間)하여 사르던 애를 끊나니"는 작자미상으로 처리되어 있다. 🔲

달빛처럼 고운
창옥병과 박순

호리병 속의 해와 달

취중의 하늘과 땅

창옥병 창옥병은 푸른 옥을 장식한 병풍처럼 생긴 절벽이다. 절벽 아래의
바위가 강 가운데까지 하나로 되어 있다.

창옥병으로 물러나기까지

포천의 북쪽 지역은 예전에 영평(永平)이라 불렸다. 영평현과 포천현 일대가 오늘날 포천군이 된 것이다. 영평은 도성에서 가까우면서도 아름다워 문인들이 즐겨 찾던 곳이었다. 게다가 예전에는 영평을 경유하여 철원을 지나는 길이 금강산으로 가는 일반적인 코스였기에 유람객의 발길이 끊이지 않았다.

영평의 명승으로는 백로주(白鷺洲), 금수정(金水亭), 창옥병(蒼玉屛) 등이 으뜸이다. 소흘면과 포천읍에서 흘러내린 물이 합류하여 북쪽으로 흐르는 영평천이 작은 언덕에 부딪쳐 북쪽으로 꺾이는 곳에 백로암(白鷺巖)이라는 큰 바위가 솟아 있다. 마치 백로가 물 속에 서서 사방을 바라보는 듯한 형상이다. 이 백로암의 이름을 따서 이 일대를 백로주라 불렀다. 푸른 강물의 양쪽 기슭에는 기암괴석이 병풍처럼 둘러싸고 있다. 지금은 도로와 다리가 놓이면서 강안의 병풍바위가 훼손되고 물도 다소 탁해졌지만 옛 자취는 아직 남아 있다.

그 북쪽에 금수정이 있다. 1608년(선조 41) 건립된 이 정자는 처음에는 우두정(牛頭亭)이라 불렀는데 삼척군수로 부임한 양사언(楊士彦)이 지금의 이름으로 고치고 직접 편액을 써붙였다. 채제공(蔡濟恭)이 중건을 기념하여 지은 기문에 따르면 양사언과 한석봉(韓石峯)의 필적, 그리고 이민구(李敏求)가 쓴 기문(「金水亭詩序」를 가리킨다)이 있었다고 한다. 정자 아래에는 맑은 우두천(牛頭川)이 흐르고, 정자를 지을 때 심었다는 수령 400년의 소나무가 있어 늠름한 자태를 과시하였다. 약 100년 전까지만 해도 은행나무로 새로 지은 2평 남짓한 규모의 정자가 있었으나 지금은 없어지고 주춧돌 여덟 개만 남아 있다. 다행히 콘크리트 건물을 세우지 않아 상상으로나마 옛 모습을 만나게 한다.

그 건너편에 창옥병이 있다. 이름이 말해 주듯 푸른빛의 구슬병풍을 펼쳐놓은 것 같다. 암반이 강 가운데까지 뻗어 있으며 암벽 도처에 시인의 제영이 새겨져 있어, 바위 자체가 하나의 필첩(筆帖)이라 할 만하다.

산하는 그 자체의 아름다움만으로 이름이 나지 않는다. 뛰어난 시인의 발자취를 얻어야 천하에 이름나는 법이다. 창옥병 일대가 천하 명승의 이름을 얻게 된 것도 사암(思菴) 박순(朴淳, 1523~89)이 있었기 때문이다. 박순은 본관이 충주이며 자가 화숙(和叔)으로, 16세기의 이름난 시인 박상(朴祥)의 조카이다. 명종조에 문과에 장원한 뒤 성균관과 홍문관 등에 두루 근무하였으며 대사간, 대사헌, 대제학 등의 청직을 거쳐 영의정에까지 이르렀다. 젊은 시절 서경덕(徐敬德)에게 학문을 배웠고 중년에 이황(李滉)을 사사(師事)하였으며 만년에는 이이(李珥), 성혼(成渾), 기대승(奇大升)과도 깊이 사귀었다. 특히 『주역』에 조예가 깊었고, 글씨도 뛰어났다.

그러나 박순이 역사에 길이 이름을 남기게 된 것은 무엇보다도 그의 시 때문이다. 박순은 삼당시인(三唐詩人)에게 당시(唐詩)를 가르쳐 이후 학당(學唐)의 흐름을 연 인물로 평가되며, 박상과 함께 조선 중기 호남시단을 개창한 시인이기도 하다. 젊은 시절 영평 백운동에 은거하고 있던 조준룡(曹駿龍)을 찾아가 지은 「조처사의 산속 집을 찾아가면서(訪曹處士山居)」에서 "돌길의 지팡이 소리를 간밤의 새가 알아

박순의 초상 얼굴에 검버섯과 주름이 많은 것으로 보아 노년에 그린 초상화다.

보네(石逕節音宿鳥知)"라 한 구절이 널리 알려져 '박숙조(朴宿鳥)'라는
별칭까지 얻었다.

　순탄한 벼슬길을 걸어 15년이란 긴 세월 동안 영의정을 지낸 박순
은 1586년 8월 이이의 탄핵에 반대하다 양사(兩司)의 탄핵을 받게 된
다. 이에 박순은 선조의 만류를 뿌리치고 관직에서 물러나 도성 안의
집 쌍취헌(雙翠軒)을 떠나 영평으로 들어갔다. 조정을 떠날 때 선조가
내시를 파견하여 동대문 바깥 보제원(普濟院)에서 술자리를 마련하여

전송하였는데, 박순은 다음과 같은 시를 부채에 써 임금께 보내었다.

> 은혜에 보답할 재주 없음이 마음에 거리껴
> 늙은 몸 추슬러 시골집으로 돌아가네.
> 한점 남산은 볼수록 점점 멀어져 가는데
> 가을바람에 눈물이 은자의 옷을 적시네.
> 答恩無術寸心違　收拾殘骸返野扉
> 一點終南看漸遠　西風吹淚碧蘿衣

박순, 「사은한 뒤에 영평으로 돌아가다(謝恩後歸永平)」, 『사암집(思菴集)』

이 시를 본 선조는 박순의 뜻이 굳음을 알고 더 붙잡지 않았다 한
다. 멀어져 가는 남산을 바라보고 눈물을 뿌리는 늙은 신하의 모습이
선하게 그려지는 작품이다.

창옥병의 이양정

박순이 물러난 곳은 창옥병 근처다. 이곳을 택한 까닭은 영평 보장
산(寶藏山)에 살던 천연(天然)이라는 스님이 아름다운 우두연(牛頭淵)
에 있던 양씨(楊氏)의 정자를 사라고 권하였기 때문이다. 박순은 이곳
의 산과 물을 둘러보고 마음속으로 기뻐하며 눌러살기로 작정하였다.

나는 병술년(1586) 8월 성은을 입어 영평땅 초정에 목욕을 하러
왔다가 그 산과 물을 보고 마음으로 기뻐하여 마침내 벼슬에서 물

러나 살게 되었다. 우리 동방의 산수 중에 이 영평현이 가장 이름이 높고, 영평현에서는 청령담(淸泠潭)이 가장 뛰어난데, 곧 백운계(白雲溪)의 물이 고인 곳으로 백운산에서 발원한다. 종현산(鍾賢山) 동쪽 지맥이 청령담에 이르러 벼랑이 된다. 물 밑에 큰 바위 하나가 펼쳐져 있어 높은 것은 물 위에 드러나 있다. 괴이하게 섞여 늘어서 있는데 거북이나 용이 햇살을 쬐는 것 같기도 하고 섬이 바다에 떠 있는 것 같기도 하다. 벼랑의 험준한 바위 넷이 청령담을 내려다보는데 그중 백학대와 청학대가 있다. 흰 학 네 마리, 푸른 학 한 마리가 와서 때때로 물가에 왕래하니, 모두 사실을 적은 것이라 하겠다. 나머지 둘은 산금대(散襟臺)와 수경대(水鏡臺)다. 그 가운데 상처럼 생긴 바위가 있어 토운상(吐雲床)이라 한다. 바위 아래가 물 가운데로 비스듬하게 기울어져 있고 우묵한 구덩이가 패여 있는데, 한 말의 술을 담을 만해서 와준(窪尊)이라 한다.

청령담에서 장탄(長灘)으로 물을 토하여 서쪽으로 꺾인 못이 명옥연(鳴玉淵)이다. 큰 벼랑이 하늘에 기대 있고 그 뿌리가 장탄과 청령담으로 파고들어 조물주가 깎고 다듬은 솜씨를 지극히 한 것이 창옥병이다. 청령담 서쪽에 지은 초가가 배견와(拜鵑窩)다. 매번 창옥병에 봄여름 두견새가 와서 울면 산이 텅 비어 소리가 울려퍼지는데 듣는 사람들이 감개하게 된다. 또 언덕 가장 높은 곳에 초가정자를 짓고 이양정(二養亭)이라는 이름을 붙였다. 덕과 몸 두 가지를 기른다는 이천(伊川)선생의 뜻을 취한 것이다. 그 왼쪽을 보면 큰 벽이 서 있고 오른쪽에는 네 개의 둔대가 이어져 있는데 모두 높은 산을

창옥병 앞 반석
창옥병 앞의 반석은 강 중간까지 하나로 이어져 있는데 도처에 바위글씨가 새겨져 있다.

등지고 맑은 물을 바라보고 있다. 깎아지른 멧부리와 무더기로 된 뾰족한 바위들이 읍을 하며 안으로 향해 있는데 석골(石骨)의 산과 옥 같은 들판이 마치 넘어진 촛불이 얽혀 있는 듯하다. 안개가 이내를 토하고 숲을 어둡게 가리니, 어두워졌다 밝아지며 신이한 기후가 천변만화하며 모습을 바꾼다. 기이함과 빼어남을 다투고 뻐기어 서로 양보하지 않는다. 정령과 신령을 거두고 모아서 이부자리 아래 모두 진설해 두었으니, 나를 위해 간직해 둔 것이라 매일 즐기고 노닐며 시를 읊조린다.

경치가 맑고 뜻이 맞아 산으로 막혀 있다는 것도, 이 몸이 멀리 와 있다는 것도, 또 날짐승 길짐승이 나를 시기한다는 것도 알지 못한다. 무엇이 이렇게 만든 것인가? 이 청령담이 나를 만나서 그런 것이 아니겠는가? 대략 그 경관을 적기만 하고 그 모습을 극진하게 그려내지는 못한다. 이름을 지어 붙인 사람은 이양정의 주인이요, 큰 글자와 작은 글자를 붓으로 쓴 이는 주부(主簿) 한호(韓濩)이며, 십여 곳 바위에다 새긴 사람은 수재(秀才) 신이(辛夷)다. 때는 만력 16년(1588)이다.

박순, 「이양정기(二養亭記)」, 『사암집』

박순은 창옥병 앞의 아름다운 청령담에 있는 여러 바위와 벼랑에 이름을 붙이고 한석봉의 글씨를 받아 일일이 새겨두었다. 바위에 글을 새긴 후 지은 시에서, 하늘처럼 영원하고자 하는 생각에 오랫동안 글을 새겼지만 훗날 산천이 뒤바뀌면 인멸될 것이라 하였다. 다행히

창옥병 한석봉의 바위글씨 푸른 학이 날아드는 청학대, 옷깃을 풀고 바람을 쐬는 산금대, 구름을 토하는 토운상, 푸른 물결이 넘실거리는 청령담 등 명칭 자체가 시적이다.

희미하긴 하지만 오늘날까지 산금대(散襟臺), 수경대(水鏡臺), 청학대(靑鶴臺), 토운상(吐雲床), 와준(窪尊), 청령담(淸泠潭), 이양정(二養亭) 등의 글씨가 남아 있다.

박순은 배견와와 이양정을 짓고 한가한 세월을 보내었다. 배견와라는 명칭은 박순이 스스로 밝힌 대로 창옥병에 사철 두견새가 찾아와 울기 때문이었다. 물론 앞서 보인 시에 드러나는 연군(戀君)의 정이 투영된 것이기도 하다. 두견새는 고대 중국의 촉국(蜀國) 망제(望帝)의 혼이 깃든 새로, 봄에서 여름 사이에 처절하게 울어댄다. 이 때문에 우국시인 두보(杜甫)가 머리를 낮추어 두견에게 절한다는 시를 지은 바 있다. 배견와는 두보처럼 두견에게 절을 하는 움집이라는 뜻으로, 충군(忠君)의 뜻이 깃들어 있다.

박순은 한 해 남짓 이곳에서 시인으로, 농부로 살다가 조용히 죽었다. 죽는 날도 베갯머리에 기대어 종일 시를 지었다. 그리고 "내가 가는구나" 하고 담담히 돌아갔다. 염하는 날 하늘에서 비가 내리고 우레가 쳤으며 밤에는 흰 기운이 하늘에 가득하였다. 그리고 하늘에서 해와 달 같은 빛이 나타나 땅을 비추어 큰 인물이 돌아감을 알렸다 한다. 박순은 창옥병과 금수정이 바라다보이는 뒷산 종현산에 묻혔다.

박순과 절친하였던 이이와 더불어 몸은 셋이지만 마음은 하나라는 말까지 들었던 성혼(成渾)이 그의 죽음을 애도하면서 다음과 같은 시를 남겼다.

세상 밖 구름 덮인 산은 깊고 또 깊어

시냇가 초가집은 벌써 찾기 어렵구나.
배견와 위에 뜬 한밤의 달은
응당 선생의 일편단심을 비추리.
世外雲山深復深　溪邊草屋已難尋
拜鵑窩上三更月　應照先生一片心

성혼, 「박사암 만사(挽朴思菴)」, 『우계집(牛溪集)』

세상 밖 깊디깊은 영평땅에 주인 없는 집만 남아 있는 모습을 그린 다음, 배견와 위에 뜬 삼경의 달이 임금에 대한 일편단심을 비춰줄 것이라 하였다. 15년이나 영의정을 지낸 주인공의 화려한 경력과 부귀영화를 제쳐두고 만년의 한가한 생활상을 그려낸 명편이다. 당대 최고의 비평가 허균(許筠)은 이 작품을 두고 "무한한 감상의 뜻을 말 밖에 드러내지 않았으니 서로 잘 아는 사이가 아니라면 어찌 이러한 시를 지을 수 있으랴"라고 평했다.

창옥병에 남긴 자취

박순이 죽은 후 창옥병 일대를 들른 사람은 필히 그의 자취를 찾았다. 박순이 죽은 해 태어난 이민구(李敏求)는 아름다운 산문 「금수정시서(金水亭詩序)」를 지어 박순의 풍류를 따르려 하였다.

백로주는 동음현(洞陰縣) 남쪽 10리에 있다. 그 물은 북쪽으로 흘러 현치(縣治)를 감싸고 내려가서 소 울음소리가 들릴 만한 거리로 긴 숲을 돌아 흐른다. 서쪽으로 굽이돌아 물이 더욱 많아지고 푸른 병풍이 펼쳐진 곳이 부운벽(浮雲壁)이다. 절벽에는 한석봉이 쓴 '호리병 속의 해와 달, 취중의 하늘과 땅(壺中日月 醉裡乾坤)'이라는 여덟 글자가 크게 새겨져 있다. 물이 빙빙 돌아 못을 이루는데 그 위에 날개를 펼치고 있는 정자가 금수정이다. 풍수가가 그 위의 지형이 소머리와 같다 하였기에 우두정이라 부르기도 한다. 그 곁을 동대(東臺)라 하는데 깨끗한 모랫벌에 펼쳐진 바위에 백 명도 넘게 앉을 수 있다. 푸른 나무가 휘장을 이루어 여름날에도 더위를 가시게 한다. 정자에 올라 바라보면 크고 작은 산봉우리와 냇물과 언덕이 사방에서 절하는 형세라서, 사람으로 하여금 정신없이 보고 살피게 한다. 들은 빼어나고 숲은 아름다우며, 나무는 울창하고 그늘은 짙다. 바람과 서리가 매서울 때는 청초하고 고담하며, 얼음과 눈이 심해지면 밝고 맑아진다. 사시의 경치가 두루 갖추어져 있다. 비록 헐뜯기를 잘하는 자라도 그 입을 열 데가 없다.

정자로부터 서쪽으로 십여 걸음을 가면 물가에 큰 바위가 있다. 그 위가 패여 우묵한 술동이처럼 되어 있는데 술을 일곱 말은 담을 수 있다. 그 옆에는 봉래(蓬萊) 양사언(楊士彦)의 시가 있다. "푸른 빛 고운 거문고에, 백아(伯牙)의 마음을 실었네. 거문고 한번 타고 시 한번 읊조리니, 종자기(鍾子期)가 소리를 알아주는구나. 시원한 바람이 먼 멧부리에서 일어나는데, 강물에 비친 달 곱디곱고 강물은 깊어라(綠綺琴 伯牙心 一鼓復一吟 鍾子是知音 泠泠虛籟起遙岑 江月娟娟江水深)."

송균절조 수월정신 창옥병에 새긴 바위글씨로 선조대왕이 박순의 정신을 기린 말이다.

　바위 아래 움푹 패인 곳은 물고기떼가 모이는 곳이다. 시내를 따라 북쪽으로 또 3리쯤 내려가면 창옥병이다. 돌아가신 재상 사암 박순의 배견와가 거기에 있다. 양봉래는 산수에서 노닐기를 좋아하여 그 발자취가 영동 영서에 두루 미쳤지만, 늘 이 정자에서 머물며 떠나지 않았다. 또 사암은 금성(錦城) 사람으로, 풍영정(風詠亭)과 면앙정(俛仰亭) 같은 승경은 제쳐두고 논하지 않았지만, 이곳만은 연연하여 떠나지 않다가 마침내 죽어서 여기에 묻혔다. 이러니 반드시 취한 것이 있었으리라.

이민구, 「금수정시의 서문(金水亭詩序)」, 『동주집(東州集)』

김수증의 글씨로 새긴 시 김수증은 박순의 「이양정 벽에 쓰다(題二養亭壁)」라는 시를
창옥병 바위에 써서 새겼다.

한석봉이 썼다는 '호리병 속의 해와 달, 취중의 하늘과 땅(壺中日月
醉裡乾坤)'은 박순의 삶을 단적으로 말한 것이다. 주자(朱子)가 소강절
(邵康節)의 화상(畵像)에 부친 글에서 "손으로 달나라의 굴을 만지고
발로 하늘의 뿌리를 밟으니, 한가하게 고금의 세월을 보내고 드넓은
천지에서 취한 채 살았네(手探月窟 足躡天根 閑中今古 醉裏乾坤)"라 한
뜻을 이은 것이다. 창옥병에 새겨져 있는 선조가 내린 여덟 글자 "송
균절조(松筠節操) 수월정신(水月精神)", 곧 소나무와 대나무 같은 절
조, 물과 달빛 같은 정신을 이렇게 표현한 것이다.

이 정신을 기려 1649년(인조 27) 박순이 살던 곳에는 옥병서원(玉屛

書院)이 세워졌다. 박순을 이어 장동김씨(壯洞金氏) 가문의 김수항(金壽恒)과 김창협(金昌協)이 영평을 빛내었고 그 덕에 김수항은 1698년 (숙종 24)에 이의건(李義健)과 함께 옥병서원에 추가 배향되었다. 그의 백형 김수증(金壽增)이 이양정 벽에 쓴 시도 오늘날까지 창옥병 석벽에 남아 있다.

19세기 후반 옥병서원에는 영정을 모시는 영당(影堂)이 새로 들어섰다. 외손인 이덕수(李德秀)라는 사람이 영정을 집에 모시고 있다가 1888년 영당을 짓고 김평묵(金平默)으로부터 기문을 받아 걸었다. 그 기문에 의하면 김낙철(金樂哲)이라는 종이 묘역을 근실하게 지키고 있었다고 한다. 박순의 적통을 이은 아들이 없었기 때문이다. 광해군 때 조령(鳥嶺)에서 은상(銀商)을 털려다 적발된 일곱 명의 서자 중 한 사람인 박응서(朴應犀)가 박순의 아들이었지만, 서자의 울분을 역모로 풀려다 실패로 돌아갔으니, 그의 영정을 돌볼 사람이 없었던 것은 당연한 일이다. 📖

2. 명현으로 인하여 이름난 땅

- 꽃이 아름다운 땅 화담과 서경덕
- 이언적의 맑은 마음과 독락당
- 조식의 태산벽립과 지리산
- 퇴계학의 성산 청량산
- 이이의 고산구곡가와 은병정사

고산정

꽃이 아름다운 땅 화담과 서경덕

한가하면 화단에 비질을 하고

때때로 호미 들고 약초밭을 맨다네

고지도의 화담 오관산 아래 고암이 있고 그 곁에 서사정이 있는데
그곳에 서경덕의 집이 있었다.

철쭉이 아름다운 화담

고려의 수도였던 개성은 예전에 송도(松都) 혹은 송경(松京)이라는 별칭으로 불렸다. 이곳에는 빼어난 산과 물이 많다. 송악산, 자남산, 천마산, 성거산, 용암산, 영취산 등 익히 알려진 산들이 즐비하고, 자남산 아래의 화원(花園), 송악산 동쪽의 자하동, 성거산과 천마산 사이에 있는 박연폭포와 대흥동 등도 이름이 높다.

오관산은 개성에서 진언문(進言門)을 나와 성균관을 지나 탄현문(炭峴門)을 나서면 그 북쪽 장단의 경계에 자리잡고 있다. 오관산 아래쪽 영통동의 영통사(靈通寺), 그 남쪽 면유동의 차일암(遮日巖) 등이 모두 이름이 높다. 오관산은 산꼭대기에 작은 봉우리 다섯이 관(冠)처럼 동그랗게 생겨 이 이름이 붙었다. 고려시대에 문충(文忠)이라는 효자가 인근의 영통동에 살았다. 그는 어머니를 봉양하기 위하여 벼슬을 하다가 어머니가 늙자 「목계가(木鷄歌)」를 지었는데, 「오관산곡(五冠山曲)」이라고도 한다. "나무 깎아 당계(唐鷄) 한 마리를 만들어 젓가락으로 찍어다가 벽 위에 올려놓았네. 이 닭이 꼬끼오 하고 시간을 알리면 우리 어머니 얼굴이 비로소 서산에 지는 해처럼 되게 하소서"라는 내용으로, 이제현(李齊賢)이 한시로 번역한 것이 전한다.

용암산 남쪽에 있는 추암(皺巖)과 고암(鼓巖)도 널리 알려진 바위다. 추암은 시냇가에 병풍처럼 서 있는 큰 바위인데, 가로지른 금이 마치 옷주름처럼 쭈그러지고 기괴한 모습으로 되어 있어 이 이름이 붙었다 한다. 고려시대 최당(崔讜)이 눈 속에 소를 타던 곳이다. 고암은 그 동쪽에 있는데 모양이 북과 같아서 이 이름이 붙었다 한다.

오관산과 용암산의 남쪽에 화담(花潭)이 있다. 그 물줄기는 성거산에서 발원하여 맑게 흘러내린다. 화담 왼편에 푸른 절벽이 높이 서서 그림병풍을 펼친 듯하고 봄이 되면 바위틈의 철쭉꽃이 만발하여 물 위로 붉게 비쳤다. 화담 오른편에는 작은 바위가 있어 사면이 깎아지른 듯하였다.

화담은 서경덕(徐敬德)이 살기 이전부터 개성을 찾는 사람들이 즐겨 찾는 아름다운 곳이었다. 1477년 3월 화담을 찾은 채수(蔡壽)는 동구에 푸른 비탈이 에워싸고 돌샘이 동그랗게 파여 있는데 철쭉꽃 그림자가 물에 거꾸러져 있었다고 적었다. 함께 간 성현(成俔)은 화담의 아름다움을 이렇게 묘사한 바 있다.

> 그림 같은 푸른 산에 파란 이내가 서렸는데
> 바위에 부딪쳐 우는 샘은 작은 못에 떨어지네.
> 눈 가득 기이한 볼거리도 부족하게 여겨서
> 종놈은 자주 말 멈추게 한다 욕을 한다네.
> 碧山如畵間晴嵐 觸石鳴泉落小潭
> 滿眼奇觀深不足 僕夫嗔我屢停驂
>
> 성현, 「화담(花潭)」, 『허백당집(虛白堂集)』

성현은 화담을 보고 넋을 잃지만 고단한 하인의 눈에는 그런 것이 보이지 않는다. 성현은 화담을 눈으로 보고 말았지만, 화담을 사랑하여 그곳에 집을 짓고 살았던 사람은 서경덕이다. 그의 호도 화담이다.

박연폭포 서경덕, 황진이와 함께 개성을 대표하는 송도삼절로 일컬어진다.
우리나라 삼대 폭포의 하나이기도 하다.

    화담 위로 나갔다. 화담에는 많은 낚시바위가 높다랗게 못가에
솟아 있었다. 어떤 것은 개울 한가운데에 걸쳐 있는데 물과 바위가
매우 맑았다. 작은 산이 빙 두르고 있는데 가을 낙엽이 쓸쓸하였다.
바위 위에 구멍이 둘 있다. 사람들은 선생이 일산(日傘)을 펼쳐놓던
곳인데 호사가들이 선생을 위해 파놓은 것이라고도 한다. 바위 위
에는 이끼가 수북하게 끼어 있었다. 산이 텅 비고 물이 깊었다.

성혼(成渾), 「천마산에서 노닐며(遊天磨山)」, 『와유록(臥遊錄)』(장서각본)

화담은 서경덕 선생의 옛집이다. 홍원례(洪元禮, 이름은 履祥)와 많은 선비들이 의논하여 바로 그 땅에 서원을 지어 제향하기로 하였다. 정자와 대, 섬, 화단이 모두 선생이 꾸민 것이라 한다. 산에는 철쭉꽃이 많았다. 붉은빛이 물에 비치는데 이로써 화담이라 이름한 것이다. 두 산이 담장처럼 서 있는데 물이 원통사(圓通寺)에서 발원하여 여러 골짜기로 나누어 흐르다가 합쳐져 큰 하천을 이루어 화담에 떨어진다. 그 소리가 맑다. 화담 위에는 바위가 늘어서 있는데 가장 높은 곳에는 백여 명이 앉을 수 있다. 화담의 서쪽은 그윽한 곳인데 땅이 조용하고 맑다. 흙을 쌓아 대를 만들어 쉴 곳으로 삼았다. 앞쪽 좌우의 석벽에는 아름다운 나무가 빼곡히 서 있고 가는 샘물이 떨어진다. 대 아래에서 물이 다시 띠처럼 빙 두르고 있다. 겹겹의 모래톱이 되고 맑은 물가도 되고 빙 도는 굽이도 된다. 어느 하나 기이하게 팔리지 않을 것이 없다.

이정구(李廷龜), 「화담을 유람한 기문(遊花潭記)」, 『월사집(月沙集)』

화담의 주인

땅이 영험하면 사람이 걸출하다는 말이 있듯이 빼어난 땅에는 빼어난 인물이 난다. 오관산과 용암산, 화담이 낳은 인걸이 서경덕이다. 서경덕(徐敬德, 1489~1546)은 자가 가구(可久), 호는 복재(復齋) 혹은 화담이며 본관은 당성(唐城)이다. 이 집안은 풍덕(豊德)에 세거하다가 서경덕의 부친이 혼인을 하면서 처가인 개성에 살게 되었다. 모친 한씨(韓氏)가 공자의 사당에 들어가는 태몽을 꾸고 개성의 화정리(禾井

里)에서 서경덕을 낳았다. 14세에 『상서(尙書)』를 배웠는데 1년 만에 더 이상 배울 것이 없었다고 하니 타고난 재주를 짐작할 수 있다.

18세 무렵 『대학』의 격물(格物)을 학문의 중심에 두었다. 박세채(朴世采)의 문집에는 서경덕이 어렸을 때 가난하여 부모가 나물을 뜯어오게 하였는데 늘 저물녘에 오면서도 광주리가 차 있지 않자 그 이유를 물으니 "새가 날갯짓을 하는데 오늘은 1촌을 날고 그 다음날은 2촌을 날더니 다시 그 다음날에는 3촌을 날아올라, 점점 위로 가서 훨훨 날아가 버렸습니다. 새가 하는 짓을 보고 그 이치를 생각하였지만 알 수가 없어 매번 늦으면서도 광주리를 채우지 못하였습니다. 그 새는 사람들이 종종새(從從鳥, 종달새인 듯함)라 합니다"라 대답한 일화를 적고 있다. 여기서 서경덕의 궁리공부(窮理工夫)를 짐작할 수 있다.

서경덕은 격물궁리(格物窮理)를 통하여 점차 그 학문적 명성을 높여갔다. 조정에서 불렀으나 나아가지 않고, 화담의 서재에서 학문에만 전념하였다. 서경덕이 화담에 살게 된 것은 부모의 무덤이 그곳에 있었기 때문이다. 제자 허엽(許曄)에 따르면 서경덕은 산수가 아름다운 곳을 보면 춤을 추었다고 하니, 화담의 산수가 아름다웠기 때문에 평생을 이곳에서 산 것이다.

구름 낀 바위 옆에 사는 것은
그저 성품이 게으르기 때문.
숲에 앉아 산새로 벗을 삼고
시냇가에서 물고기와 짝한다네.

한가하면 화단에 비질을 하고
때때로 호미 들고 약초밭을 맨다네.
그밖에 도무지 일이 없으니
차 마시고 옛책을 읽을 뿐이라.
雲巖我卜居　端爲性慵疏

林坐朋幽鳥　溪行伴戲魚

閒揮花塢帚　時荷藥畦鋤

自外渾無事　茶餘閱古書

화담의 한 칸 초당
조촐하여 신선집 같다네.
산빛은 마루에서 마주 보이고
샘물은 빈 베갯가에 울리네.
골짜기 그윽하여 바람이 요란한데
땅이 외쳐 나무가 무성하다네.
그 안에 소요하는 이 있어
신새벽에 책읽기를 좋아한다네.
花潭一草廬　瀟灑類僊居

山簇開軒面　泉絃咽枕虛

洞幽風淡蕩　境僻樹扶疏

中有逍遙子　淸朝好讀書

서경덕, 「산에 살면서(山居)」, 『화담집(花潭集)』

서경덕은 이렇게 한가하게 살다가, 가끔 심의(沈義), 조욱(趙昱) 등과 어울려 즐거운 시간을 보내었다. 특히『대관재몽유록(大觀齋夢遊錄)』의 저자 심의는 서경덕과 매우 절친하였다. 심의는 화담으로 찾아가거나 서경덕과 함께 자하동과 경덕궁(景德宮), 만월대(滿月臺) 등 개성의 여러 곳을 유람하였다. 그의 문집에는 서경덕의 시가 10편 이상 실려 있다. 아래에 두 사람의 우정과 화담에서의 풍류를 보여주는 시를 보인다.

　　새벽녘 솔밭길을 걷노라면 물기가 촉촉한데
　　사립문에는 산새 울음소리만 들리네.
　　이슬이 이끼 낀 바위에 아롱지니 거북이 햇살을 쬐는 듯
　　나뭇잎이 구름 속 숲속에 질푸르니 말이 발굽을 모은 듯.
　　거듭 장황거가 되니 비단에서 향기가 풍기는데
　　백번 소동파가 되어 개울가에서 서성이겠지.
　　눈으로 볼 뿐 말을 아끼라 한 것 그대 기억하소
　　종일 함께 취하는 일도 사양하지 마시게나.
　　曉尋松逕濕凄迷　柴戶唯聞谷鳥啼
　　露滴苔巖龜曝背　葉濃雲樹馬攢跡
　　雙鵃張子香生錦　百作東坡影散溪
　　目擊微言君可記　莫辭終日醉相携

　　　　심의,「화암으로 서가구를 방문하다(花嵒訪徐可久)」,『대관재집(大觀齋集)』

동산에 해뜰 때 잠에 취해 어릿하더니
갑자기 산까치 창가에 울어 깜짝 놀랐네.
기쁜 마음에 사립문을 미는 좋은 손님 맞고
즐겁게 말발굽에 붙은 꽃잎을 바라보노라.
술 들면 그뿐 저녁 햇살 서러워하랴
갓끈 씻고 맑은 개울에서 실컷 노세나.
하늘이 즐거운 일을 우리에게 주었으니
남은 봄 다시 만나 놀기로 기약하세.

日出東岑睡正迷　忽驚山鵲向窓啼

喜迎佳客推蓬戶　好看殘花櫬馬跡

把酒未須愁夕景　濯纓贏得弄淸溪

天敎樂事輸吾輩　擬趁餘春約更携

서경덕, 「심교수가 여러 학생들을 데리고 화담을 방문하였는데 즉석에서
그 시에 차운하다(沈敎授携諸生訪花潭卽席次其韻)」, 『화담집』

　이른 새벽 심의가 제자들을 데리고 화담을 방문하였다. 초목은 이슬에 젖었고 그저 산새만 운다. 화담에는 거북 모양의 바위와 말발굽 모양의 나무가 있었다. 햇살이 비치는 바위의 모습은 마치 거북이 등에 햇살을 쬐는 듯하고, 파란 잎이 무성한 나무는 마치 말이 두 발을 모으고 뛰어오르는 듯한 형상이다. 장횡거(張橫渠)의 학문에 침잠하다가, 가끔은 소동파(蘇東坡)의 풍류를 배워 개울가로 산책을 나간다. 소동파는 물에 비친 자신의 모습을 보고 '백동파(百東坡)'가 된다고 하였는데 이 말을 인용한 것이다. 심의는 우리 두 사람 얼굴을 직접 보면 그뿐, 굳이 말이 필요 없고 만나서 반가우니 진창 술을 마시고 세사를 잊자고 하였다. 서경덕은 이렇게 답하였다. 느지막이 일어났더니 반가운 손님이 온다고 산까치가 울어대더니, 과연 좋은 벗이 문을 밀고 들어서는데 말발굽에 꽃잎이 붙어 춘흥이 도도하다 하였다. 반가운 벗을 만나 술을 마실 뿐 세사에 대한 근심을 잊고 고고한 삶을 살아가자 한 다음, 이렇게 좋은 모임을 자주 가지자고 제안하였다.

서경덕은 화담에서 박순, 민순(閔純), 박민헌(朴民獻), 허엽, 홍인우(洪仁祐) 등의 제자를 배출하였다. 특히 홍인우의 일기에는 처음 서경덕을 만나 배움을 청하는 대목이 자세하게 기록되어 있다. 1540년 2월 홍인우가 화담으로 그를 찾아갔다. 그의 정사는 숲 아래 몇 칸의 초옥이었는데 그곳에 사는 서경덕은 용모가 고고하고 의관이 단정하였으며, 산야의 늙은이로 진정한 은자의 자태를 띠고 있었다. 개성 탁타교(橐駝橋) 인근 화정리에 있는 그의 집은 비바람을 겨우 가릴 정도로 누추하였다고 한다.

화담을 찾은 사람들

서경덕은 화담에서 후학을 양성하고 학문에 힘을 쏟으면서 조용하게 살다 천명이 다함을 알고 화담에 나아가 몸을 깨끗이 씻고 서재로 돌아가 눈을 감았다. 묻힌 곳은 화담 뒷산이었다.

주인을 잃은 화담은 황량해졌다. 1570년 임운(林耘)이 서경덕의 집을 찾았을 때 화담의 아름다운 꽃나무는 모두 나무꾼의 도끼에 찍혀

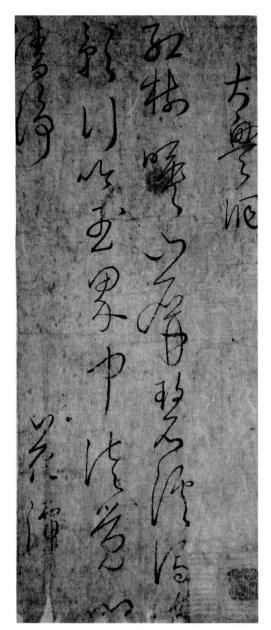

서경덕의 오언절구 대흥동

"붉은 단풍나무 병풍산을 비추는데,
파란 개울물은 거울 같은 못으로
흘러드네. 옥처럼 고운 땅을 가면서
읊조리니, 그저 마음이 맑아짐을
알겠네(紅樹映山屛 碧溪瀉潭鏡
行吟玉界中 陡覺心清淨)."

스러지고 가시덤불과 묵은 풀만 가을바람에 스산할 뿐이었다. 또 그가 살던 서재도 무너져 뒤뜰로 옮겨 지어져 있었다. 묘지(墓誌)도 그저 "처사 서경덕의 묘(徐處士敬德之墓)"라고만 되어 있었다. 집에 서경덕이 직접 쓴 묘문(墓文)이 있었지만 안타깝게도 아우 서숭덕(徐崇德)의 힘이 미치지 못하여 돌에 새기지 못하였다. 그 이듬해 성혼이 이곳에 이르렀을 땐 서경덕의 무덤에 "생원 서경덕의 묘(生員徐敬德之墓)"라고 적힌 작은 비석이 있었다고 하니 그 사이에 비가 세워진 듯하다. 처사에서 생원으로 바뀐 것은 서경덕이 원하던 바가 아니었겠지만 봉분이 몇 척 되지 않고 흙으로 계단을 만들었을 뿐 섬돌은 없었으며 작은 돌비석 하나만 있었다 하니 처사의 무덤으로 어울리는 것이라 하겠다.

서경덕은 선조 6년(1573) 정몽주(鄭夢周)를 모신 문충서원(文忠書院)에 함께 배향되었고, 이듬해 우의정에 추증되었다. 다시 20년 후인 1573년 문인 박민헌, 허엽 등이 신도비를 만들어 세우고 그의 문집도 간행하였다. 비각(碑閣)까지 세워진 신도비에는 "증우의정시문강공화담선생서공지묘(贈右議政諡文康公花潭先生徐公之墓)"라 거창하게 새겨져 있었으니, 오히려 처사로서의 격이 떨어져 버렸다. 김수증(金壽增)의 「유송도기(遊松都記)」에 따르면, 당시에 석물 두 개를 새로 세우고 그 너머에 바위를 깎고 신도비를 세웠다고 한다.

또 광해군 때 홍이상(洪履祥)이 화담에 서원을 만들었는데, 제자 박순, 허엽, 민순 등도 함께 배향하여 외롭지 않게 하였다. 이 서원은 광해군 6년 화곡서원(花谷書院)으로 사액되었다. 사람으로 인하여 화담

亭
窺沒人連進斯
釣臺為先生釣游
伯境奇而巳有
遊址地以久傳此
那以為徐先生
傍窩有山花之處
潭以花名或名潭

화담 그림 강세황의 〈송도기행첩〉 중 화담. 상단에 "못을 꽃으로 이름한 것을 두고 어떤 이는 예전에 못 곁에 빼어난 산꽃이 있어서라고도 한다. 여기는 서선생의 유허지다. 땅은 사람으로

인하여 전해지는 것이지 다만 땅이 기이해서만 되는 것은 아니다. 조대가 있는데 선생이 낚시를 하면서 노닐던 곳인데 후인이 서사정을 세웠다"라 적혀 있다.

도 절로 유명해졌다. 차천로(車天輅)는 송도십이경(松都十二景)의 하나에 「화담송월(花潭松月)」을 넣었다. 이 무렵 화담에는 서사정(逝斯亭)이라는 정자도 생겼다. 개성유수 윤침(尹沈)이 세운 정자로 서경덕의 외손 이화중(李華中)이 편액하였다고 한다. 서사정 곁에 수천 명이 앉을 수 있을 정도로 넓은 둥글고 비탈진 바위가 있는데, 서경덕이 낚시를 하던 곳이라 한다.

그러나 과연 지하에 있는 서경덕이 이러한 일을 좋아하였을지는 알수 없다. 조용히 처사로 살다 가고자 하였던 삶에 비추어보자면 말이다. 어찌 보면 화담을 찾아가면서 쓴 이정구의 글이 서경덕이 지향했던 풍류가 아닐까? 다음은 이정구의 글 중에서 앞에서 본 대목을 제외한 앞뒤의 부분이다.

송악으로 내려가 자하동(紫霞洞)을 두루 방문하고 조금 쉬었다. 홍원례가 편지를 보내었다. "화담의 수석(水石)이 가장 빼어나지요. 산꽃이 막 성대히 피고, 강인경(姜仁卿, 이름은 綱)도 오관산에서 오기로 약조하였습니다. 곧바로 오셔서 함께 구경하시어 한바탕 좋은 유람을 하시지요. 우리들이 먼저 가서 화담 가에서 기다리겠습니다."

나는 여흥이 끝나지 않아 듣자마자 즐거워하였다. 가마를 재촉하여 갔다. 산기슭을 따라 옛 성을 나서 탄현을 넘었다. 두 산이 갈라져 골짜기 입구가 되었다. 반석이 1리쯤 뻗어 있는데 큰 물이 그 위로 달리니 흰 베를 펼쳐놓은 듯하였다. 맑고 고와서 눈을 씻고 볼 만하였다. 가마를 잠시 멈추고 바라보았다. 동족인 한 서생이 앞에

유화담기 신흠이 화담을 유람하고 쓴 기문인데, 마지막 대목에서 서경덕을 꿈에 만나 함께 노닐었다고 하였다.

와서 절을 하였다. "마침 술이 있어 개울에서 기다렸습니다. 공께선 잠시 수레를 멈추시기를 바랍니다."

갑자기 사냥꾼이 매를 부르더니, 이윽고 매가 앞숲에서 꿩을 낚아채었다. 사냥꾼이 이를 바쳤다. 나는 가마에서 내려 바위 위에 앉았다. 경력(經歷) 벼슬을 하는 윤씨(尹氏)가 따랐다. 내가 말하였다. "이곳이 어딘가? 송도의 기이하고 빼어난 풍광이 여기에서 다하겠구나. 앞서 서생이 나를 맞지 않아 이 개울과 산을 놓치게 하였더라면 평생의 한이 될 뻔하였네." 윤씨가 말하였다. "이곳은 곧 귀법사 (歸法寺)의 옛터입니다. 개울 위에 바위기둥이 물을 걸터앉은 채 남아 있습니다."

내가 놀라서 말하였다. "이곳은 최충(崔沖)이 꾀서하던 곳이요, 이규보(李奎報)가 서울을 그리워하면서 지은 시에서 '황량한 고향인들 차마 그립지 않으랴, 차라리 잊어버리고서 바보처럼 있는 것이 낫겠네. 그저 남은 것은 일단의 정을 끄는 곳, 귀법사 개울가에 걸터앉아 술잔을 보내노라(故國荒凉忍可思 不如忘却故憨癡 唯餘一段關情處 歸法川邊踞送卮)'라 한 곳이다. 예전 사람이 이미 마음을 끌었던 곳이니 명불허전이라는 말이 정말이구나."

마침내 옷을 벗고 맑은 개울에서 발을 씻었다. 서생인 친척이 술과 안주를 내어놓고 사냥꾼은 꿩 안주를 회로 내어놓았다. 흥이 일어 가득 부어 마셨다. 푹 취하는 것도 알지 못하였다. 홍원례가 화담에 있으면서 몇 명을 보내어 빨리 오라고 매우 재촉하였다. 차마 버리고 떠나갈 수가 없었다. 저물녘에 비로소 화담에 도착하였다. (중략)

주인이 자리를 만들어 악기를 번갈아 연주하였다. 그 소리가 숲을 진동하였다. 나는 매우 즐거웠다. 술잔을 띄워 서로 전하였다. 쭈그리고 앉아서 마시다가 취한 다음에 바위를 베고 잤다. 꿈에 고인과 노닐었는데 서선생이 아니겠는가?

이정구, 「화담을 유람한 기문」, 『월사집』

이정구는 화담으로 가는 길에 귀법사 터에서 꿩 안주로 술을 마시며 한바탕 풍류를 즐겼다. 벗의 독촉을 받고서야 화담으로 갔다. 화담에서도 이정구는 풍류를 즐기다가 잠이 들었다. 그리고 꿈에 서경덕을 만났다. 이정구가 산수의 풍류를 사랑하였기에 서경덕이 꿈에 나타난 것이다.

근래 개성을 다녀왔다는 사람이 늘고 있다. 화담에 들러 한바탕 산수의 풍류를 즐기고 꿈을 꾼다면, 서경덕이 꿈에 나타날지 모를 일이다. 🔲

이언적의 맑은 마음과 독락당

산뜻한 작은 집이 푸른 시내에 있어

마음 맑게 하려고 종일 물고기 바라본다

독락당

벼슬길에 나아가지 않고 마음을 수양하면서
혼자 즐기는 집이라는 뜻인데.
이 이름의 집으로는 중국 사마광 (司馬光)의
독락원(獨樂園)이 유명하다.

독락당으로 들어올 때까지

경북 경주시 안강읍 옥산리에 옥산서원(玉山書院)이 있고 그 곁에 독락당(獨樂堂)이 있다. 독락당은 조선오현(朝鮮五賢)의 한 사람인 이 언적의 집이며, 옥산서원은 이언적을 제향하기 위해 세운 서원이다.

이언적(李彦迪, 1491~1553)은 자가 복고(復古), 호가 회재(晦齋) 혹 은 자계옹(紫溪翁)이며, 본관은 여주(驪州)다. 회재는 주자(朱子)를 조 술한다는 뜻에서 주자의 호 회암(晦庵)을 딴 것이요, 자계옹은 독락당 곁에 있는 자옥산(紫玉山)에서 딴 것이다. 이언적의 본명은 이적(李迪) 이었으나 단성(丹城)에 성명이 같은 선비가 있어, 중종이 선비라는 뜻 의 '언(彦)'을 덧붙이게 하였다.

조부 이수회(李壽會)의 묘소가 경주 아배야동(阿倍耶洞)에 있었다 하니 부친 이번(李蕃)에 이르러 양동마을로 옮겨 산 것으로 보인다. 양동은 당시 양좌촌(良佐村)이라 하였는데, 이언적은 이곳에서 태어 났다. 부친의 묘소를 흥해(興海) 달전리(達田里)에 썼으니 그곳에도 전 장이 있었던 듯하다.

이언적은 열 살에 부친을 잃고 외숙 손중돈(孫仲暾) 밑에서 학업을 익혔다. 이후 산사에서 학문에 힘쓰다가 19세에 생원이 되고 24세에 문과에 급제하여 벼슬을 시작하였다. 교서관과 홍문관, 성균관 등에 서 벼슬을 하였으며, 세자시강원에서도 근무하였다. 이어 이조와 병 조의 정랑을 지내는 등 비교적 순탄한 벼슬길을 걷다가 중종 25년 (1530) 사간원 사간이 되면서 정쟁에 휘말린다. 이듬해 채무택(蔡無擇) 이 귀양가 있던 권신 김안로(金安老)의 복귀를 주장하자, 심언광(沈彦

光) 등 대부분의 조정 관료들이 이에 동조하였다. 하지만 이언적은 김안로를 소인이라 배척하며 결연히 반대하였다. 김안로가 경주부윤으로 있을 때 그의 처신을 익히 보았기 때문이었다. 결국 이언적은 성균관 사예로 좌천되었는데 탄핵이 끊이지 않자 아예 벼슬을 그만두고 고향으로 내려왔다. 그는 고향으로 돌아온 심경을 이렇게 밝혔다.

> 징심대의 나그네 돌아갈 것 잊었는데
> 바위틈에 달은 몇 번이나 둥글어졌나.
> 개울이 깊어 물고기는 맑은 물에서 장난치고
> 산이 어두워 새들은 안개 속에 길을 잃었네.
> 사물과 내가 하나가 되었으니
> 진퇴는 그저 천명만을 즐길 뿐.
> 산보하며 그윽한 흥을 부치니
> 마음은 절로 한가하구나.
> 臺上客忘返 巖邊月幾圓
> 澗深魚戲鏡 山暝鳥迷烟
> 物我渾同體 行藏只樂天
> 逍遙寄幽興 心境自悠然

이언적, 「징심대에서(澄心臺卽景)」, 『회재집(晦齋集)』

징심대(澄心臺)는 마음을 맑게 하는 대다. 고향으로 돌아온 것은 마음을 맑게 하기 위해서이다. 마음을 맑게 하면 물아일체(物我一體)

의 경지에 들게 되니, 벼슬살이가 마음을 괴롭히지 않는다.

독락당과 계정

낙향한 이듬해인 1531년, 불혹을 넘긴 마흔둘의 나이에 이언적은 양좌동에서 서쪽으로 20리 떨어진 개울가에 강학을 위한 집 10여 칸을 만들었다. 처음에는 아무 이름도 붙이지 않다가 후에 독락당(獨樂堂)이라 하게 되었다. 독락당에는 다섯 개의 대가 있었다. 탁영대(濯纓臺), 징심대, 관어대(觀魚臺), 영귀대(詠歸臺), 세심대(洗心臺)가 바로 그것이다. 이언적은 천혜의 아름다운 공간인 이곳에 두 칸의 집을 더 마련하고 정관재(靜觀齋)와 계정(溪亭)이라는 이름을 붙였다. 계정 앞뒤로 소나무와 대나무를 비롯한 여러 꽃나무를 심고, 그 사이에서 시를 읊조리거나 낚시를 하면서 번다한 세상사를 멀리하였다.

이언적은 독락당에 살면서 1535년 「숲속에서의 삶 15수(林居十五詠」를 지어, 독락당에서 사계절 한가하게 살아가는 마음과 학자로서 수양에 힘쓰는 모습, 그리고 물러나서도 임금과 백성을 생각하는 충정을 두루 담았다. 그중 한 편을 아래에 보인다.

> 요순의 사업은 천고(千古)에 높은데
> 한 조각 뜬구름은 태허(太虛)를 지난다.
> 산뜻한 작은 집이 푸른 시내에 있어
> 마음 맑게 하려고 종일 물고기 바라본다.
> 唐虞事業巍千古 一點浮雲過太虛

瀟灑小軒臨碧澗 澄心竟日玩游魚

이언적, 「사물을 살핌(觀物)」, 『회재집』

이 작품은 독락당의 상징이 되었기에 훗날 이황(李滉)은 이 시에 답하는 열다섯 편의 연작시를 지었고 또 그로부터 상당한 세월이 흐른 후 채팽윤(蔡彭胤)이 두 선현의 뜻을 기려 다시 이 시에 차운하여 열다섯 수의 시를 지은 바 있다.

이언적은 독락당에서 7년 동안 살다가 1537년 김안로가 사형당하자 다시 조정에 들어가 이조판서, 형조판서, 사헌부 대사헌, 의정부 좌참찬, 홍문관 제학, 지성균관사 등 청요직을 두루 지냈다. 53세 되던 1543년에 경상도관찰사로 내려갔다가 다시 한성부 판윤, 지중추부사, 세자좌부빈객, 판의금부사 등을 지냈고, 명종이 즉위하자 공신에 책봉되어 여성군(驪城君)에 봉해졌으니, 부귀영화도 누릴 만큼 누렸다 하겠다.

그러나 올라가면 내려오는 것이 당연한 이치인지라, 명종 1년(1546) 9월 이기(李芑)와 윤원형(尹元衡)의 공격을 받아 삭탈관직당하고 이듬해 양재역(良才驛)에 익명의 방이 나붙은 일에 연루되어 윤9월 함경도 강계(江界)로 유배되었다. 이언적은 유배지를 강학의 공간으로 삼아 『대학장구보유(大學章句補遺)』, 『구인록(求仁錄)』을 저술하였다. 그러던 중 명종 8년(1553) 『중용구경연의(中庸九經衍義)』를 저술하다가 완성하지 못한 채 11월 23일 질병으로 생을 마쳤다. 12월 12일 아들 이전인(李全仁)이 운구하여 강계를 떠나 이듬해 2월 고향으로 돌

세심대 마음을 씻는 절벽이라는 뜻으로, 퇴계의 글씨를 새긴 것이다. 독락정 아래 물가의 바위에 새겨져 있다.

아왔다. 그러나 그의 유해는 독락당으로 가지 못하고 부친이 묻혀 있는 흥해 도음산(禱陰山)에 묻혔다.

이언적이 마음을 맑게 하던 독락당과 계정은, 이후 그의 맑은 정신을 사랑하는 후학들이 거듭 찾아 흠모의 정을 새겼다. 다음은 18세기 오숙(吳翻)이 이 일대를 유람하고 쓴 글이다.

견여(肩輿)를 타고 문을 나서 서쪽으로 조금 가서 세심대를 구경하였다. 너럭바위에는 수백 명이 앉을 수 있다. 바위에 '세심대'라는 세 글자가 새겨져 있는데 퇴계선생의 글씨다. 작은 폭포가 세심대에서 떨어져 못이 되는데, 물이 맑아 바닥까지 보여 모래와 돌을 헤아릴 수 있을 정도다. 못 위의 서쪽 바위에 '용추(龍湫)'라는 글자가 새겨져 있는데 이 역시 퇴계선생의 글씨다. '용'자는 떨어져 나가고 '추'자만 남아 있다. '세심대' 글자에 비하여 자획이 조금 크다. 용추에서 북으로 수십 보 가면 곧 독락당이다. 선생이 평소 한가하게 사시던 곳이다. 지금은 서증손(庶曾孫) 이홍후(李弘煦), 이홍기(李弘炁)가 지키고 있다.

독락당 북쪽에 계정이 있다. 계정과 독락당 위의 제영으로는 어득강(魚得江), 근대의 서애(西崖) 유성룡(柳成龍), 여헌(旅軒) 장현광(張顯光) 등의 작품이 있다. 구절구절 이름난 시이지만 낱낱이 다 적을 수는 없다. 이홍후 등이 상자 하나를 가져와 열어 보였다. 인종이 동궁에 있을 때 선생에게 준 서찰인데 먹빛이 또렷하여 어제 쓴 것 같았다. 또 선생이 강계에 귀양가 살 때 아우와 왕래한 편지도 있었다. 읽어보니 한 글자 한 글자에 눈물이 서려 있었다. 편지의 내용은 모두 어머니를 봉양하는 방도와 아우나 조카들에게 학문을 권하는 뜻이었다. 귀양지의 고달픔을 말한 것은 하나도 없었다.

독락당 아래 관어대가 있다. 관어대는 세심대와 비슷한데 바위색이 더욱 맑고 윤기가 있으며 영귀대와 마주하고 있다. 영귀대 북쪽에 연지(蓮池)가 있지만 지금은 버려져 있다. 연지와 영귀대 아래위에는 소나무와 대나무가 푸르고 울창하다. 모두 선생이 직접 심은 것이라 한다. 계정에서 북쪽으로 수십 보를 가면 정혜사(淨慧寺)가 있다. 전하는 말에 따르면 정혜사는 원나라 순제(順帝) 때 지은 것이라 한다. 대웅전의 불화가 기이하고 예스러워 볼 만한데, 선생이 독서하던 곳이다. 법당의 북쪽 창에는 선생이 손수 쓴 글씨가 있다. "맑은 공경함이 있고 행동에는 법도가 있다. 새벽에 얻는 것이 있어 낮에는 실천을 한다. 잠시라도 수양하고 쉴 때에는 마음을 인존함이 있다. 생각에 사특함이 없어서 바름으로 마음을 수양하고 곧음으로 기운을 기른다. 신사년(1521) 중추에 이복고(李復古)가 쓰다." 복고는 선생의 자(字)다. 이 모두를 판자로 에워싸서 보호하고 있다. 절 앞에는 긴 회랑이 있는데 서책의 목판을 보관하고 있다. 『회재집(晦齋集)』, 『구인록(求仁錄)』, 『구경연의(九經衍義)』 등이다. 몇몇 승려들이 지키고 있다. 정혜사에서 조금 동쪽에서 징심대, 탁영대를 구경하였다. 그윽하고 빼어난 정취가 관어대와 으뜸을 다툰다.

오숙, 「유옥산서원기」, 『천파집(天坡集)』

18세기의 문인 박종(朴琮)도 독락당과 계정을 유람하고 이언적의 정신을 기렸다. 그리고 개울가에 양진암(養眞庵)이 있는데 남쪽 처마에는 '계당'이라 편액이 되어 있고 동쪽 처마에는 '인지헌(仁智軒)'이라는 편액이 걸려 있었다고 증언하였다.

밥을 먹은 후 달빛을 받으면서 계정으로 나가 배회하였다. 사방을 둘러보니 앞에 우뚝 솟은 것이 화개산(華盖山)이요, 뒤에 불룩 솟은 것이 도덕산(道德山)이다. 개울물은 그 사이로 흐른다. 개울에 정자가 있는데, 바위와 등대가 가지런하고 소나무와 대나무가 그림자를 드리운다. 모든 사물이 다 고요한데 물소리가 맑게 들렸다. 밤이 깊

독락당의 뜰

앞쪽의 문을 열고 나가면 바로 세심대가 있는 개울이 나온다.

독락당은 혈손의 지극한 정성으로 잘 보존되고 있다

어지자 난간에 기대어 촛불을 밝히고 생각에 잠겼다. 고인의 정신이 얼음 같은 개울물과 눈 속의 달빛에 또렷하였다. 닭이 몇 번 울어서야 돌아와 독락당에 묵었다. 독락당의 동쪽 마루는 예전에 방 하나로 되어 있었는데 효심이 독실한 선생이 모부인을 모시고 혼정성신(昏定晨省)을 하던 곳이다. 지금도 옛 서까래가 남아 있다. 독락당 뒤쪽 작은 뜰에는 자그마한 밭두둑에 쑥이 자라는데, 원래 선생이 강화도에서 옮겨온 것이라 한다. 계정 좌우의 소나무와 대나무는 선생이 직접 심은 것인데 자손들이 보호하여 200여 년에 이르도록 모두 죽지 않고 있다. 선생의 『구경연의』 초고본과 서찰 및 유묵, 그리고 퇴계선생이 쓴 원조오잠(元朝五箴) 등을 삼가 받들어 보았다.

박종, 「동경유록」, 『한국역대산수유기취편(韓國歷代山水遊記聚編)』

옥산서원과 혈손의 정성

이언적의 혈손 이전인은 부친의 신원을 위하여 동분서주하였다. 이전인은 명종 21년(1566) 부친의 신원을 호소하는 상소를 올려 부친의 한을 풀었다. 그리고 이황에게 청하여 행장을 받아 부친의 위상을 더욱 높였다. 이러한 노력으로 이언적은 선조가 즉위한 후에 영의정에 추증되고 다시 문원(文元)의 시호를 받았으며, 명종의 묘정(廟廷)에 배향되었다. 이전인의 노력은 여기서 그치지 않았다. 그 아들 이준(李浚)과 함께 열심히 뛰어다니면서 경주 유생들의 도움을 받아 1571년 독락당 부근에 옥산서원을 건립하였다. 이후 이전인과 그 후손들은 옥산서원과 독락당을 수호하면서 살았다. 훗날 이응인(李應仁)이 이

계정 질박함을 숭상하는 학자들이 개울가에 정자를 짓고 계정이라 하였다. 현판 글씨는
한석봉이 쓴 것이라 한다.

언적의 후사가 되고 그 후손들이 양동마을에 살았지만, 이언적의 핏
줄을 이은 이전인의 후손들은 독락당을 지키면서 따로 살았다. 지금
도 이전인이 강계에서 운구할 때 썼던 막대 하나까지 소중하게 보관
하면서 혈손의 의미를 잊지 않고 있다.

　그 덕에 독락당과 옥산서원은 지금도 옛 모습을 잃지 않고 있다. 옥
산서원은 세심대 위에 세워졌는데 처음 세웠을 때에는 40여 칸의 규
모였다. 옥산서원의 여러 건물에 이름을 붙인 이는 허엽(許曄)이다.
그의 「옥산서원기(玉山書院記)」에 따르면 동재(東齋)와 서재(西齋)를
민구재(敏求齋)와 암수재(闇修齋)라 하였는데, 각기 『논어』에 보이는
"옛것을 좋아하여 민첩하게 이를 구한다(好古敏以求之)"와 주자의 「자

계정 앞의 개울 이언적은 계정에서 맑은 물을 내려다보면서 마음을 깨끗이 하고 사물의 이치를 탐구하고자 하였다.

찬(自贊)」에 나오는 "드러나지 않게 매일 수양한다(闇然而日修)"에서 가져온 것이다. 또 누각을 납청루(納淸樓)라 하였는데 이곳에 오르면 맑은 기운을 받아들여 양기(陽氣)를 기를 수 있다는 뜻을 취한 것이다. 다음은 앞서 든 오숙의 「유옥산서원기」에서 옥산서원의 모습을 묘사한 부분이다.

금오산(金鼇山) 서쪽 언덕의 물은 서천(西川)이고 동쪽 언덕의 물은 북천(北川)인데 모두 월성(月城)을 감싸안고 있다. 금장대(金藏臺) 아래에서 합류하여 북으로 100여 리 떨어진 곳에서 강으로 들어갔다가 바다로 흘러든다. 북천에서 백률사(柏栗寺)를 지나게 되는데 이 또한 신라의 명찰로 여지승람에 실려 있다. 백률사에서 서북쪽으로 가서 다시 금장대 하류를 건너 40여 리를 가면 안강현(安康縣)이다. 안강현에서 10리를 가니 옥산서원에 이르렀다. 시간이 정오 무렵이 되었다. 옥산은 회재선생이 학문을 익히고 수양하던 곳인데 후학들이 경모하여 서원을 건립하였다. 융경(隆慶) 5년(1571)에 창건하여 만력(萬曆) 원년(1573) 위판(位版)을 안치하였다. 갑술년(1574) 정월 14일 사액(賜額)을 받았다.

골짜기 입구로 들어가자 땅이 절로 달라졌다. 낙락장송이 길을 끼고 있는데 모습이 마치 비스듬한 수레덮개 같다. 개울이 흘러 고이는데 하용추(下龍湫)라 한다. 양쪽의 언덕이 모두 푸른 바위로 되어 있다. 하나는 용추에서 개울을 따라 수십 보 가면 서원에 이르게 된다. 문은 역락문(亦樂門)이다. 서원의 유생 한 사람이 엄숙하고 공경스럽게 앞을 인도하여 무변루(無邊樓)를 지나 구인당(求仁堂)에 올랐다. 구인당에는 좌우에 방이 있는데 왼쪽은 양진재(兩進齋)고 오른쪽은 해립재(偕立齋)다. 뜰의 동서에 서재가 있는데 동쪽은 민구재, 서쪽은 암수재다.

옥산정사(玉山精舍)의 현판은 이황이 썼고, 독락당 현판은 이산해(李山海)가 썼다. 그밖에 상당수의 편액은 한석봉(韓石峯)의 글씨다. 박종이 1767년 경주를 유람하고 쓴 「동경유록」에 따르면 계정, 양진재, 해립재, 구인사, 무변루, 구인당의 편액은 모두 한석봉의 글씨라 한다. 다만 '옥산서원'이라는 편액은 1839년에 화재로 불타버려 김정희(金正喜)가 새로 썼다. 이언적의 무덤은 흥해에 있지만 신도비는 옥산서원에 있다. 이 신도비는 기대승(奇大升)이 지었고 이산해가 썼다. 관찰사 박소립(朴素立)이 쓴 기문도 그 아래 적혀 있다.

이언적의 육신은 독락당을 떠났지만 그 혈손들이 남아 독락당을 지키면서 옥산서원에서 그 혼령을 모셨다. 이 때문에 수많은 조선시대 문인들이 이곳을 찾았다. 그중 노수신이 독락당과 옥산서원을 가장 사랑한 사람 중 하나다. 노수신은 옥산서원이 창건된 직후 이곳을 찾았다. 그는 옥산서원에 걸린 체인묘(體仁廟), 구인당, 양진재, 해립재, 무변루, 역락문 등의 현액에 찬(贊)을 붙였다. 이와 함께 노수신은 옥산십사영(玉山十四詠)을 지었는데, 이언적이 숲속에 사는 맛을 적은 열다섯 수와는 달리 옥산 일대의 아름다운 풍광 열네 곳을 정하여 일일이 시를 붙였다. 자옥산, 독락당, 계정, 관어대, 탁영대, 징심대, 세심대, 연당(蓮塘), 조기(釣磯), 폭포, 용추(龍湫), 서원, 자계곡구(紫溪谷口) 등이 바로 그것이다.

그후 1614년 이안눌(李安訥)이 경주부윤으로 부임하여 옥산서원에 들렀다가 시를 지어 이언적의 뜻을 추모하고 또 원생들에게 강학의 뜻을 권려하였다. 이안눌은 당시 독락당을 지키고 있던 손자 이준에게도 따로 시를 써주었다. 또 벽에 걸려 있던 어득강과 이호민(李好閔)의 시에 차운하여 독락당과 옥산서원이 더욱 빛날 수 있도록 하였다. 다음은 원생에게 준 시다.

자옥산 이름은 영원토록 전할 것이니
해동의 부자 회재선생 덕택이라.
무변루 아래 오동나무 비추는 달빛에서
당시의 맑은 뜻을 상상할 수 있다네.
萬古山傳紫玉名　海東夫子晦先生
無邊樓下梧桐月　想得當年意味清

이안눌, 「옥산서원에서 여러 유생들에게 써주다(玉山書院書示諸儒生)」,
『동악집(東岳集)』

옥산서원의 무변루 앞 오동나무에 걸린 달빛에서 이언적의 맑은 정신을 볼 수 있다고 하였다. 비슷한 시기 가사의 대가 박인로(朴仁老)도 독락당을 찾아 명편 「독락당」을 지어 우리말 노래로 독락당의 아름다움과 이언적의 고고한 삶을 칭송하였다. 🔖

옥산서원

김정희가 옥산서원 현판을 썼다. 양쪽 건물은 서재다. 옥산은 뒷산 자옥산을 줄인 말이다.

조식의 태산벽립과 지리산

온 몸에 찌든 사십 년의 찌꺼기를

천 말의 맑은 물로 다 씻어 없애리라

덕천서원 1576년 조식의 학덕을 기리기 위하여 산천재 곁에 세운 서원으로, 대원군의 서원철폐령에 따라 훼철되었는데 일제강점기에 다시 지었다.

지리산에 대한 사랑

남명(南冥) 조식(曺植, 1501~72)을 일러 칼을 찬 유학자라 한다. 조식은 늘 칼을 차고 다녔다. 그 칼은 마음을 다스리기 위한 것이었다. 그는 자신의 칼에다 "마음을 밝히는 것은 경(敬)이요, 외물을 끊는 것은 의(義)다(內明者敬 外斷者義)"라고 새겼다. 마음의 더러움을 자르겠다는 강렬한 메시지를 담고 있다. 그것도 부족하여 성성자(惺惺子)라는 방울을 차고 다녔다. 혹 나태해질지 모르는 정신을 일깨우기 위한 것이었다. 평생 이러한 선비의 자세를 잃지 않았기에 조식은 조선시대 선비의 표상이 되었다.

조식은 선비의 표상이고, 지리산은 조식의 표상이다. 잘 알려지지 않았지만 조식은 방장노자(方丈老子), 방장산인(方丈山人)이라는 호를 쓰기도 했다. '방장'은 지리산이다. 자신을 지리산의 노인이라 일컬었으니, 지리산에 대한 그의 사랑을 읽을 수 있다.

조식이 지리산 자락에 눌러살게 된 것은 61세 때인 명종 16년(1561)이다. 그는 지리산 천왕봉이 바라다보이는 덕산(德山) 사륜동(絲綸洞)으로 이주하였다. 평소 사랑한 지리산을 아침저녁으로 접하게 된 것은 이때부터이지만, 지리산에 대한 그의 사랑은 젊은 시절부터 시작되었다. 조식이 지리산을 처음 접한 것은 1528년경이다. 조식은 원래 오늘날 합천군에 속해 있는 삼가현(三嘉縣) 사람이다. 그가 태어난 곳도 삼가의 토동(兎洞) 외가다. 전설에 의하면 조식이 태어날 때 무지개 같은 서기(瑞氣)가 집 앞 팔각정(八角井)에서 일어나 온 집을 덮었다고 한다. 조식의 집안은 증조 조안습(曺安習) 때부터 삼가의 판현(板

峴)에 살기 시작하였고, 외가는 그곳에서 멀지 않은 토동에 있었다. 그러다가 조식이 다섯 살 무렵, 부친이 벼슬길에 오르자 한양으로 옮겨가 살았다.

조식은 한양의 연화방(蓮花坊)에서 이윤경(李潤慶), 이준경(李浚慶) 형제와 이웃해 살면서 그들과 죽마고우로 지냈다. 나중에 장의동(壯義洞)으로 이주하였을 때에는 성운(成運), 성우(成遇) 형제와 이웃해 살았다. 그가 가는 곳에는 늘 이름난 선비가 있었던 것이다. 성운과는 더욱 절친하여 아침저녁으로 학문을 토론하고 밤이면 한이불 속에서 같이 잤을 정도였다.

조식이 20여 년 동안 살던 한양을 떠난 까닭은 중종 21년(1526) 부친이 세상을 떠났기 때문이었다. 조식은 고향 삼가로 돌아가 관동(冠洞, 일명 枝洞)에 부친을 장사지내고 선영 아래 여막을 짓고 살았다. 탈상을 하고 나서도 한양으로 돌아가지 않고, 절친하게 지내던 벗 성우와 지리산 유람을 나섰다. 이 무렵부터 지리산을 찾기 시작하여 30여 년 동안 무려 열 차례나 지리산을 유람하였다. 1558년 지리산에 대한 자신의 애정을 다음과 같이 적었다.

내가 일찍이 이 산을 왕래하였으니, 덕산동(德山洞)에 들어간 것이 세 번, 청학동(靑鶴洞)과 신응동(神凝洞)에 들어간 것이 세 번, 용유동(龍遊洞)에 들어간 것이 세 번, 백운동(白雲洞)에 들어간 것이 한 번, 장항동(獐項洞)에 들어간 것이 한 번이었다. 단지 산과 물을 탐내어 수고로움을 아끼지 않고 왕래한 것이겠는가? 백년 인생

남명선생별집 1604년 문인인 정인홍이 조식의 시문을 모아 목판으로 간행했으나, 정인홍이 인조반정 이후 역적으로 몰리면서 많은 수난을 겪었다. 「무진봉사(戊辰封事)」는 1568년 선조에게 올린 상소문으로 아전의 폐해로 나라가 망하게 되었다는 내용이다.

에 깊이 헤아린 것은, 오직 지리산 땅을 조금 빌려서 늙어 죽을 곳으로 삼고자 하였을 따름이다. 그러나 일이란 마음대로 되지 않는 법, 지리산에 머물 수 없다는 것을 알았다. 지리산을 차마 떠나지 못하여 서성거리며 돌아보고 눈물을 흘렸으니, 이렇게 한 것이 열 번이었다.

조식, 「유두류록(遊頭流錄)」, 『남명집(南冥集)』

김해의 산해정과 삼가의 계부당

조식은 지리산에서 살고자 하였으나 뜻대로 되지 않았다. 도리어 삼가보다 지리산에서 더욱 먼 김해로 내려가 살아야 했다. 부친의 상을 마친 후 의령(宜寧)으로 내려가 도굴산(闍窟山)에서 잠시 독서하며 살다가 30세 되던 중종 25년(1530)에 김해로 이주하였다. 노모를 봉양하려니 살림이 넉넉하지 못하여 처가가 있는 김해로 내려갔던 것이다. 조식은 신어산(神魚山) 아래 탄동(炭洞)에 산해정(山海亭)을 짓고 학문에 침잠하였다. 탄동은 오늘날 김해시 대저면 주부동(主簿洞)인데, 조식이 주부(主簿)에 봉해졌기에 붙여진 이름이다. 사람들은 조식을 산해선생(山海先生)이라 불렀으나 스스로는 남명이라 하였다.

조식은 김해에 있는 작은 언덕 하나를 구하여 집을 짓고 그 곁에 산해정을 지었다. 산해정은 곽종석(郭鍾錫)이 저술한 「묘지명서(墓誌銘序)」에서 말한 대로 "태산에 올라 바다를 굽어본다"는 뜻을 담고 있다. 산해정에는 원래 소나무숲이 있었다. 조식은 여기에 다시 대나무를 심고 군자의 절개를 완상하려 하였다.

대나무는 외롭지 않으리라
소나무가 이웃이 되었으니.
꼭 서리 내린 뒤에 볼 것 있으랴
아름다운 그 빛에 참됨을 보겠네.
此君孤不孤, 髥鬚則爲隣.
莫待風霜看, 猗猗這見眞

조식, 「산해정에 대를 심고(種竹山海亭)」, 『남명집』

소나무와 대나무를 심고 그 절개를 따르고자 했던 자세를 읽을 수 있는 작품이다. 조식은 산해정 안의 방을 계명(繼明)이라 이름하고 방 안에 "진실되고 삼가며, 사(邪)를 막고 성(誠)을 보존하면, 태산처럼 우뚝 서고 명경지수처럼 맑으며, 빛나는 봄날의 꽃과 같이 아름다울지어다(庸信庸謹 閑邪存誠 岳立淵冲 燁燁春榮)"라는 좌우명을 붙였다. 이곳에 도서를 두고 매일 책을 읽었다. 조식이 김해로 들어갔다는 소식을 듣고 성운, 이원(李源), 신계성(申季誠), 이희안(李希顔), 주세붕(周世鵬) 등이 산해정으로 찾아와 학문을 논하고 시주(詩酒)를 즐겼다.

조식은 안정된 삶을 사는 듯하였으나 마흔을 넘기면서 우환이 많아졌다. 중종 39년(1544) 6월에 아들 차산(次山)이 요절하였다. 그 소회를 적은 「상자(喪子)」라는 시에서 본가를 떠나 처가살이하느라 떠도는 신세에 자식까지 잃고 나니 자신의 처지가 행각승(行脚僧)과 다를 바 없다 하였다. 게다가 이때 모친이 학질을 앓아 발작이 끊이지 않았고 처도 병세가 점점 심해진데다, 자신도 두통에 시달렸다. 이 때문에 조식은 고향으로 돌아가고 싶은 마음이 간절해졌다.

인종 1년(1545)은 더욱 시련이 많은 해였다. 을사사화로 이림(李霖), 성우, 곽순(郭珣), 이치(李致) 등 여러 벗이 죽은데다 모친마저 세상을 떴다. 연이어 송인수(宋麟壽), 권규(權逵) 등도 먼저 저승으로 가버렸다. 이 시기 노흠(盧欽)에게 보낸 편지에서 "남의 집에 살다 보니 날마다 불편한 일이 생겨, 선친께서 살던 옛터로 돌아가 뜻을 같이하는 향리의 벗들과 함께 지내고 싶은 생각입니다. 50년의 세월을 벼슬길에 나아가는 데 모두 허비했으니, 지금부터는 하루의 일과가 나의 것이

산 해 정

처가가 있던 김해에 세운 정자로, 산과 바다와 같은 조식의 기상을 상징하고 있다.

되도록 해야 하는데, 다만 몸을 의지할 계책이 없어 쉽게 뜻을 이루지 못할까 염려스럽습니다"라 하였다.

명종 3년(1548) 조식은 18년간의 김해 생활을 정리하고 삼가의 토동으로 돌아왔다. 이곳에 계부당(鷄伏堂)과 뇌룡정(雷龍亭)을 지어 강학의 장소로 삼고 후학들을 양성하였다. 계부는 닭이 알을 품는 것처럼 함양에 힘쓴다는 뜻이요, 뇌룡은 『장자』의 "죽은 듯이 있다가 용처럼 날아오르고, 연못처럼 고요하다가 우레처럼 소리를 낸다(尸居而龍見 淵默而雷聲)"는 뜻을 취한 것이다. 처사로서 평생 벼슬길에 나서지 않았으니 '시거(尸居)'요 '연묵(淵默)'이지만, 그가 조정을 향해 올린 상소에서 보여준 용감한 언사는 '용현(龍見)'이요 '뇌성(雷聲)'이라 하겠다.

조식의 '우렛소리'는 명종 10년(1555)에 자신을 단성현감(丹城縣監)에 임명하려 한 조정의 처사를 반박한 이른바 단성소(丹城疏)에서 가장 크게 울렸다. 그는 "자전(慈殿)께서는 생각이 깊으시지만 깊숙한 궁중의 한 과부에 지나지 않으시고, 전하께서는 어리시어 단지 선왕의 한낱 외로운 후사에 지나지 않습니다"라며 목소리를 높였다. 이 상소문은 명종의 격분을 불러일으켰다. 명종은 조식을 '임금을 공경하지 않은 죄[不敬君上罪]'로 다스릴 것을 명하였으나, 사관과 경연관이 만류하여 무사하였다. 벗 이정(李楨)은 조식의 이러한 삶을 다음과 같이 묘사하였다.

물빛은 거울 같아 본디 탓할 것이 없는데
산빛은 외로운 듯하여 다시 매화가 있구나.

날마다 가슴속 천만 권의 책을 쬐니
물 속에 잠긴 용이 때때로 우레를 울린다.

湖光似鏡元無勒　山色如孤更有梅
日曛胸中千萬卷　潛龍時復動鳴雷

이정, 「남명에게 보내는 시(寄南冥)」, 『구암집(龜巖集)』

　　뇌룡정과 계부당 앞으로 강물이 넘실거리며 흐르고, 그 앞에 매화
가 있는 호젓한 산이 마주하고 있다. 조식은 그 앞에서 천만 권의 책
을 읽은 식견을 가지고 은거하고 있지만, 때때로 승천하는 용처럼 우
레를 발할 것이라고 기대한 것이다.

산을 찾아 벗을 찾아 나선 길

　　고향에서도 조식의 삶은 고단하였다. 전주부윤으로 있던 죽마고우
이윤경에게 보낸 편지에는 살림이 빈한하여 매일 끼니도 제대로 잇지
못하고 있다 하였고, 또 "초가가 시냇가에 있어 부엌에서 일하는 아
이가 때때로 송사리를 잡아오려 하지만 그물이 없어 물가에서 땀만
흘릴 뿐입니다. 명주실이 있어야 그물을 짜 고기를 잡지요. 잡곡밥도
제대로 못 먹는데 오히려 고기 먹을 생각을 하였으니, 분수에 넘치는
것이 아니겠습니까?" 하였다. 그물 짤 실조차 없기에 벗에게 도움을
청하기까지 한 것이다. 그를 괴롭힌 것은 가난뿐만이 아니었다. 허리
와 등이 쑤시고 아프더니 갑자기 오른쪽 다리를 절게 되었다. 눈병까
지 난데다 이가 다 빠져 음식을 먹을 수 없게 되었다. 결국 누에고치

처럼 웅크리고 들어앉아 문묵(文墨)뿐만 아니라 교유도 끊었다.

이러한 현실의 고통은 산수 유람이 풀어줄 수 있다. 조식은 일상으로부터 벗어나고 싶은 욕망에 산을 찾아 빗을 찾아 길을 나섰다. 명종 4년(1549) 8월 조식은 감악산(紺岳山) 관포연(觀鋪淵)을 유람하였다. 감악산은 안의와 거창 사이에 있다. 함양의 선비 임희무(林希茂)와 박승원(朴承元) 등 여러 사람이 와서 조식을 모시고 여러 날을 놀았다. 이때 지은 시가 그 유명한 「욕천(浴川)」이다.

온 몸에 찌든 사십 년의 찌꺼기를
천 말의 맑은 물로 다 씻어 없애리라.
그래도 흙먼지가 오장에 남았거든
곧바로 배를 갈라 흐르는 물에 보내리라.
全身四十年前累　千斛清淵洗盡休
塵土倘能生五內　直令刳腹付歸流

조식, 「시내에서 멱을 감으며(浴川)」, 『남명집』

유학을 공부하는 선비의 입에서 나왔다고 믿기 어려울 정도로 말이 과격하다. 세상에 대한 불만을 처절한 자기수양을 통해 극복하려 한 것으로 해석된다. 잦은 산수 유람도 수양의 일환이었을 것이다.

2년 후인 명종 6년(1551)에는 오건(吳健), 노진(盧禛), 강익(姜翼) 등의 벗들과 함께 안의의 화림동을 유람하고 돌아왔으며, 명종 12년(1557)에는 보은의 속리산으로 성운을 찾아갔다. 성운은 본래 서울에서 살던 이름난 가문 출신이었지만, 젊어서부터 세상을 피해 살 뜻이 있어 성균관에 들어갔다가 바로 과거공부를 포기하고 아내의 고향인 보은(報恩)에 내려와 살고 있었다. 그의 집에서 몇 리 떨어진 곳에 경관이 수려한 계곡이 있었는데, 그곳에 작은 집을 짓고 소를 타고 오가면서 거문고를 타고 시를 지으며 스스로 즐거워하였다.

조식이 보은에 이르렀을 때 마침 성운의 종형 성제원(成悌元)이 이 고을 수령으로 있었기에 며칠을 함께 지낼 수 있었다. 성제원은 '머리카락을 자르지 않은 승려[有髮僧]'라 불릴 정도로 산수를 아주 좋아하였다. 조식과 성제원은 이때 처음 만났지만, 몇 마디 나누지 않고도 오랜 친구처럼 되었다. 조식은 보은에서 성운, 성제원과 더불어 학문을 논하는 한편, 인근의 아름다운 곳을 찾아 시를 주고받았다. 산수 유람을 마치고 보은을 떠나려 하자 성운은 제자 최흥림(崔興霖)의 집 금적정사(金積精舍)까지 와서 다시 조식과 더불어 학문과 처신을 토론하였다. 또 성제원은 중도에 전별연을 베풀어주었다. 그리고 그 다음해 8월 15일에 가야산 해인사에서 다시 만나기로 약속하였다. 이듬해 8월, 조식은 약속대로 성제원을 만나러 해인사로 갔다. 이때 장마가 한창이었는데, 비를 무릅쓰고 도착하니 성제원도 막 도착하여 도롱이를 벗고 있었다. 서로 기쁘게 손을 맞잡고 전처럼 학문을 토론하였다.

산중의 사색

조식은 인근의 아름다운 산수를 두루 찾아 노닐며 심성을 수양하였지만, 가장 사랑한 산은 지리산이었다. 지리산은 일찍부터 문인들이 즐겨 찾던 곳이다. 조선초기 김종직(金宗直)이 지리산을 유람하고「유두류산록」을 지은 이래, 그 제자 남효온(南孝溫) 역시 지리산을 유람하고「지리산일과(智異山日課)」를 지었으며, 또 다른 제자 김일손(金馹孫)도 스승의 지리산 유람을 조술하여「속두류록(續頭流錄)」을 지었다. 지리산은 학자의 산이다. 주세붕이「유청량산록(遊淸凉山錄)」에서 지리산의 미학을 '웅축(雄畜)'으로 들고 있거니와, 이는 유학자들의 심성에 부합하는 것이었다. 조식이 지리산을 유람한 일은 김종직, 김일손으로 이어지는 유학의 적통을 계승한 것으로도 풀이할 수 있다.

조식은 명종 13년(1558) 4월 10일부터 보름간 지리산의 여러 곳을 두루 돌아보았다. 이희안, 김홍(金泓), 이정 등과 함께 한 유람이기에 더욱 즐거웠다. 조식은 지리산 유람을 마치고 아쉬운 마음에 "죽은 소 갈비뼈 같은 두류산을 열 번이나 답파하고, 겨울날 까치 사는 좋은 나무에 세 번 집을 지었네(頭流十破死牛脇 嘉樹三巢寒鵲居)"라 하고, 또 "몸을 온전하게 하고자 한 계책 모두 어긋났으니, 지리산과의 맹세도 이제 어기게 되었구나(全身百計都爲謬 方丈於今已負盟)"라 읊조렸다.

조식은 몸이 산속에 있어도 마음은 산속에 있지 않아 역사와 현실을 돌아보는 자세를 견지하였다. 이를 두고 스스로 "산을 보고 물을 보고 사람을 보고 세상을 본다(看山看水看人看世)"고 한 바 있다. 그 말대로 조식은 악양현의 삽암(鍤巖)에 이르러서는 고려 중기 무신집권기에 처자를 이끌고 지리산에 들어와 은거하였던 한유한(韓惟漢)을 떠올리고 그 출처(出處)를 칭송하였으며, 화개현 도탄(陶灘)을 지나면서는 갑자사화에 희생된 정여창을 돌아보았고, 또 정수역(旌樹驛) 객관 앞의 정문(旌門)을 보고는 갑자사화 때 희생된 조지서(趙之瑞)를 생각하였다. 조식은 이들의 아름다운 행적을 칭송하면서, 이들을 높은 산과 큰 강에 비유한다면 십 층의 높은 봉우리에 옥을 하나 올려놓은 것이고, 천 길 수면 위에 달이 떠오르는 것과 같다고 하였다. 그리고 후세에 권력을 잡은 자들이 이들의 자취를 지나게 될 때 어떤 마음을 가질지 알 수 없을 것이라 하였다. 오르막길과 내리막길을 걸으면서도 사람의 일을 생각하였다.

처음 위로 올라갈 때 한걸음을 내딛고 나면 다시 한걸음을 내딛기가 더욱 어려웠다. 내리막에는 그저 다리만 들면 몸이 절로 아래로 내려갔다. 어찌 선을 좇는 것이 오르막길 같고 악을 좇는 것이 내리막길 같지 않겠는가? 밤에 누워 조용히 경계하였다. 이름난 산에 들어온 자라면 누군들 그 마음을 깨끗이 씻지 않겠으며, 스스로 기꺼이 소인이라 말하겠는가? 필경 군자는 군자이고 소인은 소인이니, 한번 햇볕을 쬐는 것으로는 무익하다는 것을 알 수 있다.

조식,「유두류록(遊頭流錄)」,『남명집』

조식은 산수를 유람하면서 사람의 마음과 처신을 끊임없이 성찰하였다. 정수역에 묵었을 때, 사람들과 함께 좁은 단칸방에서 새우잠을 자게 되었다. 처음에는 답답하여 견디지 못할 지경이었지만, 곧바로 모두들 단잠에 빠졌다. 조식은 이를 보고 사람의 습성이 쉬 바뀌는 점을 지적하였다. 신선이 사는 듯이 아름다운 청학동과 신응동에 갔을 때조차 부족하다 여겨 은하수와 학을 타고 하늘 높이 날아가 다시는 속세로 돌아오지 않을 것처럼 하다가, 이제는 새우잠을 자면서도 쉽게 만족하는 것이 사람의 습성이라 하였다. 조식은 바로 그렇게 때문에 평소에 높은 성품을 길러야 하며, 거처하는 곳도 작거나 낮아서는 안 된다고 하였다. 또 선하게 되는 것도 악하게 되는 것도 습성으로 말미암는 것이며, 향상하는 것도 사람이요 퇴보하는 것도 사람이니, 이러한 차이가 모두 발을 한번 들고 내리는 사이에 달려 있을 뿐이라 하였다.

조식은 본 바와 들은 바를 기록하는 일반적인 문인들의 유산기(遊山記)를 뛰어넘어 '간인간세(看人看世)'의 정신으로 인생을 성찰하였다. 신응사 앞 시내에서 이공량과 이정을 제일 높은 바위에 앉게 하고는 "위급한 경우를 당하더라도 그 자리를 잃지 말게. 만약 몸을 하류에 두게 되면 다시는 그곳으로 올라갈 수 없게 될 것이니"라고 농담을 던지며, 위급한 순간에도 절조를 잃지 말라고 넌지시 전하였다. 또 삼가식현(三呵息峴)에서 이희안이 말을 타고 혼자 앞장서서 오르자, "자네는 말을 탄 기세에 의지해서 나아갈 줄만 알고 그칠 줄을 모르니, 훗날 의로 나아가는 데 있어서 반드시 남의 앞에 있을 것이다. 참으로 좋은 일이 아니겠는가?"라고 하여 출처에 대해 은근히 꼬집었다. 조식이 보여준 산중의 사색에 대해 이황(李滉)은 다음과 같이 평가하였다.

조남명의 「유두류록」 중에서 그가 경관을 돌아다니며 살펴본 것 외에 일에 따라 뜻을 깃들여 놓은 것을 보니, 분개하고 격앙한 말이 많아 사람으로 하여금 소름이 끼치게 하니, 아직도 그 사람됨을 상상해 볼 수 있다. 그 가운데 "하루 동안 햇볕을 쪼이는 것으로는 도움이 되지 않는다"라는 말과, "향상하고 퇴보하는 것은 단지 발걸음 한번 떼는 데 달려 있다" 한 것은 모두 지론이다. 그리고 이른바 명철의 행·불행을 논한 말은 참으로 천고의 영웅을 탄식하게 하며 저승에 있는 귀신을 울릴 만하다.

이황, 「조남명의 유두류록 뒤에 쓰다(書曺南冥遊頭流錄後)」, 『퇴계집』

지리산이 보이는 덕산에 지은 집

조식은 61세 되던 명종 16년(1561) 지리산 천왕봉이 바라다보이는 덕산 사륜동으로 이주하였다. 그리고 다음과 같이 시를 지었다.

봄이 온 산 어느 곳인들 고운 풀이 없으랴만
하늘나라에 가까운 천왕봉이 좋아서라네.
빈손으로 돌아왔으니 무엇을 먹을 것인가?
십 리에 뻗은 은하수는 먹고도 남겠네.
春山底處無芳草　只愛天王近帝居
白手歸來何物食　銀河十里喫猶餘

조식, 「덕산에 살 곳을 정하고(德山卜居)」, 『남명집』

남명의 묘에서 바라본 천왕봉

조식은 환갑의 나이에 천왕봉이 바라다보이는 덕산의 사륜동에 거주하면서 "봄이 온 산

어느 곳인들 고운 풀이 없으랴만, 하늘나라에 가까운 천왕봉이 좋아서라네"라 하였다.

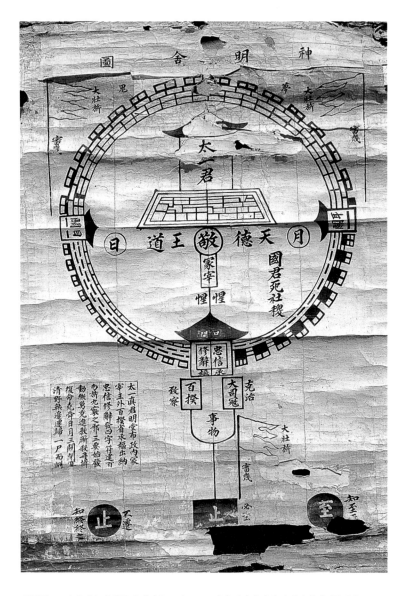

신명사도 칼날 같은 수양론의 핵심을 그림으로 그려서 지리산 아래 산천재에 걸어두었다.
마음인 태일군을 지키는 성곽이 굳건하다.

조식이 만년에 덕산으로 들어온 까닭은 지리산을 사랑했기 때문이기도 하지만, 가난도 큰 이유가 되었다. 그러나 가난이 그의 기상을 약하게 할 수는 없었다. 은하수를 마시겠다는 청절한 의식이 이를 단적으로 보여준다. 이러한 자세로 정사(精舍)를 짓고 산천재(山天齋)라 이름하였다. 산천재는 오늘날 산청군 시천면 사리(絲里)에 위치해 있다. '산천'은 『주역』의 대축괘(大蓄卦)의 "강건하고 독실하여 밝은 햇살이 나날이 새롭다(剛健篤實 輝光日新)"는 뜻을 취한 것이다. 창가의 벽에 경의(敬義)라 크게 쓰고, 또 자리 오른편에 〈신명사도(神明舍圖)〉를 걸었다. 조식은 또 덕산 앞 개울에 다시 정자를 세우고 그 기둥에 다음과 같은 작품을 써붙였다.

천석들이 종을 보게나
큰 것으로 치지 않으면 소리나지 않는다네.
어찌하면 저 두류산처럼
하늘이 울려도 울지 않을 수 있을까?
請看千石鍾 非大扣無聲
爭似頭流山 天鳴猶不鳴

조식, 「덕산 계정의 기둥에 쓰다(題德山溪亭柱)」, 『남명집』

'태산벽립(泰山壁立)'으로 표현되는 그의 기상을 한껏 보여주는 작품이다. 지리산은 자신의 표상이다. 어떠한 외물에도 흔들림 없이 살아가는 군건한 자세를 이렇게 표현한 것이다. 다음 강익의 작품도 산천재에서 살아가는 조식의 곧은 자세를 상상할 수 있게 한다.

> 하얀 달은 가을 비단을 펼친 듯하고
> 맑은 강물 고요하여 물결 일지 않네
> 봄바람에 밤새 앉아 있노라니
> 진정한 이 맛이 어떠한가요?
> 素月明秋練　澄流靜不波
> 春風坐一夜　眞味正如何

강익, 「산천재에서 남명선생을 모시고 달구경을 하다
(山天齋侍南冥先生賞月)」, 『개암집(介庵集)』

　어느 봄날 밤, 제자들과 달구경을 하는 모습을 떠올리게 하는 작품이다. 산천재에 밝은 달빛이 곱게 비치고, 그 곁의 강물은 물결조차 없이 고요히 흐른다. 조식은 제자들과 함께 말없이 앉아 있다. 조식은 이 시에서 보여준 것과 같은 정(靜)의 의미를 늘 실천하였으리라.

　덕산에서 지리산을 바라보며 살던 조식은 제자들을 이끌고 아름다운 산수를 찾아다니면서 산수 체험을 통해 심성 교육을 하였다. 명종 19년(1564) 7월에는 제자들을 이끌고 삼장사(三藏寺)에 갔으며, 이듬해와 다시 그 이듬해 두 차례에 걸쳐 오건(吳健), 정복현(鄭復顯), 도희령(都希齡)과 함께 지곡사(智谷寺) 계곡을 찾았다. 특히 명종 21년 1월의 모임에는 지곡사의 요사채가 비좁아 다 들어갈 수 없을 정도로 많은 제자들이 운집하였다. 조식은 5일 동안 이들과 강학하였다.

산천재 주역에서 "강건독실하여 밝은 햇살이 나날이 새롭다"는 뜻을 취한 서재로, 창가의 벽에 경의(敬義)라는 글씨를 써서 걸어두었다.

현실을 잊지 않는 처사로서의 삶

1566년 5월 23일, 명종은 종친들이 체계적으로 학문을 닦지 못하는 것을 한탄해 스승을 가려서 가르치도록 하라는 명을 내렸다. 이에 조식과 이항(李恒), 성운, 남언경(南彦經), 한수(韓脩), 김범(金範) 등이 적임자로 추천되었다. 명종은 같은 해 7월 19일 성수침, 이희안, 성제원, 조욱과 함께 조식을 6품의 벼슬에 임명하였다.

임금의 부름을 앉아서 거절할 수 없었기에 조식은 9월 18일 출발하여 10월 1일 도성으로 들어갔다. 조식이 서울로 오자 조정의 관리들이 마치 상서로운 봉황새나 경성(景星)을 보듯이 몰려들어 배알하고 질문하였다. 그러나 조식은 사람들이 무엇을 묻든 아무런 대답을 하지 않았기에 사람들은 그의 학식의 깊이를 알 수가 없었다고 한다. 조식은 이달 11일 벼슬을 사양하고 한강을 건넜다. 전별하러 온 이들이 운집하여 두 척의 배에 가득하였다. 그후 선조가 즉위하자 교서를 내려 다시 조식을 여러 차례 불렀지만 조식은 한결같이 나아가지 않고 산림처사로서의 삶을 지켰다.

> 우연히 사륜동에 살게 되었는데
> 이제야 조물주가 날 속인 줄 알겠네.
> 일부러 부질없이 은자로 만들어두어
> 임금님의 사자를 일곱 번 오게 하였네.
> 偶然居住絲綸洞 今日方知造物紿
> 故遣空緘充隱去 爲成麻到七番來

조식, 「덕산에서 우연히 읊다(德山偶吟)」, 『남명집』

조식은 은자로 살아가는 것이 천분이라 생각하였는데, 나라에서 은일(隱逸)을 구한다는 명분 때문에 부질없이 자신을 여러 번 불렀다고 한 것이다. 사륜(絲綸)은 임금의 명령을 이르는 말이다. 자신이 사는 곳의 이름이 우연히 이와 같아 임금이 부른 것이라 해석한 것이지만, 한편으로 임금의 말이 '사륜'이 아님을 은근히 풍자한 것이다. 이러한 점으로 보아 조식에게 나아갈 생각이 없었던 것이 아니라 현실이 그를 나아가지 못하게 한 듯하다.

덕산으로 돌아온 조식은 일흔을 바라보는 나이에도 정치현실에 대한 관심을 끊지 않고 매서운 상소를 올리고, 또 병든 몸에도 강학을 게을리 하지 않았다. 젊은 날에도 병이 잦았던 조식은 만년에 건강이 극도로 나빠졌다. 현기증이 점점 심해져 어떤 때는 눈앞이 캄캄하여 땅에 주저앉았고, 음식을 먹어도 맛을 모르고 두세 홉의 밥도 삼키지 못할 정도가 되었다. 그럼에도 조식은 벗이나 제자와의 강학과 수창을 멈추지 않았다. 선조 5년(1572) 병세는 더욱 나빠졌다. 조식은 2월 6일부터 제자들을 불러 치상(治喪)의 절차를 일러주고 8일에 자리를 바로 하고 평안히 영면하였다. 그날 큰 바람이 불고 폭설이 내려 천지가 어둑하였다 한다. 그해 4월 6일 산천재 뒷산에 묻혔다. 장사를 치르는 날, 만시와 제문이 수백여 편에 이르렀다.

그후 선조 9년(1576) 덕천 산천재 서쪽 3리쯤 떨어진 곳에 서원을 건립하고 석채(釋菜)의 예를 행하였다. 최영경(崔永慶), 하항(河沆), 손천우(孫天祐), 유종지(柳宗智), 하응도(河應道) 등의 제자와 목사 구변(具忭)이 이를 주관하였다. 그후 서원은 임진왜란 때 훼손되었다가 선조 35년(1602) 진극경(陳克敬), 이정(李瀞), 하징(河憕)이 중건하였다. 이것이 산청에 있는 덕천서원(德川書院)이다. 같은 해 고향 삼가에도 회산서원(晦山書院)이 건립되었다. 회산서원은 지세가 좁다는 이유로 훗날 향천(香川)으로 옮겨 용암서원(龍巖書院)으로 바뀌었다. 또 선조 11년(1578) 김해 탄동에 신산서원(新山書院)이 건립되었다. 이 세 서원은 선조 42년(1609)에 사액(賜額)을 받았다. 🔳

퇴계학의 성산
청량산

청량산 육육봉아 퇴계선생 너와 같이 노시더니

청산은 만고청이로다마는 우리 선생 어디 가신고

아마도 선생의 덕은 너와 같이 마치리라

도산서당

질그릇을 굽는 가마가 있다 하여 도산(陶山)이라
하였는데, 인격을 도야(陶冶)하는 산이라는
뜻도 읽을 수 있다. 이황이 직접 쓴 글씨를
도산서당의 마루에 걸었다.

퇴계가 알아주기 이전의 청량산

청량산은 높이가 870미터로 그다지 높지 않고 그 둘레도 100리에 지나지 않는다. 그렇지만 이 산에는 수많은 옛사람의 자취가 서려 있어 명성이 높았다. 김생(金生)이 은거하였다는 김생굴(金生窟)이 그중 하나이니, 김생이 오랫동안 청량산에 머물렀기 때문에 그의 예서(隷書)가 청량산의 험준한 바위와 뾰족한 봉우리를 닮게 되었다고 한다. 연대사(蓮臺寺)의 불전에 그의 필적으로 보이는 금은(金銀) 사경(寫經) 40여 권이 조선 후기까지 보관되어 오가는 사람들의 호기심을 자극하기도 하였다. 또 그가 쓴 백월선사(白月禪師)의 비가 청량산에 있었는데 중국인이 탁본을 해갔고 임진왜란 때 왜구가 이를 싣고 가다가 무거워 운반하지 못하고 구성(龜城)에서 포기하였으며, 후에 영주 객관에 보관되었다고도 한다.

원효봉(元曉峯)·의상봉(義湘峰)·치원봉(致遠峯) 등의 봉우리 이름을 낳은 이름난 인물의 자취 역시 청량산 도처에 남아 있다. 특히 청량산에는 최치원(崔致遠)과 관련된 유적이 많다. 최치원이 팔도를 유람하고 은거할 만한 장소로 거론한 금탑봉(金塔峯)의 고운대(孤雲臺), 물을 마시고 더욱 총명해졌다고 해서 이름붙은 총명수(聰明水), 앉아서 바둑을 두었다는 풍혈(風穴)의 바둑판 등이 그러한 예이다. 18세기에 오래된 종이 총명수 위의 바위틈에서 나왔는데 '수산치원암(水山致遠庵)'이라 적혀 있었다고 한다.

최치원의 문학작품 중에 청량산을 소재로 한 것은 보이지 않는다. 청량산이 문학적으로 형상화된 가장 이른 시기의 작품은 고려의 승려

천인(天因)의 「치원암주가 시를 보여주면서 나에게 산중의 고사를 적어달라고 청하기에 차운하여 답하다(致遠庵主以詩見示仍以請予紀山中故事次韻答之)」이다. 『동문선(東文選)』에 수록되어 전하는 이 작품에는 이른 시기 청량산의 자연환경과 유적지가 비교적 소상하게 그려져 있다.

청량산이 우리 문학사에 본격적으로 등장하는 것은 조선시대다. 15세기 김수온(金守溫)이 청량산을 그리며 쓴 시에서 "푸른 벼랑 만 길 파란 허공에 들었는데, 고목은 바위를 휘돌아 안개 속에 아스라하다(蒼崖萬丈入蒼空 古木回巖杳靄中)"고 그 선취(仙趣)를 읊었다. 김시습(金時習) 역시 팔도를 유람하다가 청량산에 들러 시를 지었고 유호인(兪好仁)도 안동에 들러 안동의 풍속을 담아낸 화산(花山)의 노래를 제작하면서 청량산을 노래한 바 있다.

그럼에도 이 시기까지 청량산은 중앙 문단의 관심에서 벗어나 있었다. 청량산이 우리 지성사에 뚜렷한 자취를 남긴 것은 이현보(李賢輔)와 이우(李堣)에 의해서이다. 예안 영지산(靈芝山) 남쪽에 있던 이현보의 집에서는 멀리 청량산이 절을 하듯 바라다보였다. 그러나 동쪽 고개의 소나무가 시야를 가리어 온전하게 보이지 않았다. 황준량(黃俊良)이 그 소나무를 자르자고 하였으나, 이현보는 소나무가 있는 곳으로 누대를 옮겨 지어 청량산을 환히 볼 수 있게 하였다. 이현보는 이 누대를 두망대(杜妄臺)라 이름하고 이곳에서 청량산을 바라보며 살았다. 이현보는 죽어 용두산(龍頭山) 선영에 묻혔지만, 다시 청량산 남쪽 기슭으로 이장되었으니 청량산의 넋이 되었다 하겠다.

이현보와 연배가 비슷한 이우의 집 역시 청량산에서 가까웠다. 그의 선조들은 진보(珍寶)에서 살다가 고려 말 왜구를 피하여 안동 풍산(豊山)으로 옮겨 살았다. 그후 이우의 부친인 이계양(李繼陽)에 이르러 예안의 북쪽 온계리(溫溪里)로 옮기게 되었다. 이 무렵 원근의 젊은이들이 청량산을 독서의 공간으로 널리 이용하였는데, 이우는 1486년 홍언충(洪彦忠), 황맹헌(黃孟獻)과 청량산 안중사(安中寺)에서 독서하였다. 또 만월암 벽에 자신의 이름을 새겨두었다고 한 것으로 보아, 그곳에서도 독서하였던 것으로 보인다.

이후 안동과 예안 일대의 학자들은 청량산을 강학의 장소로 삼았다. 1513년 봄 이우의 조카이자 이황의 형인 이해(李瀣)가 조효연(曺孝淵), 오언각(吳彦毅) 두 사람과 더불어 청량산으로 독서하러 갔다. 이때 이우는 병이 나서 누워 있었으면서도 열한 수의 시를 지어 전별하였다. 서시(序詩)를 제외하고 삼대봉(三大峯), 김생사(金生寺) 폭포, 총명수, 고도선사진(古道禪師眞), 송대풍혈(松臺風穴), 안중사, 청량사의 흔들바위, 백운암(白雲菴)과 몽상암(夢想菴), 문수사(文殊寺)의 석천(石泉) 등 아홉 곳을 소재로 삼아 제작한 이 작품은 청량산 십경시(十景詩)라 불러도 좋을 정도로 청량산의 경물과 유적을 자세히 묘사하였다. 청량산의 고적과 명승을 잘 형용하여 실록(實錄)이라 칭송될 정도였다. 그래서인지 훗날 청량산을 찾은 사람들이 즐겨 이 시에 차운하여 시를 지었다. 다음은 그 서시에 해당하는 것이다.

사람들은 말하지, 독서가 산을 유람하는 것과 같아서

깊고 얕은 곳을 여유 있게 마음대로 오간다고.

하물며 청량산 그윽하고 빼어난 그곳은

내 일찍이 10년간 형설의 공을 이룬 곳임에랴?

讀書人道若遊山 深淺優游信往還

況是清凉幽絶處 我曾螢雪十年間

이우, 「청량산으로 독서하러 가는 조씨, 오씨 두 청년과 해(瀣)를 보내며
(送曹吳兩郞與瀣輩讀書清凉山)」, 『송재집(松齋集)』

그 조카 이해는 22년 후인 1535년 이 시를 손수 써서 연대사에 걸고 여기에 차운하여 시를 지은 뒤 서문을 붙였다. 『청량산지(清凉山志)』에 따르면, 그후 1610년 안동부 통판으로 있던 엄황(嚴愰)이 새로 회를 칠하고 사롱(紗籠)을 덮었는데, 이 역시 훼손되자 1767년 개장하여 이건한 연대사에 새로 걸었다고 한다.

젊은 날의 삶과 청량산

퇴계(退溪) 이황(李滉, 1501~70)이 청량산에 직접 들어간 것은 15세 되던 1515년 봄이다. 숙부 이우가 청량암으로 가는 길에, 이황은 형 이해와 함께 숙부를 모시고 가서 독서하게 되었다. 훗날 주세붕의 「유청량산록(遊清凉山錄)」에 발문을 쓰면서 "나는 어려서부터 부형을 따라 책바구니를 메고 오가며 이 산에서 글을 읽은 것이 몇 번인지 모른다"고 하였는데, 바로 이 무렵 청량산에서 독서한 일을 가리킨다.

그후 이황은 과거를 보러 서울에 오가고 또 성균관에서 강학하느라

바쁜 나날을 보냈다. 고향에 있을 때에도 안동, 영주 등지로 공부하러 다니느라 청량산으로 들어갈 기회가 거의 없었다. 그러다가 1528년 6월 백운암의 승려가 기문을 요청하자 청량산을 소재로 한 첫 작품 「백운암기」를 썼다. 문집에는 실려 있지 않고 『청량산지』에 실려 있는데, 아래에 그 전반부를 보인다.

청량산은 벼랑의 바위가 모두 불쑥 솟아나 그 위에 흙을 이고 층대를 이룬다. 그 층대가 여럿인데 가장 높은 곳에 백운암이 있다. 그러나 여러 암자 중 가운데나 아래쪽에 있는 것들은 천 길 벼랑 위나 발 하나 겨우 붙일 만한 좁은 땅에 위태롭게 서 있어서 사람들이 와서 보면 백운암이 그 아래에 있다고 생각하게 된다. 백운암이 위치한 곳은 매우 높으면서도 깊어 인적이 이르지 못하는 곳인지라 사슴이나 삵 뿐이지만, 그 땅이 평평하고 넓어 그 안에 은거하여 약을 심고 소요하면서 세월을 보낼 만하다.

나는 일찍이 산을 유람하는 몇 분들과 함께 지팡이를 짚고 숲을 지나 만월암을 경유하여 발걸음을 재촉하여 백운암에 오른 적이 있다. 그저 영롱한 물과 바위, 그리고 그윽한 절의 창과 문이 보일 뿐이었다. 그럼에도 몸과 마음이 시원하여 신선세상에 있는 듯한 마음이 들었다. 이에 이르러 비로소 산을 오르는 묘미를 알게 되었다.

그러나 암자 건물이 오랜 세월의 비바람을 이기지 못할 것 같았다. 승려 도청이 이를 보고 좋지 않게 여겨 새로 지으려 하였다. 재물을 모으고 목공을 독려하여 1527년 정월에 공사를 시작하였는데, 이듬해 6월에 공사가 끝났다. 도청이 산에서 나와 나를 만나 글을 구하여 기문을 삼으려 하였다. 나는 저 절이 이루어지거나 무너지는 것이 진실로 상관이 없는 것 같다고 생각했지만, 무어라 말해 주지 않을 수 없어 글을 쓴다.

이황은 그후 서울에 올라가 벼슬하였기 때문에 청량산에 갈 기회가 없었다. 가끔 휴가를 얻어 고향으로 내려오기도 했지만 청량산을 오르지는 않았던 듯하다. 1546년 매화를 찾아 시를 읊조리며 귀향의 뜻을 부치고 휴가를 핑계대고 낙향하여 월란암(月蘭菴)과 용수사(龍壽寺)에 우거하였다. 퇴계의 동암(東巖)에 양진암(養眞庵)을 짓고, 또 자하산(紫霞山) 하명오(霞明塢)에 자리잡고 살려 하였지만 청량산을 찾지는 않았다. 1546년에는 제자인 황준량, 박승임(朴承任)과 함께 청량산에 가기로 약속하였지만 마침 병에 걸려 뜻을 이루지 못하였다. 1549년 벼슬을 그만두고 물러나 한서암(寒棲庵)에 거처하였으나, 이때도 역시 청량산을 오르지는 못하였다.

이황이 스스로 거처하지는 않았지만 이 무렵 청량산은 이황이 길러낸 제자들의 강학처가 되었다. 1541년부터 조목(趙穆), 구봉령(具鳳齡), 금난수(琴蘭秀) 등이 청량산에서 독서하였다. 특히 금난수의 집이 청량산의 초입인 고산(孤山)에 있어 이황은 자주 그의 집을 찾았고 성성재(惺惺齋)라는 편액과 고산별업(孤山別業)이라는 편액도 써주었다. 고산정(孤山亭) 아래의 명월담(明月潭), 그 아래의 단사(丹砂), 단사 남쪽 강변의 갈선대(葛仙臺)와 고세대(高世臺), 그 인근의 관청동

이황 종택 이황 집안의 종가로, 일제 때 다시 지은 건물이다. 오른쪽에
추월한수정(秋月寒水亭)이 있다.

(觀聽洞) 등은 이황이 살던 때부터 청량산을 찾는 사람들이 반드시 들
르던 곳이다. 제자들이 청량산을 자주 오가며 청량산 소식을 스승에
게 전하였기에, 이황은 청량산을 더욱 그리워하였겠지만 1552년 봄
교리로 임명되어 서울로 올라가게 되자 이제는 청량산을 바라볼 수
도 없게 되었다.

청량산의 주인

1552년 주세붕은 서울에 와 있던 이황에게 자신이 쓴「유청량산록」
을 보내어 발문을 청하였다. 주세붕이 청량산과 인연을 맺게 된 것은
풍기군수로 있을 때다. 주세붕은 열 살 때부터 청량산의 명성을 들었

으나 가보지 못하다가, 1544년 4월 9일 그 뜻을 이루게 되었다. 그는 청량산을 중국의 천태산(天台山)에 비견할 만한 신선의 산이라 예찬하였다. 또 청량산 도처에 붙여진 불교적인 명칭을 유교적인 명칭으로 뜯어고치고 이름 없는 땅에 새로운 이름을 부여하여 청량산의 면목을 일신하였다.

주세붕은 과거 지리산을 유람한 김종직이 허황한 사적을 비판하면서도 함부로 새로운 이름을 붙이지 않았던 자세를 존중하였다. 그러나 그는 주자(朱子)가 여산(廬山)에서 기이한 경치를 볼 때마다 이름을 붙인 일을 모범으로 삼아야 하며, 산봉우리에 이름이 없는 것은 산을 좋아하는 사람에게 부끄러운 일이라 하면서 새로운 이름을 붙였다. 외산의 장인봉, 선학봉, 자연봉, 내산의 자소봉, 경일봉, 축융봉, 탁필봉, 연적봉, 연화봉, 향로봉, 김탑봉, 탁립봉 등의 명칭은 그가 고치거나 새로이 붙인 것이다.

주세붕의 청량산 유람은 주자와 장식(張栻)의 남악(南嶽) 유람을 전범으로 삼았다. 훗날 이황의 명성에 힘입어 청량산은 조선의 남악이 되거니와, 이 무렵 산을 등람하는 자들은 주자와 장식의 「남악창수록(南嶽唱酬錄)」을 읽고 따르고자 하였다. 주세붕도 이를 전범으로 삼아 산속에서 80여 편의 시를 제작하였다. 청량산 유람을 마친 주세붕은 「유청량산록」을 제작하였다. 그리고 이 책을 1549년 풍기군수로 있던 이황에게 보여주었다. 이황은 「유청량산록」을 세 번이나 읽으며 '우리 집안의 산[吾家山]'이라 한 청량산을 그리워했을 뿐이다. 그로부터 3년 후인 1552년 주세붕이 손질하고 보충한 「유청량산록」을 보내주자, 이황은 9월 8일 「유청량산록」에 발문을 써 보내었다. 주세붕은 이를 붙여 「유청량산록」을 완성하고 다시 이황에게 보내었다. 1553년 이황이 그 책에다 다음과 같이 호탕한 시를 덧붙였다.

반평생 마음이 강철같이 굳지 못하여
신선의 산에 오를 묵은 빚을 오래 갚지 못했네.
꿈속에서 때때로 다시 맑은 산을 넘지만
육체는 아직도 먼지구덩이에 떨어져 있네.
이태백은 여산에서 햇살을 읊조렸고
한유는 화산에 올라 하늘빛을 흔들었지.
다행스럽게도 훌륭한 작품을 보내주어 보게 되었으니
마치 천 길 절벽에서 함께 바람에 치마를 날리는 듯하네.
半世心腸未鐵剛 仙山宿債久難償
夢魂時復凌淸峭 形役今猶墮軟香
白入匡廬吟日照 韓登華岳撼天光
巨編何幸投來看 千仞還疑共振裳

이황, 「주경유의 유청량산록 뒤에 쓰다(題周景遊遊淸凉山錄後)」, 『퇴계집』

이황은 청량산을 주세붕보다 먼저 차지하지 못한 것을 안타까워하였다. 꿈속에서는 청량산을 넘건만 육신은 벼슬에 매여 있었기 때문이다. 산수의 주인은 즐기는 사람이지만, 진정한 주인은 산수를 글에 담아낸 이다. 이태백이 여산(廬山)을, 한유가 화산(華山)을 노래한 명편을 지은 것처럼 이황 역시 청량산을 자신의 붓끝에 담아 자신의 산으로 삼고 싶었는데, 주세붕에게 선수를 빼앗긴 것이다.

이황은 청량산으로 쉽게 발걸음을 옮기지 못하였다. 벼슬을 그만두기가 쉽지 않아 서울에 남아야 했기 때문이었다. 대신 마음이라도 청량산에 두고자 1553년 무렵부터 스스로의 호를 청량산 주인이라 하였다. 귀거래의 뜻을 굳힌 이황은 1555년 2월에 세 번이나 사직서를 올린 끝에 벼슬길에서 물러났다. 그리고 그해 겨울 마침내 청량산으로 들어갔다. 이황이 겨울에 청량산을 등람한 까닭은 주자와 장식이 남악을 등람한 때가 바로 겨울이었다는 점을 염두에 둔 것으로 추정된다. 이황은 겨울의 청량산이 좋다고 말했거니와, 훗날 이황의 제자들 역시 대부분 겨울에 청량산을 올랐다. 이황이 청량산으로 들어간다는 말을 들은 제자 황준량은 시를 보내었다. 이 시에서 황준량은 청량산을 오르는 이황을 형산(衡山)을 유람하고 운곡(雲谷)에서 은거한 주자에 비의하였다.

이황은 금난수의 집과 모친 김씨의 무덤이 있는 고산을 지나, 하령(霞嶺)과 화령(花嶺)을 넘어 청량산으로 들어갔다. 산중에서 이황은 「산에서 노니는 일(遊山書事十二首)」을 지었다. 주자가 겨울에 남악을 올랐던 일을 따라 겨울을 택하여 청량산에 올랐거니와, 이 작품도 주자의 「운곡잡영(雲谷雜詠)」에 차운한 것이다. 결국 이황의 청량산 유람은 주자의 학문을 현현하겠노라는 다짐을 위한 것이었다. 이황은 「등산(登山)」이라 제목한 작품에서 "이 산은 고인(高人)과 같아서, 홀로 서서 뜻이 굳세네(此山如高人 獨立懷介耿)"라 하였으니 청량산에서 고인의 모습을 보고자 한 것이다. 산중의 생활을 마치고 하산하여 집으로 돌아가면서 이황은 다음과 같이 자신의 뜻을 피력하였다.

> 산을 유람하며 무엇을 얻었나
> 농부의 가을 수확 같은 것.
> 옛 서실로 돌아와
> 조용히 향연기 마주하였네.
> 그래도 산사람이 되어서
> 속세의 우환을 당하지 말았으면.
>
> 遊山何所得　如農自有秋
> 歸來舊書室　靜對香烟浮
> 猶堪作山人　幸無塵世憂

이황, 「집으로 돌아오면서(還家)」, 『퇴계집』

이황은 산에서 내려온 다음날 황준량에게 시와 편지를 보내어 감회를 피력하였다. 편지에서 이황은 "이번 청량산에 갔을 때는 높고 빼어난 청량산에 대설(大雪)이 여러 번 와서 천변만화(千變萬化)의 기이함이 있었다"라고 하였다. 또 다른 편지에서는 "청량산 경계에 들어서자 절로 지상의 신선이 되었으니 곧 벼슬을 버리고 돌아온 날이다. 하필 적성(赤城)에서 연단(鍊丹)을 하여야 신선이라 하겠는가?" 하였다.

도산서원도 1751년 강세황이 그린 그림. 청량산에서 뻗어나오는 동취병과 오른편으로
영지산에서 뻗어나오는 서취병이 교차되는 지점에 도산서원이 있다.

산을 오르는 일과 책을 읽는 일

이황은 거듭 사퇴의 상소를 올렸지만 1558년 12월 다시 공조참판에
임명되었다. 이듬해 2월 그는 휴가를 내어 도산에 머물며 인근의 산
수를 즐겼다. 1561년 도산서당(陶山書堂)이 완성되자 사방에서 찾아
오는 이가 더욱 많아졌다. 도산서당은 왼편으로 청량산에서 뻗어나
오는 동취병(東翠屛)과 오른편으로 영지산에서 뻗어나오는 서취병(西
翠屛)이 교차되는 지점에 있었다. 이황이 이곳에 정사를 만들자 사람

들은 그가 청량산에 거처를 정하지 않은 것을 의아하게 생각하였다.
이에 이황은 「도산잡영(陶山雜詠)」에서, "청량산은 만 길 높이로 벽처
럼 서 있고 절벽을 위태하게 임해 있는데, 늙고 병든 나에게는 편안하
지 못하지요. 또 요산요수(樂山樂水)에 하나를 빠뜨릴 수 없다오. 지금
낙천(洛川)이 비록 청량산을 지나지만 산중에는 물이 있는 줄 알지 못
하오. 내가 진실로 청량산을 원하지만, 이를 뒤로 하고 저것을 먼저
한 것은 산과 물을 겸하고자 하였기 때문이요, 노병에 게을러서라오"

라 답하였다. 비록 청량산이 좋기는 하지만 물이 없음을 불만으로 여겼고, 또 환갑의 나이에 산중생활이 쉽지 않았기 때문에 청량산이 바라보이는 평지를 택한 것이다.

비록 청량산 속에 집을 정한 것은 아니지만, 청량산은 이황에게 늘 그리움의 대상이었다. 이해 제자 조목(趙穆)이 오천(烏川)의 여러 사람들과 청량산으로 유람을 가는데, 이황은 그해 정월 임금의 부름을 받아 나아가려 하다가 말에서 떨어지는 사고를 당했다. 이 때문에 이황은 청량산을 오르지 못하고, 조목에게 청량산을 다녀오거든 도산에 들러 마음의 체증을 풀어달라 부탁하였다. 청량산을 다녀온 지 10년이 가까워지자 이황은 다시 청량산을 찾고 싶은 마음이 간절하였지만 오르지 못하고 있었다. 그저 그의 제자들로부터 청량산의 안부만 물을 뿐이었다.

이 무렵 청량산에는 금난수, 이덕홍(李德弘), 정사성(鄭士誠), 금응협(琴應夾), 금응훈(琴應壎), 이안도(李安道) 등이 독서를 하고 있었다. 특히 금난수가 1564년 1월 17일 쓴 「보현암벽자서(普賢庵壁自敍)」는 7년 동안 열 번 이상 청량산을 오가며 공부하였지만 공부를 절실하게 하지 못하였음을 후회하며, 후학들이 청량산에 올라 독서할 때 경계로 삼도록 지은 것이다. 이황의 제자들이 청량산에서 독서하는 자세를 읽을 수 있다.

내가 정미년 이후 지금 갑자년까지 12년간 이 산에 왕래한 것이 열두세 번이다. 예전에 쓴 글을 어루만지면서 묵은 자취를 살펴보

앉다. 이국량(李國樑)과 이석간(李碩幹)은 모두 고인이 되었으니 슬픈 마음을 이길 수가 없다. 그 가운데 더욱 한스럽고 부끄러운 점이 있다. 당시 산으로 들어갔을 때 마음을 씻어내고 책상을 마주하고 책을 보면서 심신을 수습하고 본성을 함양하여 평일 쓸 바탕으로 삼으려고 하였지만, 다른 세사에 정신이 팔려 일 때문에 밖으로 나가기도 하고 공부 또한 전일하지 못하였다. 산문을 나서기만 하면 귀에 들리고 눈에 보이는 무궁한 사물의 변화를 접할 때마다 산중에서 얻었던 조그마한 것조차 끝내 보존하지 못하고 잃게 되었다. 동정(動靜)이라 말하는 것은 하나도 볼 만한 것이 없고 도리어 먼지 구덩이 같은 속세에 머리를 파묻은 것보다 나은 것이 없었다. 지금 열심히 노력하여도 소인으로 떨어져 버리는 것을 면할 수 없게 된 것이다. 이로써 알지니, 사람이 수양하는 바는 공부가 어떠한가에 달려 있지, 사는 곳이 조용한가 시끄러운가와는 상관이 없다. 훗날 산으로 들어오는 이는 나를 경계로 삼아야 할 것이다. 갑자(甲子) 원월(元月) 망후(望後) 2일 쓰다.

금난수, 「보현암 벽 위에 산에 들어온 전말을 쓰다(普賢庵壁上書前後入山記)」,

『성재집(惺齋集)』

제자들을 통해 청량산 소식을 듣던 이황은 드디어 1564년 4월 제자들을 이끌고 청량산을 유람하게 되었다. 이미 세상을 떠난 황준량을 제외한 이황의 핵심적인 제자들이 이 산행에 모두 참여하였다. 이문량(李文樑), 금보(琴輔), 금난수, 김부의(金富儀), 김부륜(金富倫), 권경룡(權景龍), 김사원(金士元), 유중엄(柳仲淹), 유운룡(柳雲龍), 이덕홍, 김응린(金應麟), 남치리(南致利), 조카 이면교(李冕喬), 손자 이안도 등이 함께 하였다. 이처럼 산행이 성황을 이루었기에 이황은 "함께 유람한 이는 모두 영재들이라, 모임에 온 이들 역시 또한 제제다사(濟濟多士)로구나(同遊盡英英 曾到亦濟濟)"라 하였다. 이들의 산행은 산수의 아름다움을 즐기기 위한 것이 아니라 강학의 연장이었으므로 주자가 장식과 남악을 유람하며 창수시(唱酬詩)를 남긴 예를 따랐다. 이황은 산을 오르는 것을 독서에 비교하여 다음과 같은 시를 지었다.

> 책을 읽는 사람들이 산을 유람한 것을 말하더니
> 이제 보니 산을 유람하는 것이 책 읽는 것과 같구나.
> 공력을 다할 때도 하층에서 시작하는 법
> 깊이를 얻는 것은 모두가 자기에게 달린 것.
> 조용히 앉아 일어나는 구름을 보고 오묘함을 알고
> 근원을 찾아가면 사물의 시초를 알게 된다지.
> 그대들에게 높은 절정을 찾으라 권면하지만
> 노쇠하여 중도에 그만둔 내가 부끄럽구나.
> 讀書人說遊山似 今見遊山似讀書
> 工力盡時元自下 淺深得處摠由渠
> 坐看雲起因知妙 行到源頭始覺初
> 絶頂高尋勉公等 老衰中輟愧深余

이황, 「책을 읽는 것은 산에 노니는 것과 같다(讀書如遊山)」, 『퇴계집』

이황은 산을 내려와 먼발치에서 청량산을 바라보며 청량산에 오르지 못한 자신의 처지를 부끄러워하고, 또 청량산이 개간으로 황폐해지는 것을 안타까워하였다. 1567년 이황은 거듭된 임금의 소명을 어길 수 없어 서울로 돌아갔다. 새로 등극한 선조가 거듭 이황을 불렀던 것이다. 그러나 청량산으로 돌아가고 싶은 마음은 여전히 간절하였다. 정유일(鄭惟一)이 청량산을 유람하고 돌아와 지은 시를 보내자 이황은 더욱 청량산이 그리웠다. 사무친 그리움에 이황은 꿈에서조차 청량산을 유람하였다.

열자처럼 시원하게 바람을 타고서
밤새 천 개의 바위를 두루 다녔네.
노승이 나에게 농부의 삿갓을 주면서
일찍 돌아가 시골노인 되라 하네.
身御泠然禦寇風　千巖行盡一宵中
老僧贈我田家笠　勸早歸來作野翁

이황,「꿈에 청량산에 노닐고(夢遊淸涼山)」,『퇴계집』

이황은 1569년 3월 다시 도산으로 돌아왔다. 그러나 일흔의 나이에 청량산을 다시 오르기는 어려운 일이었다. 그저 청량산으로 들어가는 제자에게 시를 지어 보내고 그들에게 청량산의 안부를 물을 뿐이었다. 그는 인생의 노년에 청량산을 바라본 감회를 다음과 같이 적었다.

어딘들 구름 낀 산이 없으랴마는
청량산이 더더욱 청절하다네.
정자에서 매일 먼 곳을 바라보면
맑은 기운이 뼛속까지 스며든다네.

何處無雲山　清凉更清絶

亭中日延望　清氣透人骨

이황,「김신중의 읍청정 12영(金愼仲挹清亭十二詠) 중 산을 바라보며(望山)」,
『퇴계집』

　스승을 대신하여 청량산에 오른 제자들은 스승처럼 산에서 학문과 수양을 생각하였다. 1570년 11월 청량산으로 들어간 권호문(權好文)은 치원봉에 올라 "너의 이러한 마음을 옮겨 학문에 붙일 수 있다면 향상이 끝이 없을 것이다. 오늘 한걸음 나아가고 내일 한걸음 나아가 백척간두에서 다시 한걸음 더 나아간다면 성현이 되기를 희망하는 데 무슨 어려움이 있겠는가?"라 자문하였다. 또 "사람의 심성이 정해져 있으니 굳게 지키는 것은 나에게 달려 있다. 잠자코 외물을 응접하여 산을 보고 즐기는 자는 인(仁)의 일이요, 물을 보고 즐기는 자는 지(智)의 일이다. 이 심성을 닦아 잃어버리지 않는다면 고명한 경지에 나아가기는 어렵지 않다. 산을 보고 물을 즐기는 것 역시 방심이다. 경계해야 할 것이다"라 하였다.

퇴계학의 성산 청량산

　이황이 청량산 소식을 마지막으로 들은 것은 산중에 있던 권호문을

이황의 묘비 탁본 이황은 묘비에 관직을 쓰지 말도록 유언을 내렸으므로
'퇴도만은'이라고만 썼다. 왼편에 스스로 지은 묘갈문이 있고 오른편에 기대승이
지은 비문이 실려 있다.

통해서이다. 청량산에 있던 권호문은 1570년 11월 27일 이황이 위독하다는 전갈을 듣게 되었다. 권호문은 하늘에 스승의 쾌유를 빌며 "하늘이 선생께 도덕을 내림은 우연이 아닙니다. 그런데 어찌하여 질병이 몸을 떠나지 않게 하십니까?"라고 기도하였다. 그 효험을 보았는지 잠시 이황의 병이 낫는 듯하였으나 12월 3일 다시 위독해졌다. 권호문은 산에서 내려와 스승을 찾았다. 이황이 "청량산에서 왔느냐?"하고 묻자 권호문은 청량산에서 보고 느낀 바를 말하였고, 이황은 고개를 끄덕였을 뿐이었다. 청량산이 눈앞에 어른거렸을 것이다. 이황은 평소 사랑하던 매화에게 불결한 모습을 보이기 싫다면서 분재를 옮기라 하고 조용히 죽음을 기다렸다. 12월 8일 이황은 매화 분재에 물을 주도록 하고는 자리를 정돈하고 조용히 눈을 감았다. 날씨가 맑았는데 갑자기 눈이 내렸다.

이황이 죽은 뒤로도 퇴계학의 상징인 청량산을 유람하는 일은 면면히 이어졌다. 이황이 죽던 해 겨울 청량산을 유람한 권호문은 「유청량산록」을 지었다. 권호문은 이 책자를 통하여 청량산의 아름다운 모습이 또렷이 책상 앞에 나타날 것이라 하면서, 고사(古師) 각심(覺心)으로 하여금 〈청량수묵도(清涼水墨圖)〉를 그리게 한다면, 자신은 연화봉 곁에 달빛을 받고 있는 사람일 것이라 하였다. 1575년경 이황과 구봉령의 문인인 권춘란(權春蘭)도 청량산을 유람하고 청량산 기행시집을 엮었으며, 김득연(金得研)은 1579년 청량산을 유람하고 「유청량산록」을 남겼다. 신지제(申之悌)는 1594년 경상감사 홍이상(洪履祥)으로부터 청량산의 형세를 그려오라는 명을 받자 평소 청량산을 유람하고 싶었던 터라 기꺼이 길을 떠났다. 흔쾌한 유산(遊山)을 마치고 돌아와 「유청량산록」을 썼다.

17세기에도 예안과 안동 등지에 살거나 이곳에서 관직생활을 역임한 후학들은 자주 청량산을 유람하고 시문을 제작하였다. 유성룡의 아들 유진(柳袗)은 1614년 청량산을 유람하고 「유청량산일기(遊淸凉山日記)」를 남겼는데 청량산을 퇴계의 덕과 연결하여 풀 한 포기, 나무 한 그루도 모두 퇴계의 광영을 입고 있다고 하였다.

> 하늘이 우리 노선생을 낳았으나, 세상에 나아간 선생은 당시에 크게 베풀 수 없었기에 물러나 이 산에서 밝은 도를 강하고 학문을 바로 세웠다. 무성한 풀과 나무만 우거진 땅을, 악기를 연주하면서 예의를 강론하는 곳으로 만들었으니, 무이산 운곡과 더불어 수백 년 동안 오르내릴 것이다. 그러니 일시 세도가 불행했던 것이 이 산으로서는 큰 다행이 아니겠는가?
>
> 유진, 「유청량산일기」, 『수암집(修巖集)』

유진은 청량산의 도처에서 그의 백부 유운룡과 유운룡의 스승 이황의 일화를 떠올렸고, 또 이황이 시를 남긴 곳에서는 그 시를 외웠다. 특히 청량산 입구에서 봉우리를 바라보면서 청량산의 험준한 모습에서 충신과 의사가 어지러운 때를 만나 우뚝 흔들리지 않고 서 있는 모습을 연상하고 이황이 이른 "청량산이 백이와 같다(淸凉似伯夷)"라 한 구절을 외웠다.

청량산

이황이 오가산(吾家山), 곧 우리 집안의 산이라 하며 아꼈던 산으로
어려서 부형을 따라 책바구니를 메고 오가며 글을 읽었다.

정구(鄭逑)로 이어진 퇴계학의 정맥을 계승한 허목(許穆)에게도 청량산은 성산(聖山)이었다. 1654년 허목은 동해안을 따라 도산을 찾고 이어 청량산을 등람한 뒤「청량산기(淸凉山記)」를 남겼다. 은일지사 배유장(裵幼章)도「청량산유록(淸凉山遊錄)」을 저술하였다. 영해에 세거하며 이황의 학문을 계승한 이휘일(李徽逸), 이현일(李玄逸), 이숭일(李嵩逸), 이정일(李靖逸), 이재(李栽) 등 일문도 청량산을 자주 유람하였다. 그밖에 권두경(權斗經), 조덕린(趙德鄰), 이만부(李萬敷) 등 퇴계학을 계승하고자 한 이들은 다투어 청량산을 찾았다. 또 경기 남인으로서 이황을 추숭하고 그의 적통을 이은 이익(李瀷)도 1709년 27살의 나이에 안동으로 내려와 청량산을 오르고「유청량산기」를 지었는데 그가 청량산과 도산을 찾은 이유는 직접 만나지 못한 스승 이황을 사숙하고자 함이었을 것이다.「유청량산기」에서는 사숙의 대상이었던 이황의 자취를 도처에서 확인하고자 한 이익의 내면을 읽을 수 있다.

이황의 학문은 남인에게 계승되었기에 청량산을 찾아 이를 문학작품으로 형상화한 사람들 역시 대부분 남인이었다. 그러나 당파가 다른 학자들에게도 이황은 경외의 대상이었으니, 그들의 발길도 도산과 퇴계, 그리고 청량산에까지 미쳤다. 노론사대신(老論四大臣)인 김창집(金昌集)의 아우 김창흡(金昌翕)은 1708년 청량산을 유람하고 상당수의 명편을 제작하면서 이황에 대한 존경심을 감추지 않았다. 김창협(金昌協)의 제자 이재(李縡) 역시「청량산십이영(淸凉山十二詠)」을 노래하면서 "어제 퇴계의 집을 방문하여 아스라이 유학의 기풍을 그리워했지. 어찔한 세 잔 술에 축융봉 아래서 길게 시를 읊노라(昨訪退

陶舍 遙懷洙泗風 酌酌三盃酒 長吟下祝融”라 하였다. 소론인 윤증(尹拯)의 제자 강재항(姜再恒)도 청량산을 사랑하였다. 그는 1712년 젊은 나이로 청량산을 유람하고 「청량산기」를 남겼다. 그후 1750년 봄 그의 제자 권정침(權正忱)이 「청량산록」을 가지고 오자 이에 대한 발문을 써주었다.

이 산은 체세(體勢)가 그다지 높거나 크지 않고 봉우리도 그다지 웅장하거나 기이하지 않다. 나라 안의 여러 산과 비교해 볼 때 하나의 흙무더기에 불과할 뿐이다. 그러나 그 형세는 사방에 크게 소문났으니 그 이유는 무엇인가? 대개 퇴계선생이 이 산 아래 태어나서 천고의 빼어난 학문을 창도하여 성리학의 정맥을 이어 동방의 주자가 되었으니, 이 산이 마침내 무이와 첫째 둘째를 다투게 될 것이다. 옛사람의 '명승은 사람에 의해 이름이 난다'는 말이 정말 믿을 만하다. 자강(子剛)은 이를 말미암아 나아가 선생의 학문을 배우고 선생의 행실을 행하며 선생의 말씀을 말하라. 그치지 않고 계속 나아가면 이 산을 빛낼 것이요, 선생이 빛을 함께할 것이다.

　　　강재항, 「권자강의 청량록 뒤에 쓰다(題權子剛正清凉錄後)」, 『입재유고(立齋遺稿)』

송시열(宋時烈)과 사돈을 맺은 권시(權諰)의 손자 권이진(權以鎭) 역시 1719년 가을 청량산을 유람하고 「유청량산기(遊清凉山記)」를 지은 바 있다. 송시열의 5세손 송환기(宋煥箕)도 이황에 대한 존경심을 가지고 있었으니, 1761년 청량산을 유람하고 「청량산유람록(清凉山遊覽

錄)」을 제작하였다. 그는 이 글에서 청량산이 기이하고 웅장하여 세상에 이름을 남겼지만, 바로 이황이 지팡이를 끌고 다니던 곳이기에 더더욱 우러러보게 된 것이라 하였다. 다만 이황도 지적하였듯이 청량산은 기이한 봉우리는 뛰어나지만 물이 부족한 것이 흠이라 하면서 결국 송시열의 화양동(華陽洞)에 미치지 못한다고 하였다.

서얼이지만 노론계 학자로 분류되는 성대중(成大中)의 청량산 유람도 문화사적으로 의미가 높다. 짧지만 서정적인 「청량산기」를 지어 청량산의 시작은 최치원이요, 끝은 이황이라 하면서 청량산 봉우리 모습을 이황의 정신과 연결시켰다. "봉우리는 모두 돌로 이루어져 있는데 사방이 깎인 채로 외홀로 솟아 있다. 높아도 아래에 사납지 않고 낮지만 위로 대항하지 않는다. 정화(精華)를 온축하고 기상을 뿜어내고 있다. 높으면서도 위태하지 않고 장엄하면서도 거만하지 않다. 마치 빼어난 덕을 닮은 듯하다. 퇴계가 이 산을 사랑한 것은 마땅하구나. 다른 산이 능가할 수 없도다" 하였다. 이때의 산행에 안기찰방(安奇察訪)으로 있던 18세기의 뛰어난 화가 김홍도(金弘道)가 함께 가게 되었다. 김홍도는 피리도 잘 불어 이날의 풍류를 더욱 아름답게 하였다.

기호 남인의 대학자 정범조(丁範祖)도 「청량산기」를 남겼다. 1775년 청량산을 유람하고 쓴 이 글에서 정범조는 "나보다 앞서 이곳을 유람한 이는 퇴계 이선생이로다. 선생이 유람하면서 즐긴 것은 뭇사람들이 미루어 알 수 있는 것이 아니다. 제각기 그 즐거움을 말할 뿐이다. 그러나 내가 선생을 좇아 즐길 수 있었다면 반드시 오늘의 즐거움보다 컸겠지만 어쩔 수가 없다. 내 뒤에 유람하는 자도 또한 나와 생각이 같을 것이다" 하였다.

알려지지 않은 학자 박종(朴琮)도 1780년 8월 청량산을 유람하고 「청량산유록(淸凉山遊錄)」을 남겼다. 박종은 청량산의 모든 것을 이황의 뜻과 절개로 연결시켰다.

송재 이우와 온계 이해가 서로 이어 글을 지었고, 퇴계선생에 이르러서는 이 산을 특히 좋아하였다. 퇴계선생은 젊어서 백운암에서 책을 읽고 「백운암기」를 지었다. 만년에 덕이 완성된 후에는 봄가을 한가한 때마다 집안 식구들과 의논하거나 벗에게 알리지도 않고 초연하게 홀로 그곳으로 가서 며칠이고 돌아오지 않았다. 여기서 지으신 시와 노래가 매우 많으며, 스스로 청량산인이라 일컫는 데까지 이르렀다. 아아, 선생은 진실로 이 산의 주인이라 하겠다. 이 산이 우리나라에 이름난 것이 또한 선생을 기다린 것이다. 그러니 산이 선생에게 비로소 크게 대우를 받은 것이고, 앞의 억만년 동안 그저 고운 최치원과 김생만이 있어 사람들의 입에 오르내렸던 것은 작은 대우를 받은 것이라 하겠다. 이 산 봉우리 하나, 바위 하나, 물길 하나, 돌 하나가 모두 선생이 유람하며 보고 좋아하여 즐기지 않은 곳이 없다.

그러나 이제 산이 예전과 같지만 명성을 좇을 수 없으니, 발길이 이르는 곳마다 문득 상상을 하면서 백년 늦게 태어나, 산빛과 물소리 가운데서 선생의 지팡이를 잡지 못한 것이 한스럽다. 그러나 만길 높게 솟은 절벽을 올려다보면 굽힐 수 없고 범할 수 없는 선생의 뜻과 절개를 볼 수 있다. 외로운 구름이 절벽에 머물고 밝은 노을이 골짜기에 깃들이는 곳에는 깨끗하고 그윽한 선생의 흥취가 남아 있다. 풀과 나무가 푸르게 무성하고 이끼와 꽃이 흐드러진 곳에는 도탑고 예스러운 선생의 자태가 남아 있다. 이와 같으니 선생의 시대가 비록 멀지만 선생의 덕을 청량산에서 구한다면 충분할 것이다. 그러니 늦게 태어난 것을 어찌 탄식하겠는가?

박종, 「청량산유록」, 『한국역대산수유기취편』

이어 박종은 연대사에 앉아 같이 간 사람에게 명하여 이황이 지은 「청량산가」를 노래하게 하였다. 노래가 끝나자 박종은 화답의 시조를 하나 지어 자신의 「청량산유록」에 나란히 실었다.

> 청량산 육육봉(六六峰)을 아는 이는 나와 백구(白鷗)로다
> 백구야 어떠하랴 못 믿을손 도화(桃花)로다
> 도화야 물 따라 가지 마라 주자(舟子) 알까 하노라

> 청량산 육육봉아 퇴계선생 너와 같이 노시더니
> 청산은 만고청이로다마는 우리 선생 어디 가신고
> 아마도 선생의 덕은 너와 같이 마치리라

송시열의 9대손 송병선(宋秉璿)도 우리나라 도처를 유람하고 수많은 기문을 제작하였다. 그는 1891년 옥천을 출발하여 영남을 두루 여

행하고 「유교남기(遊嶠南記)」를 저술하였는데, 그 한 부분이 청량산에 대한 것이다.

청량지와 청량정사 그리고 오산당

조선 후기 문인들은 지속적으로 청량산을 찾아 이황의 자취를 돌아보았다. 이에 따라 상당수의 유산기나 유산록이 제작되어 청량산을 찾는 사람들에게 도움을 주었지만, 청량산의 자연환경과 고적에 대한 종합적인 저술의 필요성이 대두되었다. 이러한 요구를 충족시킨 것이 1771년 이세택(李世澤)이 편찬한 『청량지(清涼志)』다. 정범조의 「제청량지후(題清涼志後)」에 따르면, 이 책은 청량산의 입문서에 해당하는데 이황의 후손 이세택이 이 산을 사랑하여 지은 것이라 한다. 이세택은 1771년 여름에 도산서원의 모임에 가서 문중 사람들과 함께 청량산을 유람하였는데, 산중에 남은 선현의 자취에 대한 기록이 없어 여러 선현의 문집에 실린 시문과 고문서를 수습하여 이 책을 만들게 되었다고 밝혔다.

이세택이 편찬한 『청량지』는 오늘날 전하지 않는 듯하다. 다만 그후 이황의 9대손이자 소설 「일락정기(一樂亭記)」의 저자로 알려져 있는 이이순(李頤淳)이 이를 증보하여 필사한 것이 규장각에 전하고 있다. 이 책은 양항숙(楊恒叔)이 편찬한 『무이지(武夷志)』의 체재를 본떠 서(序)와 범례(凡例), 지(志), 중수청량지후서(重修清涼志後叙) 등으로 구성되어 있다. 범례에 따르면 고산, 단사 등의 지역도 청량산과 연결되므로 함께 다루고 봉우리 이름은 주세붕이 붙인 것을 바탕으로 한

오산당 1832년 백운암 터에 세운 집으로, 19세기 안동 유림이 대규모로 모여 강학을 하던 곳이다. 1896년 화재로 소실된 것을 1900년 중수하였다.

다고 하였다.

『청량산지』 편찬과 함께 청량산에 있는 이황의 유적을 복원하고자 하는 움직임도 일어났다. 유적 복원사업을 가장 먼저 시작한 사람은 이광정(李光庭)이다. 청량산을 유람하고 아름다운 청량산의 노래를 상당수 지은 바 있는 이광정은 이황이 독서하던 백운암이 무너져 자취가 없어진 것을 안타깝게 여겼다. 그는 이황에게 있어 백운암은 곧 주자의 운곡이나 무이산과 같다고 생각하여 백운암을 중수할 계획을 세웠다. 이광정은 운곡의 회암(晦庵)과 무이(武夷)의 인지당(仁智堂), 그리고 도산서당이 모두 3칸의 조촐한 집이라는 전례를 따라, 3칸의 당을 짓고 또 승려들이 머물 수 있는 요사채와 먼 곳을 관망할 수 있는 헌재(軒齋)를 짓고자 하였다. 그리고 이곳에 주자와 이황의 책을 비치하여 학자들이 와서 공부하기를 기대하였다. 그러나 이광정의 계획은 실행에 옮겨지지 못한 듯하다.

그후 1832년 황폐해진 백운암을 안타깝게 여긴 이황의 후손들이 중심이 되어 오산당(吾山堂)을 새로 지어 강도흥학(講道興學)의 장소로 삼았다. 이때 중심이 되었던 사람은 이이순과 이구성(李龜星) 등이었다. 중심건물은 오산당(吾山堂)인데 '오산'이라는 말은 이황이 주세붕의 「유청량산록발」에서 청량산을 '우리집 산'이라 한 데서 따온 것이다. 먼 곳을 바라보기 위한 마루인 운서헌(雲棲軒)의 이름은 이황의 「입산(入山)」에 나오는 "다시 우리집이 고요한 구름 속에 있음이 좋아라(更憐吾堂靜雲棲)"라는 구절에서 딴 것이다. 숙소인 지숙료(止宿寮)는 농운정사(隴雲精舍)의 편액에서 가져왔다.

청량산에 새로 지어진 오산당은 안동 일대 강학의 본산이 되었다. 규장각에 소장되어 있는『청량강의(淸凉講義)』가 이러한 사정을 말해 준다. 필사본으로 전하는 이 책은 1850년부터 1857년까지 오산당과 도산의 계재(溪齋)의 강회(講會)에서 강의한 내용을 기록한 책이다. 600명의 회원이 모여 며칠에 걸쳐『대학』,『중용』,『근사록』등의 책을 강론하였다 하니 그 성사를 짐작케 한다. 그러나 오산당은 1896년 화재로 소실되고 말았다. 1900년에 운서재·지숙료·오산당 등의 건물은 그대로 중수하고, 권선당(觀善堂)·유정당(幽貞堂)·정우당(淨友堂) 등의 건물을 새로 마련하였다.

1901년 본손 이만여(李晩輿)가『오산지(吾山志)』를 편찬하여 이황과 청량산을 현창하였다. 이만여의 발문은 1901년에 제작되었지만 1904년, 1923년에 지은 글도 있으므로 후에 여러 차례 덧보태졌음을 알 수 있다. 권두에 범례가 실려 있는데,『청량지』처럼『무이지』의 체재를 따랐다고 되어 있다. 그러나 이 책이 대상으로 삼은 지역은『청량지』보다 훨씬 넓어 청량산 인근의 여러 지역까지 포함되어 있다. 이렇게 한 이유는 명종 21년(1566), 영조 9년(1733), 그리고 정조 16년(1792)에 왕명으로 도산을 그렸는데, 이 그림들이 청량산에서 운암(雲巖)에 이르는 구곡(九曲)을 대상으로 하였기에 그에 근거하여 전체를 다룬 것이라 하였다. 이에 따라 운암(雲巖), 월천(月川), 오담(鰲潭), 분천(汾川), 탁영(濯纓), 천사(川砂), 단사(丹砂), 고산(孤山) 등과 함께 청량산이 도산구곡(陶山九曲)의 하나가 되었다.『무이지』에 운곡의 고정(考亭)과 관계된 글을 수록하였다는 점에 근거하여 퇴계와 온계, 수곡(樹谷) 등

에 대한 글도 이 책에 붙였다. 주세붕과 허목의 「유청량산록」도 참고
자료로 붙였다. 먼저 이황의 청량산에서 지은 시에 이어 청량산 남록
에서 강을 따라 도산에 이르는 곳에서 지은 시, 청량산에서 서쪽으로
나와 강을 건너 고개를 넘어 도산에 이르는 곳에서 지은 시문, 도산에
서 지은 시문, 청량산 장편시, 「유청량산록발」 및 「유청량산록」을 실
었다. 이어 3편의 산천대암(山川臺菴)에 대한 집해(集解)가 실려 있다.
이로써 이황과 청량산에 대한 총결산이 이루어졌다. 🔳

이이의 고산구곡가와 은병정사

구곡은 어드메오 문산에 세모커다

기암괴석이 눈 속에 묻혔어라

유인은 오지 아니하고 볼 것 없다 하더라

은병정사 국보로 지정된 고산구곡도 병풍에서 제5곡을 그린 그림의
일부이다. 그림 속의 건물은 은병정사 터에 세운 소현서원이다.

젊은 날의 방황

익히 알려진 대로 이이(李珥, 1536~84)는 강릉 북평의 외가 오죽헌 (烏竹軒)에서 태어나 여섯 살까지 그곳에서 살았다. 모친 신사임당(申 師任堂)이 동해에서 신녀(神女)로부터 옥동자를 받는 꿈을 꾸었고 또 흑룡(黑龍)이 바다에서 침소로 이르는 태몽을 얻었으니, 동방의 큰 학자가 강림하리라고 하늘이 미리 알린 것이라 하겠다. 그의 아명이 현룡(見龍)이었던 것도 그 때문이었다.

어린 시절 이미 상당한 학문의 성취를 보았지만, 스승의 역할까지 하였던 모친을 16세에 잃자 충격을 받아 방황한 듯하다. 19세에 금강 산에 들어갔던 것도 정신적인 방황의 하나였다. 그러나 불서를 접함 으로써 모친을 잃은 슬픔이 다소 위로되었다. 산을 나서면서 지은 「처음 산을 나서 심장원에게 주다(初出山贈沈景混長源)」에서 "전생은 정녕 김시습이더니, 금세에 또 가도가 되었네(前身定是金時習 今世仍 爲賈浪仙)"라 하였는데, 김시습이나 가도 모두 승려가 되었던 사람이 니, 스스로 승려였음을 밝힌 것이다. 이 작품은 이이의 문집에 실려 있지 않고 허균(許筠)이 편찬한 『국조시산(國朝詩刪)』에 실려 전한다. 이이의 학통을 계승한 사람들은 이 시가 이이의 것이 아니라 주장하 였다. 이이가 허봉(許篈)과 사이가 나빴기 때문에 허봉의 아우 허균이 악의적으로 이 시를 지어 이이의 작품이라 선전하였다는 것이다. 『명 종실록』에는 이이가 소년 시절에 아버지의 첩(妾)에게 시달림을 당하 여 집에서 나가 산사(山寺)를 전전하며 기숙하다가 오랜 기간이 지나 서야 돌아왔는데 혹자는 머리를 깎고 중이 되었다고 한 다음, 이이가 그때 지은 시라 하면서 이 구절을 들고 있다.

그러나 이이는 금강산에 오래 있지 않았다. 불서를 읽으며 마음의 안정을 찾은 이이는 바로 산을 나와 강릉과 서울 수진방(壽進坊) 집을 오가며 학문에 대한 뜻을 두터이 하였고, 그 일환으로 처가인 성주(星州)에서 강릉으로 가는 길에 도산에 들러 선배 이황을 만났다. 후학을 만난 이황은 이이의 첫인상에 대해 명석하고 박람강기(博覽强記)하여 후생가외(後生可畏)라 칭찬하면서도 이이가 문학을 지나치게 좋아한다는 소문을 들었기에 그러한 마음을 억눌러주려 하였다고 말한 것으로 보아, 젊은 날 이이가 문학에 높은 관심을 두었음을 알 수 있다.

석담에 물러나 살 뜻

이이는 29세가 되던 1564년 비로소 문과에 급제하고 호조좌랑으로 벼슬을 시작하였다. 20대 이이의 행적은 이황을 만난 일 외에는 자세히 알려져 있지 않지만, 과거공부보다 성리학에 힘을 쏟은 것으로 추정된다. 이 때문에 느지막이 벼슬길에 나아간 것인 듯하다. 아홉 번의 시험에서 모두 장원을 하였으니 벼슬이 늦었던 것은 쉽게 환로로 나서지 않겠다는 자신의 뜻 때문이었음이 분명하다.

이이는 30대에 사간원 정언, 이조와 병조의 좌랑, 사헌부 지평, 홍문관 교리 등을 지냈다. 이 시기 이이는 제도와 풍속의 개혁을 위하여 상당한 노력을 기울였다. 1569년 독서당에 있으면서 「동호문답(東湖問答)」을 올려 임금과 신하의 직분을 명징하게 밝혔거니와, 그밖에도 여러 제도의 개혁을 요구하는 글을 연이어 올렸다. 그러나 이에 대한

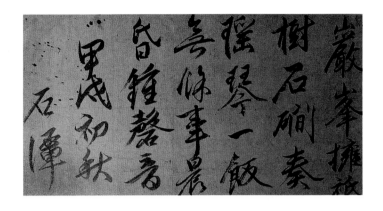

이이 시 1574년 5월 이이가 쓴 시로 문집에는 실려 있지 않다. "바위봉우리가 절을 에워싸고 있는데, 돌틈으로 흐르는 개울물은 거문고를 울리네. 밥 먹고 나면 다른 일 없고, 아침저녁 종과 풍경만 울리네." 서울대박물관에 소장되어 있다.

선조의 반응은 냉담하였다.

이에 이이는 벼슬을 던지고 강릉과 파주, 해주로 내려갔다가 다시 부름을 받아 벼슬길에 나아가는 과정을 반복하였다. 당시 강릉에는 그의 외조모 이씨가 병든 몸으로 혼자 살고 있었다. 외조모 슬하에 아들이 없었기에 이이는 자신이 외조모를 봉양해야 한다고 생각하였다. 외조모의 병환을 이유로 여러 차례 벼슬에서 물러나고자 하였고 또 사직의 글을 올리고 강릉으로 가곤 하였다. 당시 법전에는 외조모를 위한 근친(覲親)의 예가 없었으므로 직무를 무단이탈하였다고 탄핵을 받았을 정도였다.

이이가 벼슬에서 물러나자 선조는 다시 그를 홍문관 교리와 부응교, 이조정랑 등으로 임명하여 소환하였다. 그럴 때마다 이이는 정치

자운서원 묘정비

자운서원의 문 바깥에 있는 비석으로
비문은 송시열이 짓고 글씨는
김수증이 썼다.

제도와 사회개혁을 거듭 주장하였고 그 뜻이 받아들여지지 않으면 해
주나 파주로 물러나곤 하였다. 서른다섯의 나이에 해주로 물러나 있
을 때는 야두촌(野頭村)에 살았는데 그곳에는 처가 노씨의 전장이 있
었다. 이이의 학문적 명망이 높았기에 해주까지 내려가 배움을 청하
는 서울 선비들도 많았다. 이듬해 해주의 고산(高山)에 있는 석담구곡
(石潭九曲)을 유람하고 돌아왔다. 구곡에 이름을 붙였는데 특히 제4곡
을 송애(松崖)라 이름하고 기문을 지었다. 이때부터 이이는 이곳에 복
거할 뜻을 세웠다.

그러나 석담에 살고자 한 뜻이 바로 이루어지지는 못하였다. 이듬해인 37세 때 병이 생겨 부득이 서울로 돌아가야 했다. 이때 선조가 부응교의 벼슬을 내리고 그를 부르자 가까운 파주의 율곡(栗谷)으로 몸을 빼서 가버렸다. 사단칠정(四端七情)과 인심(人心), 도심(道心)의 문제를 두고 성혼(成渾)과 왕복서한을 통해 논쟁을 벌인 것이 바로 이때의 일이다.

　그후 선조가 다시 사간원 사간의 벼슬을 내렸으나 나아가지 않았다. 그러나 홍문관 응교와 전한(典翰), 직제학(直提學) 등 벼슬을 올려 가면서 거듭 부르자 어쩔 수 없이 다시 벼슬길로 나아가 동부승지, 우부승지, 대사간 등을 지냈다. 그 사이사이 벼슬을 그만두고 율곡으로 돌아가 쉴 때도 많았다. 그러나 정치와 사회의 개혁안을 지속적으로 내어놓았다는 점에서 우국애민(憂國愛民)의 선비정신을 잃지 않았음을 알 수 있다. 『사서언해(四書諺解)』와 『성학집요(聖學輯要)』 등이 나아가나 물러나나 임금과 백성을 잊지 않는 그의 정신을 대변하는 것이기도 하다. 마흔의 나이에 대표적인 저술을 완성한 이이는 이듬해 해주의 석담으로 돌아가 향약(鄕約)에 의거하여 동족들과 함께 사는 방안을 마련하였다. 그믐과 보름에는 사당에 제사를 지내고, 정침(正寢)에 모이면 이이는 동쪽에 앉고 서모와 부인은 서쪽에 앉아 자식과 조카, 며느리의 절을 받았다. 그리고 스스로 짓고 우리말로 번역한 「동거계사(同居戒辭)」를 자제로 하여금 읽게 하여 함께 사는 예절을 늘 지키게 하였다. 『격몽요결(擊蒙要訣)』을 지어 초학자들이 학문에 나아가는 방도를 마련한 것도 이즈음의 일이다.

석담의 고산구곡

이이는 1578년 해주 석담의 청계당(聽溪堂) 동쪽에 은병정사(隱屛精舍)를 지음으로써 학자로서의 삶을 본격화하였다. 석담은 수양산(首陽山) 지맥이 서쪽으로 달려 형성된 선적봉(仙迹峰)과 선적봉 서쪽 수십 리에 있는 진암산(眞巖山) 사이에 있었다. 물길이 두 산 사이로 흘러나와 아홉 번 꺾이며 40리를 달려 바다로 들어가는데, 꺾이는 곳마다 못이 있어 배를 띄울 정도로 깊었다. 대부분의 조선 선비들이 동경하던 주자(朱子)의 무이구곡(武夷九曲)과 우연히 닮아 있었다. 이이는 이들 구곡을 하나하나 시조로 노래하였으니, 이것이 우리 시가사에 길이 빛나는 「고산구곡가(高山九曲歌)」이다.

고산구곡담(高山九曲潭)을 사람이 모르더니
주모복거(誅茅卜居)하니 벗님네 다 오신다
어즈버 무이를 상상하고 학주자(學朱子)를 하리라

일곡(一曲)은 어드메오 관암(冠巖)에 해 비친다
평무(平蕪)에 내 걷으니 원산(遠山)이 그림이로다
송간(松間)에 녹준(綠樽)을 놓고 벗 온 양 보노라

이곡(二曲)은 어드메오 화암(花巖)에 춘만(春晚)커다
벽파(碧波)에 꽃을 띄워 야외(野外)로 보내노라
사람이 승지(勝地)를 모르니 알게 한들 어떠리

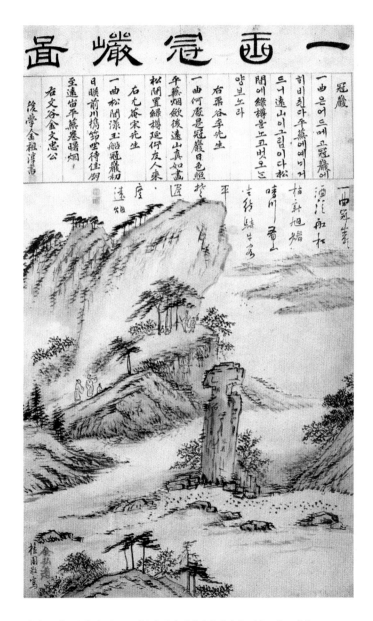

관암 고산구곡의 제1곡으로 선돌이 있어 관암이라 하였다. 김홍도가 그렸다.

삼곡(三曲)은 어드메오 취병(翠屛)에 잎 퍼졌다
녹수(綠樹)에 산조(山鳥)는 하상기음(下上其音)하는 적에
반송(盤松)이 수청풍(受淸風)하니 여름 경(景)이 없어라

사곡(四曲)은 어드메오 송애(松崖)에 해 넘겼다
담심(潭心) 암영(巖影)은 온갖 빛이 잠겼어라
임천(林泉)이 깊도록 좋으니 흥(興)을 겨워하노라

오곡(五曲)은 어드메오 은병(隱屛)이 보기 좋아
수변정사(水邊精舍)는 소쇄(瀟灑)함도 가이없다
이중에 강학도 하려니와 영월음풍(詠月吟風)하오리라

육곡(六曲)은 어드메오 조협(釣峽)에 물이 넓다
나와 고기와 뉘야 더욱 즐기는고
황혼(黃昏)에 낚대를 메고 대월귀(帶月歸)를 하노라

칠곡(七曲)은 어드메오 풍암(楓岩)에 추색(秋色)이 좋다
청상(淸霜)이 엷게 치니 절벽(絶壁)이 금수(錦繡)로다
한암(寒岩)에 혼자 앉아서 집을 잊고 있노라

팔곡(八曲)은 어드메오 금탄(琴灘)에 달이 밝다
옥진금휘(玉軫金徽)로 수삼곡(數三曲)을 놀은 말이

고조(古調)를 알 리 없으니 혼자 즐겨 하노라

구곡(九曲)은 어드메오 문산(文山)에 세모(歲暮)커다
기암괴석(奇岩怪石)이 눈 속에 묻혔어라
유인(遊人)은 오지 아니하고 볼 것 없다 하더라

구곡의 모습은 이이와 젊은 시절의 벗이었던 조선 중기 최고의 문장가 최립(崔岦)에 의해 자세히 묘사된 바 있다.

제1곡은 관암(冠巖)이다. 해주성에서 떨어져 45리에 골짜기를 형성하고 있는데 바다 입구와는 20리 거리다. 산마루의 선돌이 마치 관을 쓴 자가 우뚝 서 있는 듯하여 그렇게 이름한 것이다. 아마 처음이라는 의미도 취한 듯하다. 여기서부터 산세가 구불구불해지고 개울물이 나란히 가는데, 갑자기 끊어진 곳에는 반드시 그 아래 맑은 못이 있다. 족히 은자가 숨어살 만한 곳이다. 산촌이 있어 몇 채의 집이 비로소 보이기 시작한다.

제2곡은 화암(花巖)이다. 관암에서 5리쯤 가면 바위가 갈라진 틈마다 철쭉과 같은 꽃이 떨기를 이루면서 자라나므로 이 이름을 붙였다. 뒤쪽 산촌에는 10여 채의 집이 있다. 제3곡은 취병(翠屛)이다. 화암에서 3~4리쯤 떨어져 있는데 바위가 점점 기이해지며 병풍처럼 푸르게 에워싸고 있는 형상이므로 이름을 취병이라 한 것이다. 앞쪽의 작은 들판에는 골짜기의 사람들이 농사를 짓는다. 들판 가운데는 반송 한 그루가 있는데 아래에 수백 명이 앉을 수 있다. 취병 북쪽에는 선비 안씨가 살고 있다. 제4곡은 송애(松崖)다. 취병에서 3~4리쯤 떨어져 있는데 석벽이 천 척이며 그 위에 솔숲이 해를 가리고 있으므로 이렇게 이름한 것이다. 소 가운데 바위가 배 모양으로 반쯤 드러난 것이 있는데 이름을 선암(船巖)이라 한다. 8명 정도 앉을 수 있다. 선비 박씨가 맞은편에 산다. 율곡 공을 좇아 골짜기로 들어온 사람이다.

제5곡은 은병이다. 송애에서 2~3리쯤 떨어져 있다. 바위봉우리가 높다랗고 둥그스름하며 밝고 훤하여 기이하다. 못의 가쪽 바닥은 모두 돌로 되어 있는데 섬돌 모양이지만 그 안에 물을 담고 있다. 은병이라는 이름은, 취병에 비하여 더 숨겨져 있는데다 몸 가까이에 있는 것을 취하여 물러나 쉬고자 하는 의미를 의탁한 것이다. 공이 처음에 석담을 마주하고 집을 지어서 물러나 쉴 곳으로 삼았는데, 따라와 배우고자 하는 이들이 많아지자 서로 의논하여 수용할 수 있는 곳을 만들게 되었다. 규모와 제도가 갖추어지자 선현을 높이고 후학들에게 은혜를 베푸는 일에 하나라도 부족한 것이 있어서는 아니 되겠기에 은병정사(隱屛精舍)가 있게 된 것이고 정사에 덧붙여 차례로 완성한 건물들도 갖추어지게 되었다. 의당 따로 작은 기문을 지어야 하겠지만 갑작스러워 겨를이 없었다.

조계(釣溪)는 은병으로부터 3~4리쯤 떨어져 있는데 개울을 내려다보는 바위가 대부분 저절로 물고기를 낚는 낚시터로 되어 있기 때문에 이름한 것이요, 곧 제6곡이다. 풍암(楓巖)은 조계로부터 2~

3리쯤 떨어져 있는데 바위가 모두 단풍숲으로 뒤덮여 있어 서리가 내리고 나면 노을이 자욱한 것처럼 현란하므로 이름을 붙였는데 곧 제7곡이다. 그 아래 몇 채의 집이 있는 신촌이 있다. 뽕나무와 사립문이 은은히 하나의 그림 속에 있는 듯하다. 금탄(琴灘)과 같은 곳은 여울 소리가 시원하여 거문고가 울리는 곡조를 닮았기에 이름한 것이며, 곧 제8곡이다. 문산(文山)과 같은 곳은 옛이름을 그대로 따랐을 뿐이며 제9곡으로 끝이다.

최립, 「고산구곡담기(高山九曲潭記)」, 『간이집(簡易集)』

구곡의 어느 하나 사랑하지 않은 것이 없었겠지만 이중 이이가 가장 애착을 가진 곳은 은병정사가 있는 5곡이었다. 은병정사는 주자의 무이산(武夷山) 대은병(大隱屛)에서 따온 이름이다. 이이는 주자를 존숭하여 그 북쪽에 주자의 사당을 세우고자 하였으나 생전에 뜻을 이루지 못하고, 그가 죽은 지 2년 후인 1586년에 사당이 들어서게 되었다.

그림으로 전해지는 고산구곡

이후 이이는 대사간, 이조참의 등에 임명되었으나 나아가지 않고 해주 석담에 주로 머무르며 가끔 파주 율곡에 다녀왔다. 석담에서 이이는 『소학집주(小學集註)』와 『기자실기(箕子實記)』 등을 편찬하였다. 조용히 학자로서 살아가는 것이 그의 뜻이었겠지만 뛰어난 인재를 조정에 불러들이는 것이 임금의 일인지라, 선조는 끊임없이 벼슬을 내리고, 이이는 이를 사양하는 상소를 올렸다. 그러나 사직의 뜻이 받아

들여지지 않아 어쩔 수 없이 대사헌 겸 예문관 제학, 동지중추부사, 대사간, 호조판서, 홍문관 대제학, 이조판서, 형조판서, 의정부 우참찬과 우찬성, 병조판서를 차례로 지내야 했다.

그러던 중 선조 16년(1583) 6월 오랑캐가 종성(鍾城) 땅을 포위한 일로 삼사(三司)의 탄핵을 받아 율곡으로 물러났다. 하지만 두 달 만에 그를 탄핵한 이들이 오히려 유배형에 처해졌다. 이이는 잠시 석담으로 돌아갔으나 이조판서로 부름을 받아 부득이 공무를 수행하던 중 이듬해 정월 대사동(大寺洞) 경저에서 눈을 감았다. 그리고 파주 선산이 있는 자운산(紫雲山)에 묻혔는데 모친 신사임당의 무덤에서 멀지 않은 곳이다.

이이를 제향하는 서원은 우리 국토 도처에 있다. 그중 가장 먼저 세워진 것은 해주의 소현서원(紹賢書院)으로, 1586년에 세워져 이이의 뜻에 따라 조광조와 이황을 동서에 함께 제향하였다. 소현서원 외에, 원향록(院享錄)에는 파주의 묘소 아래의 자운서원(紫雲書院) 등 21개소의 서원이 적혀 있다. 이와 함께 서인들의 적극적인 지원을 받아 숙종 8년 문묘에 배향되었다. 동인이 득세할 때 잠시 제향이 중단되기도 하였으나 얼마 있지 않아 다시 제향되었다. 영조가 이이의 뜻을 높게 평가하여 자운서원과 묘소, 가묘에 제문을 내리고『성학집요』에 어제 서문을 썼다.

은병정사 등 석담의 유적지를 보수하는 일도 곧바로 이루어졌다. 은병정사는 임진왜란 때 불탔는데 그로부터 13년이 지난 1604년 해주의 선비들이 중심이 되어 중수하고 신흠(申欽)이 지은 기문을 붙였다. 이와 함께 석담의 유적을 그림으로 그려 전하고자 하는 움직임도 일어났다. 권섭(權燮)의 〈제고산구곡도(題高山九曲圖)〉와 「고산구곡도설(高山九曲圖說)」에 따르면, 이이의 서현손인 이석(李秛)이 가장 먼저 고산구곡도를 그렸고 이를 평양의 화가 조세걸(曹世傑)이 모사하여 김수증(金壽增)이 소장하고 있었다 한다.

이석이 그린 그림은 후에 원만령(元萬齡)이라는 사람이 소장하고 있었는데, 이를 보고 이이에서 김장생(金長生)으로 이어지는 동방 도통의 적자임을 자부한 송시열(宋時烈)이 다시 모사하게 하였다. 송시열은 주자의 「무이구곡가(武夷九曲歌)」에 차운하여 이이의 「고산구곡가」의 뜻을 담은 시를 짓고, 자신의 문인에게 구곡을 분배하여 한 편씩 시를 짓게 한 다음 이를 김현성(金玄成)의 글씨로 적어 〈고산구곡도〉와 함께 장정하였다. 송시열의 고제자 권상하(權尙夏)가 실무를 맡았다. 권상하를 비롯한 김수증, 김수항(金壽恒), 송주석(宋疇錫), 송규렴(宋奎濂), 김창흡(金昌翕), 이희조(李喜朝), 정호(鄭澔), 이여(李畲) 등 아홉 사람이 구곡에 대한 시를 지었는데, 이에 앞서 김창협(金昌協), 남용익(南龍翼), 임상원(任相元)이 선발되었으나 후에 김창흡, 정호, 이여로 대체되었다. 이 행사는 노론 적통의 확인을 위한 것이었기에, 조성기(趙聖期)의 묘지명을 쓰면서 이이의 이기지설(理氣之說)에 견해차를 보였던 김창흡의 시를 제외하고, 또 정호는 이이의 우리말 노래를 한시로 번역하여 차운하는 데는 뜻이 없다 하였기 때문에 그의 시도 제외시키자는 논의도 있었다. 불행히 송시열과 권상하가 대를 이어 이룩한 「고산구곡도」첩은 지금 전하지 않는다.

송시열이 「고산구곡도」첩을 만들고자 한 때로부터 멀지 않은 시기인 18세기 초반 김수증은 송시열 등이 지은 차운시를 옮겨 적고 고산구곡도를 붙인 「고산구곡도」첩을 만든 바 있다. 1930년대 해주에 사는 어떤 사람이 소장하고 있었다 하는데, 지금은 그 행방을 확인할 수 없다.

이이와 그의 풍도를 흠모한 후인들은 지속적으로 석담을 그림으로 그려 이를 바라보고자 하였다. 영조는 1760년 석담서원과 이이가 살던 옛 집터를 그림으로 그려 올리도록 명하였으며, 정조도 1781년 고산구곡을 그려 올리도록 명한 바 있다. 정선(鄭敾)이 〈석담도(石潭圖)〉를 그린 바 있고, 김홍도(金弘道)·김득신(金得臣)·이인문(李寅文) 등이 구곡을 나누어 그리기도 하였다. 또 이러저러한 석담 그림을 모사하여 지금은 우리나라 박물관 도처에서 〈고산구곡도〉를 만날 수 있게 되었다.

그런데 이 무렵의 그림에는 이이의 생전에 없던 소현서원과 요금정(瑤琴亭)이 그려져 있는 것이 있다. 소현서원은 이이를 제향하기 위해 은병정사가 있던 곳에 세운 것이니, 은병정사를 계승한 것이라 하겠지만, 요금정은 이희조(李喜朝)가 해주목사로 나간 1699년 세운 정자다. 이희조의 「석담요금정기(石潭瑤琴亭記)」(『芝村集』)에 따르면 이이는 거문고를 좋아하였는데 이이가 죽은 후 최립이 그 거문고에 잠(箴)을 지어 "은병이 그윽하니 선생이 마음을 깃들인 곳이요, 금탄이 시원하니 선생이 소리를 의탁한 곳이다. 은병 아래 금탄 위에 선생이 거문고를 매만졌으니, 나는 선생이 음(音)을 얻은 것은 얕지만 마음에

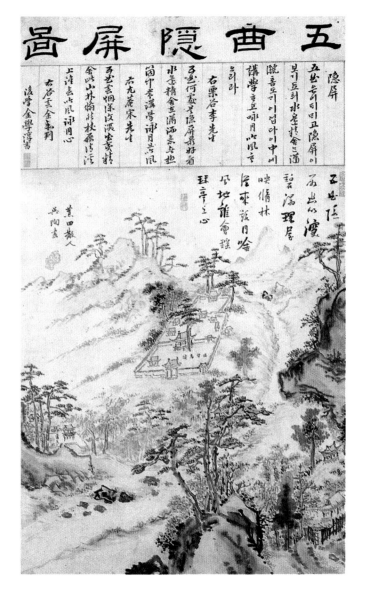

고산구곡도의 제5곡 가운데 소현서원, 그 담장 곁에 요금정이 보인다.
1803년 오순이 그렸다.

안존한 것은 깊다고 생각한다. 선생은 명(銘)을 지었고 나는 좇아 잠(箴)을 짓노라. 은병 위와 금탄 아래 달빛이 잠기고 바람이 그치면, 선생이 계실 때처럼 나를 위해 거문고 한번 울려주었으면 좋겠네" 하였다. 사람들은 이이가 타던 거문고를 서원에 소장하여 주자의 철적(鐵笛)을 보관하고자 무이산에 철적정(鐵笛亭)을 만든 고사를 따르고자 하였다. 그러나 이희조가 해주목사가 되어 왔을 때 이미 이 거문고는 행방을 알 수 없었다. 이희조는 안타까운 마음에 요금정이라는 정자를 세워 이이가 거문고를 사랑한 뜻을 기리고자 하였다.

이희조가 이이의 뜻을 드러내고자 한 요금정도 오래가지 못하였다. 그 이후의 경과는 송문흠(宋文欽)의 「요금정기(瑤琴亭記)」에 자세하다.

율곡선생이 만년에 석담에 머물 때 산수의 즐거움을 취함이 깊었다. 그런데도 선생은 거문고를 좋아하여 제자로 하여금 연주하게 하고 들었다. 대개 서로 수양에 도움이 되도록 한 것이다. 선생이 돌아가시고 백여 년이 되자 거문고 또한 망실되었다. 이에 이문간(李文簡, 이희조)이 해주목사가 되었을 때 비로소 서원의 앞에다 요금정을 세웠다. 위로 은병을 올려다보고 아래로 석담을 걸터앉아 있다. 선생의 금명(琴銘)을 문미(門楣)에 붙였다. 예전 백아(伯牙)가 거문고를 연주하고 종자기(鍾子期)가 산과 물의 음악을 이해해 주었는데, 종자기는 거문고를 통하여 산과 물을 알게 되었으니 문간이 요금정이라 이름한 것은 거문고를 통하여 산과 물을 찾고자 한 것이 아니겠는가?

그후 30년이 지난 기미년(1739)에 요금정이 홍수에 허물어졌다. 통판(通判) 홍계흠(洪啓欽)씨가 중수하려 하였지만 결과를 보지 못한 채 중지되고 남은 재물은 서원으로 귀속되었다. 서원의 선비 김현(金晛), 이서오(李敍五), 박현(朴賢) 등이 이어 다시 짓고자 하니 다른 선비들 백성들이 모두 도우고 원근에서 공을 보태어 신유년(1741) 겨울에 시작하여 이듬해 여름 낙성식을 하였다.

송문흠, 「요금정기」, 『한정당집(閒靜堂集)』

1739년 홍수로 허물어진 요금정은 1741년 중수되었다. 그래서 18세기 석담을 그린 그림에는 모두 요금정의 모습이 보인다.

역사의 현장은 아름다운 사람이 있어 그의 아름다운 정신을 기린 상징이 들어서는 법이다. 이이가 처음 자취를 남기고 후학들이 흔적을 더하였지만 오늘날 석담에는 무엇이 남았는지 알 수 없다. 그러나 아무런 흔적이 남아 있지 않다 하더라도 석담을 그린 아름다운 그림이 있으니 마음으로 그려본다면 문제될 것은 없다. 🔲

자운서원

1615년 이이의 학문과 덕행을 기려 파주에 세운 서원으로,
그 뒤편이 자운산이고 그 기슭에 이이의 묘소가 있다.

3. 예술과 풍류의 공간

- 물과 달이 있는 송인의 수월정
- 봉은사와 삼당시인의 풍류
- 달이 먼저 뜨는 월선정과 이정
- 남원 제호의 풍류와 양대박
- 강화 앵두파의 초당과 권필
- 사랑과 혁명의 땅 우반동과 허균

산마루에 오른 달

물과 달이 있는
송인의 수월정

들은 말 즉시 잊고 본 일도 못 본 듯이

내 인사 이러함에 남의 시비 모를로다

다만지 손이 성하니 잔 잡기만 하노라

동호 동호대교 근처 한강의 폭이 넓어지는 일대를
동호라 하였는데 그 북안에 송인의 수월정이 있었다.

부마로서의 삶

송인(宋寅, 1516~84)은 자가 명중(明仲), 호가 이암(頤庵) 혹은 호산(壺山), 둔암(鈍庵), 농수(聾叟)이며, 본관은 여산(礪山)이다. 여산송씨는 고려 이래 대대로 현달한 집안이거니와, 특히 조부 송질(宋軼)은 중종반정의 정국공신(靖國功臣)으로 영의정까지 지냈다. 모친은 영의정을 지낸 남곤(南袞)의 딸인데 일찍 죽었다. 이로 인해 송인은 외조부 남곤의 집에서 양육되었다. 10세에 중종의 셋째딸인 정순옹주(貞順翁主)에게 장가들어 여성위(礪城尉)가 되었다.

부마는 실직(實職)에 오를 수 없었다. 궁중의 연향(宴享) 업무를 관장하는 사옹원 제조(提調)나 노년에 맡은 상의원 제조라는 벼슬은 부마로서의 지위를 높이기 위한 명예직일 뿐이었다. 그저 한가하게 살면 되는 그러한 팔자였다.

이 때문에 송인은 젊은 시절부터 문학과 서예에 탁월한 재능을 보였다. 재물을 베풀기 좋아하여 그의 주변에는 수많은 문인들이 모여들었다. 뛰어난 문인이 있다는 이야기를 들으면 그를 만나고자 하는 바람도 깊었다. 화담(花潭) 서경덕(徐敬德)을 사모하여 그의 묘를 찾아가 배알하고 그 아들을 만나 문하생처럼 자신을 낮추었다 하며, 남명(南冥) 조식(曺植)이 서울에 올라왔을 때는 장의문(藏義門) 안에 천막을 치고 맞이하려 했다고도 한다.

송인은 부마가 되면서 하사받은 경행방(慶幸坊), 오늘날 경운궁 인근의 저택에서 궁중으로부터 하사받은 책과 그림, 기물 등을 진설하고 호화롭게 살았다. 젊은 시절부터 이렇게 호화롭게 살았기에 중종

24년(1529)에는 문제가 발생하기도 하였다. 당시 나라에 큰 가뭄이 들었는데도 송인은 자신의 집에다 크게 성악(聲樂)을 벌이고 유밀과(油蜜果)까지 마련하여 거리낌없이 마셨으며, 대궐에서 술을 하사받아 그 사치스러움을 더하였다. 외조모의 시신(屍身)이 빈소(殯所)에 있은 지 1개월이 지나지 않았던 시점인지라 더욱 문제가 되었으나, 중종은 이를 탓하지 않았다.

중년에 접어든 송인은 1559년 자신의 저택 경행방 동쪽에 작은 집을 짓고 관이당(觀頤堂)이라 하였다. 서쪽에 온돌방 1칸을 두어 겨울에 거처하였고 동쪽에 2칸의 시원한 방을 만들어 여름에 거처하였다. 관이당은 비록 소란한 도성 안에 있었지만 남쪽으로 창을 열면 남산의 푸른빛이 옷에 스미고 북쪽 문을 열면 북악의 구름이 뜰에 감도는 한적한 곳이었다. 「관이당기(觀頤堂記)」(『龜巖集』)를 쓴 이정(李楨)은 관이의 뜻이 양덕(養德), 곧 덕을 기르는 것을 통하여 양인(養人), 곧 사람을 기르는 것을 실현하고자 한 데 있다고 하였다. 송인으로 하여금 이곳에서 남들에게 덕을 베풀라 하였으니, 그의 부귀에 힘입어 재주 있는 사람이 성장하기를 바란 뜻이리라.

그러나 송인은 관이당이라는 명칭이 마음에 차지 않아 같은 해 그 이름을 이암(頤庵)으로 바꾸었다. 그와 절친하였던 윤춘년(尹春年)의 권고를 따른 것이라 한다. 당(堂)이라는 용어는 호사가들의 것이기에, 증남풍(曾南豊)의 학사(學舍), 소강절(邵康節)의 안락와(安樂窩), 주자(朱子)의 회암(晦庵)과 같이 조그마한 집을 뜻하는 사(舍), 와(窩), 암(庵) 같은 명칭을 붙이는 게 마땅하다는 생각에 이암이라 한 것이다.

관이당의 기문을 쓴 이정은 다시 「이암기(頤庵記)」를 지어 이러한 의미를 밝혔다. 『주역』의 이괘(頤卦)에 보이는 "이(頤)는 군자가 언어를 삼가고 음식을 절제함을 의미한다"라는 뜻을 빌려, 송인은 부마임에도 방종하지 않고 말을 삼가는 군자의 태도를 견지하고자 이를 자신의 호로 삼았다. 다음은 그와 교유가 깊었던 백광훈(白光勳)이 그에게 바친 시로, 이암에서의 한적한 삶을 칭송한 작품이다.

좋구나 예쁜 새가 푸른 가지에서 노니는데
다시 먼 산에 비 내려 눈썹을 씻었으니
신선 늙은이 하는 일 하나 없이
뜰에 느지막이 핀 꽃 보고 다시 시를 짓겠지
政憐嬌鳥弄靑枝　更値遙山雨洗眉
想得仙翁無一事　晩花庭院有新詩

백광훈, 「다시 차운하여 이암에게 바치다(又次寄呈頤庵)」, 『옥봉집(玉峯集)』

풍류를 누리던 경행방 저택은 불행히도 1580년 화재로 전소되었다. 이로 인해 그가 소중하게 간직했던 것들은 모두 잿더미가 되어 전하지 않는다. 훗날 이 집터는 선조의 아들 순화군(順和君)의 소유로 넘어갔다.

그러나 송인은 세상에 필적과 풍류를 남겼다. 당시 중요한 글씨는 모두 그의 붓 아래에서 나왔을 정도인데, 특히 그는 예서(隸書)에 뛰어났다. 산릉(山陵)의 지문과 궁전(宮殿)의 편액, 서책의 판본, 사족(士

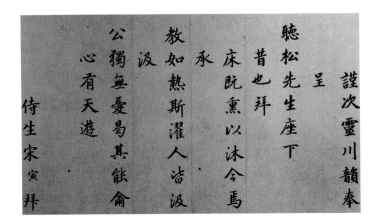

송인의 글씨 송인은 글씨에 뛰어나 상당수의 금석문이 그의 손에서 나왔다. 단정하게 써서 성수침에게 보낸 사언시로 지난날 만나 훈도를 입고 다시 시를 받아 기쁘다는 내용인데 송인의 문집에도 실려 있다.

族)의 비갈 등이 그의 붓을 청하였다. 조선 후기 간행된 그의 문집 권두에는 그의 필적으로 쓴 묘지문자를 수록하기도 했다. 이행의 『남악창수록(南岳唱酬錄)』과 『신증유합(新增類合)』 등 당시 널리 읽히던 책을 간행할 때에도 그의 글씨를 사용하였다.

송인은 그렇게 유복하게 살다가 죽었다. 부마로서는 드물게 옹주와 55년의 긴 세월을 해로하였다. 그리고 양주의 북쪽 사천(沙川) 입석리(立石里) 관아에서 북쪽으로 30리 떨어진 소라산(蘇羅山, 所羅山으로도 적는다) 선영에 부부가 함께 묻혔다. 오늘날의 지명으로는 양주시 은현면 선암리다. 그의 죽음을 두고 『실록』에서는 이렇게 평하고 있다.

여성군(礪城君) 송인이 졸하였다. 송인의 자는 명중이고 호는 이암인데 영의정 송질의 손자이다. 중종의 셋째딸 정순옹주에게 장가들었는데, 송질의 훈공을 물려받아 봉군(封君)되었다. 송인은 사람됨이 단정하고 순수하고 겸손하고 근실하였으며 호화로운 환경에서도 가난한 사람처럼 살았다. 계모를 지성으로 섬겨 효도로 이름났다. 거상(居喪) 때에 잘 견디지 못할까 미리 걱정하여 평상시에 하루 걸러 담박한 음식을 먹었다. 놋쇠그릇으로 요강을 만들지 않았는데, 이는 뒷날 망가져 사람들의 음식그릇이 되지 않을까 하는 염려에서였다.

젊어서부터 경학에 통달하고 예학에 익숙하여 명유(名儒) 이황(李滉), 이이(李珥) 등과 강론하였다. 문장이 뛰어나고 해서를 잘 써서 한 시대의 으뜸이었는데, 공사간의 금석문(金石文)을 모두 그에게 부탁할 정도였다. 풍채가 빼어난데다 예절에 익숙하였으므로 정승 노수신(盧守愼) 등이 매양 송인이라면 파격적으로 종백(宗伯)을 삼거나 문형(文衡)을 맡길 만하다고 평하였다. 그래서 조사(詔使)가 올 적에는 영위사(迎慰使)로 삼기를 계청하였으니, 그로부터 의빈(儀賓) 중에 문장이 뛰어난 사람이면 영위사가 될 수 있었다. 송인의 이름이 항상 종척(宗戚) 중에 으뜸으로 꼽혔다. 이때에 죽었는데 향년은 69세이고 시호를 문단(文端)이라 하였다.

수월정의 풍광과 풍류

송인이 후대에 더욱 기림을 받았던 것은 그의 풍류 때문이었고, 그 풍류의 중심에는 수월정(水月亭)이 있었다. 수월정은 동호(東湖)에 있던 정자다. 당시 동호에는 권세 있고 부유한 자들의 누정이 늘어서 있었다. 강 너머 한명회(韓明澮)의 압구정(狎鷗亭)의 명성이 가장 높았거니와, 강 북쪽에도 김안로(金安老)의 보락당(保樂堂), 정유길(鄭惟吉)의 몽뢰정(夢賚亭), 이사준(李師準)의 침류당(枕流堂), 김국광(金國光)의 천일정(天一亭) 등이 16세기 문화공간의 역할을 톡톡히 하였다.

수월정 역시 16세기를 대표하는 문화공간이었다. 이곳에 오르면 묘적산의 아침 구름(妙寂朝雲), 청계산의 저녁비(淸溪晩雨), 한강의 가을달(漢江秋月), 아차산의 개인 눈(峨嵯霽雪), 용문산의 푸른 산빛(龍門聳翠), 전교의 들판(箭郊平蕪), 저자도의 돌아가는 배(楮島歸帆), 사평의 나그네(沙平行客) 등 여덟 가지 아름다운 풍광이 보였다. 아침이면 동으로 아차산 동쪽의 묘적산에 걸린 구름을 보고, 저녁이면 가랑비 내리는 남쪽의 청계산을 구경한다. 가을밤이면 한강에 뜬 달빛을 즐기고, 겨울이면 눈 덮인 아차산을 즐긴다. 뚝섬의 너른 들판인 전교를 바라보고, 지금은 사라졌지만 동호 가운데 아름답게 떠 있는 저자도 주변으로 오가는 돛단배도 구경하며, 한강 남안의 사평원(沙平院)으로 오가는 나그네도 본다. 멀리 남쪽에 푸르게 가물거리는 용문산도 바라다보였다. 이를 두고 이홍남(李洪男), 임제(林悌) 등이 팔경시(八景詩)를 지어 수월정에서의 풍광을 문자로 빛낸 바 있다.

수월정은 산수만 아름다운 곳이 아니었다. 그곳에는 노래를 잘하는 석개(石介)라는 가기(歌妓)가 있었다. 석개는 특히 〈수월정사(水月亭詞)〉를 잘 불렀다고 하는데, 그 노랫말이 『진본청구영언(珍本靑丘永

言)』에 실려 전한다.

> 이렁저렁하니 이룬 일이 무슨 일고
> 허롱하롱하니 세월이 거의로다
> 두어라 이의이의(已矣已矣)니 아니 놀고 어이리
>
> 한 달 서른 날에 잔(盞)을 아니 놓았노라
> 팔병(病)도 아니 들고 입덧도 아니 난다
> 매일(每日)에 병 없는 덧으란 깨지 많이 어떠리
>
> 들은 말 즉시 잊고 본 일도 못 본 듯이
> 내 인사(人事) 이러함에 남의 시비(是非) 모를로다
> 다만지 손이 성하니 잔 잡기만 하노라

이식(李植)은 송인의 「시장(諡狀)」에서 "중년에 한강가에 정자를 지어 수월(水月)이라 편액하였는데 그의 뜻이다. 날마다 시인묵객들을 맞아서 술을 마시고 노래를 부르면서 함께 즐겼다. 이에 수월정의 빼어남이 온 나라에 떨치게 된 것이다"라고 수월정에서의 풍류를 묘사하였다.

수월정에서 매우 가까운 곳에 정유길의 몽뢰정이 있었다. 몽뢰정은 1569년 도산(陶山)으로 귀거래하는 이황을 보내는 성대한 전별연이 열렸던 곳이다. 정유길은 몽뢰정과 수월정을 이렇게 노래하였다.

한강음전도 1508년 영천군수로 가는 이현보를 전송하기 위한 한강에서의 전별연을 그린
그림인데, 수월정에서의 풍류가 이와 같았을 것이다. 농암종택에 소장되어 있다.

몽뢰정은 원래 수월정과 이웃하였으니
두 늙은이 온 강의 봄을 나누어 차지했네.
당신 집에서 풍악을 연주하면 내 집에서 들리니
푸줏간에서 크게 입맛 다신 사람보다 훨씬 낫구나.
夢賚元爲水月隣　兩翁分占一江春
君家奏樂吾家聽　絶勝屠門大嚼人

정유길, 「여성위의 집에서 가희 석개의 시첩에 쓰다
(題礪城尉家歌姬石介詩帖)」, 『이암유고(頤庵遺稿)』

자신의 몽뢰정에는 노래하는 기생이 없어도 바로 곁의 수월정에 석개가 있어 그의 노래를 즐길 수 있으니, 도문대작(屠門大嚼, 푸줏간 앞을 지나며 입맛을 다신다는 뜻)보다 낫다며 회학하였다.

주인 떠난 수월정

송인이 떠난 후에도 수월정은 한강을 지나는 이들로 하여금 그 풍류를 돌아보게 하였다. 임제(林悌)는 이렇게 노래하고 있다.

진루에서 노닐던 공자의 풍류 다하였으니
노래하던 고운 사람 푸른 눈썹도 쇠잔했네.
오직 당시에 노래하고 춤추던 땅만 남았는데
봄이 온 강물에 수월정 붉은 난간 어른거리네.
秦樓公子風流盡　檀板佳人翠黛殘

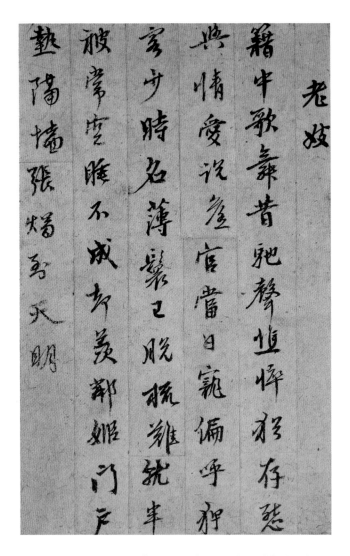

노기 송인이 유극장(劉克莊)의 「노기(老妓)」라는 시를 적은 것이다. 젊은 시절 노래와 춤으로 명성을 날리던 늙은 기생이 옛일을 그리워하는 내용이다. 송인은 가기(歌妓) 석개를 데리고 있었기에 기생과 관련한 이러한 시를 쓴 것이다. 경남대박물관에 소장되어 있다.

惟有當時歌舞處 春江水月映朱欄

임제, 「송부마의 수월정을 지나면서(過宋駙馬水月亭)」, 『임백호집(林白湖集)』

　진루(秦樓)는 송나라 목공(穆公)이 농옥(弄玉)과 함께 즐기던 누각으로, 후대에는 기생방을 일컫는 말로도 쓰인다. 풍류남아(風流男兒) 송인도 가버리고 석개도 늙었다. 그저 수월정만 남아 그 예전의 풍류를 떠올리게 할 뿐이다.

　수월정은 임진왜란에 불타버렸다가 손자 송기(宋圻)에 의해 중수되었다. 전란에 소실되기 전인 1588년 신흠(申欽)은 수월정에서 벗과 아우들과 시회를 벌이며 며칠을 노닌 적이 있는데, 그후 1604년 7월 16일 아들 신익성(申翊聖), 이수준(李壽俊) 등과 한강에서 뱃놀이를 하다가 다시 수월정에 올랐다. 신흠은 「동호 수월정에서 노닐면서(游東湖水月亭)」라는 시의 서문에서 이렇게 적고 있다.

　7월 기망(旣望)에 태징(台徵, 이수준) 등 여러 사람들과 한강의 달빛 아래 배를 띄웠다. 그리고 수월정에 올라서 두 밤을 자고 돌아왔다. 동양위(東陽尉, 신익성)도 따라왔다. 정자는 부마 여성위 송인의 별업이다. 여성위는 문장과 덕망으로 당시에 높이 드러났고 특히 서법에 뛰어나 오흥(吳興) 사람 조맹부(趙孟頫)의 오묘함을 터득하였다. 당시의 금석에 새기는 문자는 모두 그의 손을 빌렸다. 나 또한 그를 만나본 적이 있는데, 위용이 엄중하고 미목이 그림처럼 수려하여 정말 고귀한 자태를 지니고 있었다. 집에 가기(歌妓) 석개(石

仙聲垂領耀方瞳襟度依然接語融睇子愛知曾不

淺夢中情款鶯時同

近水月亭 并序

七月既望輿臺微諸人泛舟於漢水仍上水
月亭信宿而返東陽亦隨乃故駙馬礪
城君亮宋寅別業也礪城以文章雅表著於
當時先長於書法得呉興一時金石之
刻咸借其手余亦見之待彩端凝眉目如
畫真貴介標致也家畜歌妓石介之泰
青者流也礪城既有此亭之勝又有聲妓之

娛能享清福於太平之日辛以富貴終憶在
戊年間余寶坡原兄泊舍崇董與若干朋
伴爲年會於亭上流連數日未毀年干戈作而
亭赤厄於兵火今來訪舊湖山如昨而人事
之間感慨係之者信矣王逸少所謂俛仰
之可悲者殆不餘爲懷矢
正搆草堂於亭之址丹碧之新扁煥然足日
肯搆仍賦感懷示同行詩曰
出郭仍遵浦移舟趙陰新凉真鮮事任客亦聯襟
俛仰悲遐逝江山閣古今黃扉正客與月色亂盃心

유수월정 신흠이 아들 신익성과 수월정에서 노닌 일을 기록한 글로, 수월정에서 노닐며 지은 시와 그 서문. 신흠의 문집에 실려 있다.

介)를 데리고 있었는데, 옛날로 치면 고대에 노래로 뛰어났던 진청(秦靑)과 같은 부류다. 여성위가 이미 이 빼어난 정자를 소유한데다 노래를 잘하는 기생의 즐거움까지 누리게 되었으니, 태평시대에 청복을 누리며 부귀로써 생을 마쳤다 하겠다.

무자년(1588) 내가 매부인 파원도정(坡原都正) 이응복(李應福) 형과 아우들, 그리고 약간 명의 벗과 함께 수월정에서 모임을 가지고 며칠을 보낸 일이 생각난다. 몇 년 지나지 않아 전쟁이 터지고 정자 또한 병화에 액을 당하게 되었다. 이제 옛 자리를 찾아와 보니 강산은 어제 같은데 사람일은 슬퍼할 만하여 가슴에 담지도 못할 정도다. 왕희지(王羲之)가 이른바 하늘을 우러러보고 땅을 내려다보는 사이에 감개무량함이 있다고 한 말이 정말이다. 여성위의 손자 송기(宋圻)가 이때 시정(寺正)으로 있었는데 초당을 정자터에 세우고 단청을 하였다. 새로운 편액이 훤하게 되었으니 조상의 유업을 이었다고 하겠다. 이에 감회를 적어 함께 간 사람들에게 보인다.

신흠, 「동호 수월정에서 노닐면서」, 『상촌고(象村稿)』

송인의 손자 송기는 수월정을 중수하고 동갑의 벗인 이호민(李好閔) 등과 계를 맺어 이곳에서 잔치를 벌였다. 그러나 새롭게 단청한 수월정도 오래가지는 못하였다. 90여 년 후에 외손 낭원군(朗原君) 이간(李偘)이 중수하고 남용익(南龍翼)이 이를 기념하는 시를 지은 바 있으나, 이후 돌보는 이가 없어 수월정은 마침내 사라지고 말았다. 그 터조차 남기지 못하여, 동호 어딘가로 추정할 뿐이다. 📖

산과 물과 달

산은 달이 있어야 높아지고 물은 달이 있어야 맑아진다. 우리나라 산마루에는 그러하다.

봉은사와 삼당시인의 풍류

우두커니 앉은 스님이 찻잔에 물을 붓는데

석양에 솔그림자 선방에 떨어지네

봉은사 선릉 동쪽에 있던 절을 1562년 현재의 위치로 옮겼다.

봉은사의 역사와 풍광

봉은사(奉恩寺)는 현대식 건물이 숲을 이루는 강남구 삼성동 수도산(修道山) 남쪽 자락에 위치하고 있다. 그러나 봉은사의 원래 자리는 여기서 조금 서쪽이다. 원래 그 자리에는 신라 원성왕(元聖王) 10년(794)에 연회국사(緣會國師)가 창건한 견성사(見性寺)라는 절이 있었다. 그러나 이후의 기록에 나타나지 않는 것으로 보아 견성사는 폐사가 된 듯하다. 그후 연산군 4년(1498)에 정현왕후가 성종의 무덤인 선릉(宣陵)의 원찰(願刹)로 삼기 위하여 선릉 동편에 있던 견성사 터에 절을 짓게 하고 봉은사라 개칭하였다. 김수온의 「견성암영응기(見性菴靈應記)」(『拭疣集』)에 따르면 세종의 다섯째 아들 광평대군이 요절하자 그 묘 근처(오늘날 강남구 수서에 있다)에 견성암을 세웠다 하는데, 정릉(靖陵)과 다소 거리가 있으므로 원래의 견성사와는 위치가 달랐던 듯하다.

봉은사라는 명칭은 선왕(先王)의 은혜를 받든다는 뜻을 지닌다. 고려시대 문집에 보이는 봉은사는 개성에 있던 절로, 고려 태조의 영정을 모셨기에 고려의 왕들이 지속적으로 그곳을 방문하였다. 강화도의 봉은사는 원나라의 침입으로 강화도로 천도하였을 때 개성의 것을 대신한 사찰인데, 왕실과 밀접한 관계를 유지하여 팔관회와 연등회가 열렸다고 한다. 성종의 원찰이 봉은사로 명명된 것은 이러한 왕실 사찰로서의 전통을 따른 것이다.

봉은사가 현재의 위치에 자리잡은 것은 1562년이다. 보우(普雨)가 등장하면서 봉은사는 불교 중흥의 중심 도량이 된다. 1551년 명종은 봉은사를 선종(禪宗)의 수사찰(首寺刹)로 삼고 보우를 주지로 임명하였으며, 승과(僧科)를 부활하여 절 앞의 승과평(僧科坪, 오늘날의 무역센터 자리)에서 승시(僧試)를 열었다. 그러다 1562년 중종의 능인 정릉(靖陵)을 선릉 옆으로 옮기면서 절을 현위치로 이전하여 오늘에 이르게 된 것이다. 절의 건물들은 여러 차례의 병화와 화재로 소실되어 중건을 거듭해 왔다. 지금 이곳에는 보물로 지정된 동종(銅鐘), 김정희(金正喜)와 김돈희(金敦熙) 등의 글씨로 씌어진 편액(扁額)과 주련(柱聯)이 있으며, 판전(版殿)에는 조선 후기에 간행된 불경이 보존되어 있다.

선릉에 있던 봉은사

봉은사가 한시와 인연을 맺게 된 것은 공무로 선릉을 방문한 관원들이 이곳에 왔다가 시를 짓거나, 개인적 친분이 있던 스님에게 시를 주면서부터이다. 성현(成俔)이 1500년 공조판서로 임명된 후 선릉을 방문하고 봉은사에 들러 지은 시에서 중창 초기 이 절의 모습을 짐작할 수 있다.

하늘이 큰 절을 열어 긴 강가에 기대어놓았는데
전각은 영롱하여 세상에 필적할 데 없어라.
단 위에 흰 밀랍 녹여 만든 촛불이 타오르고
탑 위에 붉은 깁 잘라 만든 휘장이 드리웠네.
먼 곳에서 죽통으로 샘물을 끌어오니 마를 날 없고

처마 끝의 풍경은 가는 바람에 절로 소리를 울리네.
우두커니 앉은 스님이 찻잔에 물을 붓는데
석양에 솔 그림자 선방에 떨어지네.

天開巨刹倚長江　棟宇玲瓏世少雙
白蠟瀜成壇上燭　紅羅剪作榻前幬
筒泉引遠源無渴　簷鐸風微響自撞
坐久居僧添茗椀　夕陽松影落禪窓

성현, 「봉은사에서(奉恩寺)」, 『허백당집(虛白堂集)』

　성현은 절이 중창된 지 불과 2년 만에 방문하였으므로 새로 지은
전각이 휘황찬란하였을 것이다. 소나무 그림자가 선방(禪房)을 덮고
있는 봉은사의 당시 모습을 이 시에서 그려볼 수 있다.

　이 시기 문인들은 성현처럼 선릉에 제사를 올리러 가거나 인근의
고을원으로 있다가 여가에 잠시 봉은사에 들르는 경우가 많았다. 이
행(李荇)이 1529년 봉은사를 찾은 것도 선릉 제사 때문이었으며, 김세
필(金世弼)은 광주목사로 있었기에 봉은사에 들러 시를 남겼다. 문사
들이 공무로 이곳을 출입하게 되면서 서서히 봉은사는 시인들이 풍류
를 즐기는 곳이 되었다.

　이 무렵 봉은사는 도성 근교 명승의 하나로 자리잡았다. 1537년 김
안국(金安國)은 「봉은사의 종소리를 듣다(奉恩聞鍾)」를 십경(十景)의
하나로 노래한 바 있고 신광한(申光漢) 역시 10영의 하나로 동일한 제
목의 시를 남겼다.

연등이 걸린 봉은사

성종의 왕릉을 보호하기 위하여 세운 절인데 지금은 누구나 등을 걸 수 있다.

어디선가 몇 번의 종소리가 맑음을 보내와
강 위의 몇 겹 구름을 뚫고 퍼지네.
고소성의 한산사에
나그네 배 이를 때 밤에 듣던 소리 같아라.
數聲何處送春容 穿破江雲篆幾重
却似姑蘇城外寺 客船時到夜分鍾

신광한, 「봉은사의 종소리를 듣다(奉恩聞鍾)」, 『기재집』

창건된 지 얼마 되지 않은 시기부터 봉은사의 종소리는 널리 알려진 명물이었다. 고려시대에 주조된 여주 장흥사(長興寺) 동종(銅鐘)이 봉은사로 옮겨져 있는데, 신광한이 들은 종소리가 그것이 아니었는지 모르겠다. 신광한은 한밤에 누워서 그 종소리를 듣고서 문득 당나라 장계(張繼)가 한산사(寒山寺)에서 쓴 「풍교야박(楓橋夜泊)」의 "고소성 너머 한산사, 야반의 종소리 나그네 배에 이르네(姑蘇城外寒山寺 夜半鐘聲到客船)"를 떠올렸다. 동호 일대에서 듣는 종소리는 한산사의 그것에 비견되었던 것이다.

16세기 중반에 이르면 절친한 사람끼리 한강을 유람하다가 봉은사에 들러 서로 수창을 나누며 시재를 과시한 사례도 나타나기 시작한다.

외로운 안개는 옛 나루터에 비끼고
지는 해가 먼 산으로 내려가네.
조각배로 떠나가는 저물녘

절이 아득히 노을 사이에 보이네.

孤烟橫古渡 落日下遙山

一棹歸來晚 招提杳靄間

정렴, 「박군실과 아우 군경을 데리고 봉은사로 향하면서 배에서 짓다
(携朴君實枝華舍弟君敬向奉恩寺舟中作)」, 『북창선생시집(北窓先生詩集)』

1547년 정렴(鄭礦, 1506~49)이 그의 아우 정작(鄭碏), 박지화(朴枝華)와 함께 봉은사에 놀러 가면서 배 안에서 지은 작품이다. 강변에는 늘 안개가 끼는 법이다. 저녁이라 더욱 안개가 짙어지는데 해는 서산으로 지고 있다. 저녁 이내가 자욱한 가운데 가물거리는 봉은사의 모습은 절로 한 폭의 그림이다. 정렴은 박지화, 정작과 함께 도가(道家)로 이름이 높았던 시인인지라 속세에 뜻을 두지 않은데다 절과도 거리를 두고 있어 탈속(脫俗)의 맛을 느낄 수 있다.

봉은사는 동호의 독서당과 지리적으로 가까웠기에 당대 석학들의 발걸음이 더욱 잦았다. 노수신(盧守愼), 송인(宋寅) 등이 이곳에 들러 시를 남겼고, 윤근수(尹根壽), 이산해(李山海), 최립(崔岦) 등도 1554년경 독서당에 있을 때 함께 봉은사에 들러 수창한 바 있다. 이처럼 16세기 중반에 이르면 봉은사는 당대 시인묵객들의 입에 자주 오르내리게 된다.

삼당시인의 봉은사 시회

1562년 봉은사는 현재의 위치로 옮겨졌다. 세월의 흐름에 따라 시

단의 분위기도 점차 달라져 아름다운 경물 속에 정경(情景)을 융합하는 당풍(唐風)이 정착되면서, 봉은사와 인근의 명승이 시인들의 붓 속에 녹아 수많은 명편이 제작되기에 이른다. 특히 백광훈(白光勳), 최경창(崔慶昌), 이달(李達)을 삼당시인(三唐詩人)이라 하는데, 이 세 사람은 송풍(宋風)에서 벗어나 당풍을 선도하는 데 큰 역할을 한 것으로 평가된다. 이들은 장점인 당풍을 발휘하여 봉은사와 인근의 승경을 한 단계 높은 작법으로 형상화하였다.

삼당시인이 봉은사에 모여 한때를 즐긴 것은 1578년경이다. 백광훈이 42세 되던 1578년 4월 남원(南原)에서 상경하여 정릉참봉(靖陵參奉)이 된 일이 이들이 봉은사에서 함께 어울리게 된 중요한 계기가 되었다. 최경창은 이미 1577년 가을 영광군수를 사직하고 서울로 올라와 있었으며, 이달 역시 이 시기 서울에 있었던 것으로 보인다. 이들은 봉은사, 저자도, 동호 일대를 오가면서 많은 명편을 남겼다. 다음은 동호에서 저자도를 향하면서 지은 것이다.

굽은 물가 날이 개자 연꽃이 피었는데
물과 구름 속에 아득히 절이 보이네.
가벼운 배로 흥을 타니 먼 줄도 몰라
곧바로 문 앞에 이르니 산의 달이 기울었네.
曲渚新晴蓮子花 水雲遙指梵王家
輕舟乘興不知遠 直到門前山月斜

백광훈, 「저자도에서(楮子島)」, 『옥봉집(玉峯集)』

연꽃이 만개한 가을날 저자도에서 보이는 아스라한 봉은사의 모습이 정취 있게 묘사되고 있다. 경물이 아름답기에 뱃길이 지겨운 줄도 몰랐는데, 어느새 배가 봉은사 문 앞에 이르게 되었다고 하였다. 흰 달빛이 쏟아지는 가운데 중년 시인의 모습이 눈 내린 밤 홀연히 벗 대안도(戴安道)를 찾아나선 왕희지(王羲之)의 모습과 포개어지고 있다.

봉은사는 현재의 장소로 이전하였지만, 그 모습은 이전과 별로 달라지지 않았다. 안개가 아스라한 가운데 울려퍼지는 봉은사의 정경은 신광한이나 정렴이 살았던 때와 크게 다르지 않았던 듯하다.

> 강마을 몇 채 인가는 마을 꼴도 아닌데
> 달이 밝을 때 가끔 작은 봉우리가 드러나네.
> 홀로 종소리 들리는 곳에 배를 매니
> 내 낀 아스라한 숲속 이곳이 절문이라.
> 江上人家不記村　月明時露小峰痕
> 維舟獨聽鍾來處　烟樹依微是寺門
>
> 백광훈, 「배를 타고 가면서(江行)」, 『옥봉집』

이 작품 역시 저자도에서 봉은사로 향하면서 지은 것으로 보인다. 해가 지니 강안에 마을이 있는지 알 수가 없는데, 달이 뜨자 봉우리가 희미하게 보인다. 사방이 어둡기에 은은히 종소리 울리는 곳에 배를 매니 그곳이 바로 봉은사라 하였다. 봉은사의 종소리는 한양 근교 10경의 하나로서, 이곳을 찾는 이들에게 가장 인상적인 것이었다. 어떤

이는 젊은 시절 봉은사에서 노닐었는데, 10여 년이 지나도록 한밤에
듣던 종소리를 잊지 못하겠다고 말하기까지 하였다.

다시 가을 든 절을 찾으니
광릉의 서편 안개 낀 나무숲.
경쇠소리 들으니 길은 멀지 않은 듯
구름을 바라보니 갈 길이 어지럽다.
밤 깊어 스님은 입정하였는데
달이 떠 새는 둥지에서 놀란다.
요사채에 나아가 자노라니
찬 산 푸른 전각 가지런하구나.
重尋秋水寺　煙樹廣陵西
聞磬路非遠　望雲行亦迷
夜深僧入定　月出鳥驚栖
其就中寮宿　寒山碧殿齊

백광훈, 「8월 11일 밤에 가운, 익지와 함께 봉은사에서 자면서
(八月十一夜與嘉運益之同宿奉恩寺)」, 『옥봉집』

　　1578년 이달, 백광훈, 최경창 등 3인은 봉은사에 모여 하룻밤을 유
숙하였다. 이 무렵 이달이 관북(關北)으로 떠나게 되어 이별의 정을
나누기 위해 이곳에 들렀던 것으로 보인다. 아름다운 한강가의 절에
모여 시를 주고받은 일은 그들에게도 소중한 추억이 되었겠지만, 당

대 최고의 시인들이 한자리에 모여 풍류를 즐기던 모습은 상상만으로도 즐거운 일이다.

봉은사는 한강가에 있었기에 수사(水寺), 혹은 호사(湖寺)로도 불렸다. 광릉(廣陵)은 봉은사가 있는 한강 남쪽을 이르는 말이다. 당시에는 광주(廣州)였기에 이 이름이 붙은 것이다. 이곳 강안의 숲을 안개가 뒤덮고 있다. 절은 보이지 않지만 어디선가 경쇠소리가 들리기에 절이 가까운 줄 알겠는데 하늘의 구름은 저녁이라 어지럽게 달린다. 경쇠소리를 들으며 찾아 들어갔더니 이미 밤이 깊어 스님은 입정(入定)하고 있는데, 저녁하늘의 어지럽던 구름이 다 사라지고 달이 떠오르자 새가 그 빛에 놀란다. 한산(寒山)은 수도산을 말한 것이며, 벽전(碧殿)은 현재의 자리로 옮겨 지은 지 오래되지 않아 단청이 뚜렷한 봉은사를 말한 것이다. 산이 높지 않은데다 전각이 높아 가지런하다 하였다. 방에 누워서 바라보이는 바깥풍경이 절묘하게 묘사되고 있다.

이들이 봉은사에서 노닐며 주고받은 시의 전모는 알 수가 없다. 그나마 백광훈의 시가 비교적 많이 남아 있어 그 대강을 짐작할 수 있을 뿐이다. 이 시기의 풍류가 이들에게 깊은 추억이 되었음은 다음 이달의 시에서 확인할 수 있다.

성곽을 나서 강물을 건너니
젊은이들 왕래가 많구나.
매번 최씨와 백씨를 이끌고
승원에서 시재를 겨루었지.

엣 벗은 다 떠나고

흐르는 세월은 점점 재촉하네.

침통히 읊조리며 기둥에 한참 기대어 있으니

서녘 해가 생대에 지는구나.

出郭渡江水　少年多往來

每携崔白輩　僧院課詩才

舊友凋零盡　流年次第催

沈吟倚柱久　西日下生臺

이달,「동호의 절에서 스님의 시축을 보니 최와 백의 시가 있어 기분이 서글퍼

시를 지어 준다(湖寺見僧軸有崔白詩悵懷有贈)」,『손곡집(蓀谷集)』

　이 작품은 최경창과 백광훈 등이 모두 세상을 떠난 후 지은 것이다.
봉은사에서 최경창, 백광훈과 어울려 노닌 일은 이달에게 평생의 추
억이었다. 이달은 봉은사에서 서로 시재를 겨루던 때를 회상하고 비
애에 젖어들었다. 도성을 나서서 강을 건너는 길에 수많은 젊은 행락
객을 보고 벗들과 즐거운 때를 보낸 일을 회상하였다. 지기(知己)들이
모두 떠나버린 후, 홀로 남은 자신 역시 노쇠함이 나날이 더해 가고 있
기에 한참이나 기둥에 기대어 상념에 잠겨 있는데 해는 서산에 진다
고 하였다. 생대(生臺)는 절에서 새모이를 얹어놓는 바위나 책상을 가
리키는데, 그다지 높지 않은 곳에 있는 생대로 해가 진다고 한 데서,
비감에 젖어 오래 자리를 떠나지 못하는 시인의 모습을 그려볼 수 있
게 하였다. 비감이 강한 것은 젊은 시절의 한때가 그만큼 즐거웠음을

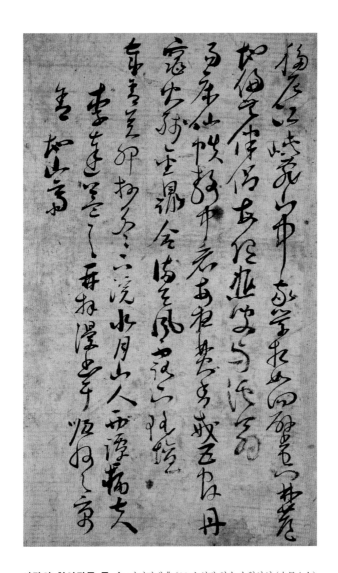

이달의 칠언절구 두 수 마지막에 "1603년 섣달 하순 수월산인 (水月山人) 서담병부(西潭病夫) 이달(李達) 익지(益之)가 순천의 집 지산재(地山齋)에서 두 번 절하고 마구 쓰다"라 되어 있다. 산속의 집에서 한가하게 살아가는 즐거움을 노래하고 있다. 『해동명적』에 실려 있다.

역설적으로 말한 것이기도 하다.

삼당시인이 봉은사에 노닐 때 자리를 자주 같이한 이가 팔문장으로 칭도되었던 이순인(李純仁)이다. 이순인은 이 시기 옥당(玉堂)의 교리 (校理)로 있었는데, 그의 별장이 동호에 있었기에 자주 만나 즐거운 한때를 보낼 수 있었다.

> 깔끔한 작은 정자 절 앞에 있는데
> 다시 고승이 잠시 머물기를 권하네.
> 자고 난 나그네 돌아가려 하니 산비가 그쳐
> 천 그루 푸른 연이 오래된 연못에 가득하네.
> 小亭蕭灑寺前頭　更被高僧勸少留
> 宿客欲歸山雨歇　碧荷千柄古塘秋

이순인, 「봉은사에서(奉恩寺)」, 『고담일고(孤潭逸稿)』

절 앞의 작은 정자에서 하루를 유숙하고 떠나려 하니 스님이 조금 만 더 있으라고 권한다. 굳이 행장을 꾸리고 길을 나서니 비도 그쳐 세상이 맑은데, 절 마당의 푸른 연잎이 생기를 발하는 모습을 그렸다. 차분히 가라앉은 삼당시인의 시와는 달리 맑은 풍미를 느끼게 한다. 다음은 이 시기에 봉은사에서 함께 노닐면서 이순인의 시에 차운한 백광훈의 작품이다.

> 우연히 휴가받아 절에 이르러

술잔 들고 시를 지으니 좋던 일 남아 있네.

온 못의 붉은 연꽃 바람이 뜰에 가득하고

천 그루 나무에 저녁 매미 우는 마을로 돌아간다.

흰머리에 벼슬살이하는 신세 부끄럽지만

푸른 산이 고향 같아 그래도 다행이라.

비단 같은 강물 안개 낀 경치 좋다 하니

배를 돌려 선경을 찾아감이 좋으리라.

偶因休浣到雲門　把酒題詩勝事存

紅藕一池風滿院　晚蟬千樹雨歸村

深慙皓首從羈宦　猶喜靑山似故園

聞說錦湖烟景異　會容歸棹問眞源

백광훈, 「봉은사 연정에서 교리 이백생이 지어 보인 시에 차운하다

(奉恩寺蓮亭次李校理伯生見示之韻)」, 『옥봉집』

　1578년 여름의 작품으로 역대 한시 선집에 두루 선발된 명편이다. 낮은 참봉 벼슬이지만 잠시 휴가를 내어 봉은사를 찾았는데, 젊은 시절 이곳에서 노닐었기에 20년이 훨씬 지난 지금 감회가 새로울 수밖에 없으리라. 시원한 바람이 부는 가운데 붉은 연꽃이 뜰에 만발하고 비가 막 그치니 온갖 나무에 매미들이 요란하게 울어댄다. 비록 타향에 와 있지만, 그 아름다운 광경은 남도의 그것과 크게 달라 보이지 않았던 것이다. 동호 쪽으로 배를 저어가는 행위는 더욱 아름다운 곳을 찾고자 하는 시인의 풍류인 동시에, 벼슬을 버리고 귀거래하고 싶

은 의지의 다른 표현이기도 하다.

삼당시인이나 이순인 등만 시에 뛰어난 것은 아니었다. 당시 봉은
사에는 성연(性衍), 운수(雲水), 지문(志文), 보운(寶雲) 등 시에 뛰어난
승려가 많아서 시를 주고받을 수 있었다.

> 춘삼월 광릉에는 꽃이 산에 가득한데
> 맑은 강 따라가는 길은 구름 사이에 있네.
> 배에서 등을 돌려 봉은사를 가리키니
> 소쩍새 몇 소리에 스님은 빗장을 내리네.
> 三月廣陵花滿山　晴江歸路白雲間
> 舟中背指奉恩寺　蜀魄數聲僧掩關
>
> 최경창, 「봉은사 승려의 시축에 쓰다(奉恩寺僧軸)」, 『고죽유고(孤竹遺稿)』

한강가의 봉은사에 들러 스님을 만난 뒤 작별하면서 지은 작품이
다. 꽃이 핀 광릉길로 배를 타고 가는 모습이 절로 운치가 있다. 이달
역시 봉은사의 스님과 교분이 깊어 그들에게 준 시가 상당수 전하고
있다. 다음은 그중 하나이다.

> 동호에 배를 멈추고 잠시 들렀더니
> 버들가지 하늘하늘 강언덕에 비껴 있네.
> 병든 나그네 실은 외로운 배에 밝은 달이 떠 있는데
> 늙은 스님 계신 깊은 승원에 떨어진 꽃잎 많구나.

돌아갈 마음 어둑하게 고운 풀에 이어지고

고향길 가마득히 먼 물길에 막혀 있네.

홀로 앉아 구름바다 넘어 갈 길을 헤아리니

서산의 해에 우는 갈가마귀 소리 차마 듣지 못하겠네.

東湖停棹暫經過　楊柳悠悠水岸斜

病客孤舟明月在　老僧深院落花多

歸心黯黯連芳草　鄉路迢迢隔遠波

獨坐計程雲海外　不堪西日聽啼鴉

이달, 「연상인의 시축에 쓰다(題衍上人軸)」, 『손곡집(蓀谷集)』

이 작품은 성연스님에게 준 작품이다. 성연스님은 백광훈과도 교유한 인물이다. 동호에서 배를 타고 봉은사로 향하니 버들이 늘어지고 꽃이 만발한 아름다운 계절의 풍경이 눈에 들어온다. 병든 시인이 홀로 배를 타고 봉은사에 이르렀지만, 먼 길을 떠나야 하기에 슬픔이 앞선다. 달빛을 받으며 외롭게 길을 떠나는 자신의 처지와 지는 꽃 속에 한가로이 지내는 스님의 모습이 대비적으로 드러나고 있다.

한시의 산실 봉은사

삼당시인 이후에도 봉은사는 시인들의 숱한 시재로 활용되었다. 정두경(鄭斗卿), 이경석(李景奭), 이덕무(李德懋), 신위(申緯), 김정희(金正喜) 등 대시인의 족적과 시가 전하고 있으며, 근세의 장지연(張志淵)과 오세창(吳世昌)도 시를 남기고 있다. 이들 작품은 당풍을 구사한 앞시

기 시인들의 것을 이으면서도 각자의 개성을 발휘하여 아름다운 봉은
사 일대의 풍광을 그리고 있다. 여기서는 정두경의 시를 보인다.

세조께서 서축을 숭상하여
절간을 봉은사라 하셨네.
땅에서는 왕이 또한 큰데
천하에서는 부처가 존귀하네.
절벽은 구름을 찌르고 솟아 있고
강물은 바다를 향해 치달리는구나.
선방에서 멋대로 잠을 자노라니
도리어 속진에서 벗어나 기쁘구나.

世廟崇西竺　招提號奉恩
域中王亦大　天下佛爲尊
絶壁干雲起　滄江注海奔
禪房隨意宿　還喜脫籠樊

정두경, 「봉은사에서 잠을 자며(宿奉恩寺)」, 『동명집(東溟集)』

　봉은사를 대상으로 한 역대 시 가운데 삼당시인의 것이 가장 널리
알려졌지만, 정두경의 시 역시 그에 못지 않다는 평가를 받았다. 처
능(處能)은 「봉은사중수기(奉恩寺重修記)」에서 이 작품의 호탕함을 높
이 평가하면서, 봉은사에서 명편이 많이 나온 것은 봉은사의 아름다
움 때문이라 하였다.

절은 불행히 병자호란 때 불타버리고, 오직 주지의 방 몇 칸만 쓸쓸히 남아 있어 지나는 이들이 혀를 차곤 하였다. 선화대사(禪和大師) 경림(敬林)이 법당을 먼저 건립하니 여러 승려들이 연이어 요사채를 보수하였다. 낙성을 하고 나니 숲도 기뻐하고 개울도 즐거워하는 듯하였다. 천각이 세워지고 회랑도 번듯하게 세워져 몇 년 사이에 성대하게 복원되었으니, 경림이 불사를 개창한 공이 가히 크다 하겠다.

이 절은 동으로 광릉(廣陵)을 마주하고 서로 파릉(巴陵, 노량진 서쪽을 이르는 말)을 가리키고 있으며 남으로 호남으로 가는 길과 통하고 북으로 서울과 이어져 있는 형세다. 이것이 이곳에서 바라본 대략이다. 시인묵객들이 이곳에서 읊은 시가 천만 편이 넘는데, 경구(警句)로 일컬어지는 것으로 다음과 같은 구절을 들 수 있다. "배에서 등을 돌려 봉은사를 가리키니, 소쩍새 몇 소리에 스님은 빗장을 내리네"는 고죽 최경창의 작품이요, "병든 나그네 실은 외로운 배에 밝은 달이 떠 있는데, 늙은 스님 계신 깊은 승원에 떨어진 꽃잎 많구나"는 손곡 이달의 작품이며, "온 못의 붉은 연꽃 바람이 뜰에 가득하고, 천 그루 나무에 저녁 매미 우는 마을로 돌아간다"는 옥봉 백광훈의 작품이다. 이들은 모두 당시(唐詩)로 회자되고 후세에 전송되던 것들이다. 요즈음의 관리 중에는 동명 정두경 선생이 젊어서 이 절에서 노닐다 율시 한 편을 지어, "땅에서는 왕이 또한 큰데, 천하에서는 부처가 존귀하네"라 하였다. 그 문사의 웅장함이 두보와 예봉을 다툴 만하다. 앞서 든 세 대가의 작품이 비록 격조가 높다고 하지만 본뜬 것에 불과하니, 어찌 병든 마음을 가지고서 동명과 그 높낮이를 따질 수 있겠는가?

대개 시인들이 시를 지을 때 힘을 기울이지 않는 것은 아니지만 반드시 아름다움을 다하게 되는 것은 아니다. 그런데 이같이 아름다움을 얻은 것은 아마도 땅의 신령이 도와주어 그러한 것이다. (중략) 그러니 이 절은 승려들이 머물러 신앙하는 곳일 뿐만 아니요, 시인들에게도 도움이 있다는 것을 알 수 있으니 가히 빼어나다 하겠다.

처능, 「봉은사중수기」, 『백곡집(白谷集)』

봉은사의 화두

울창했던 봉은사 경내의 소나무숲은 이제 볼 수 없다. 다만 외로이 서 있는 몇 그루 노송을 옛사람의 한시와 함께 읽어 마음의 눈으로 울창한 솔숲을 볼 수 있기를 바랄 뿐이다. 한시를 통해서라면 한강 쪽 콘크리트로 잘 정비된 그 속에서도 과거에 있던 살구꽃과 백사장, 안개가 아스라한 가운데 버들이 늘어진 모습을 그려볼 수 있을 것이다. 삼당시인은 봉은사의 종소리를 들으면서 눈앞에 보이지 않는 봉은사의 모습을 그려내었지만, 이제는 그 종소리도 차량의 소음 속에 묻혀 들리지 않는다. 봉은사의 종을 보고 그들의 시를 읽으면서 그 옛날 맑게 울려퍼지던 종소리의 여운을 마음으로 듣기를 바랄 뿐이다.

봉은사 뒷산에는 경기고등학교가 있다. 앞으로는 대모산과 청계산 대신 마천루 무역센터를 바라보고 있어 왠지 부자연스럽기만 하다. 경제발전과 전통의 보존은 양립할 수 없는 것인지도 모르지만, 자연과 인간이 조화를 이루어야 한다는 것이 소박한 인문학도의 바람이다. 다음 일화가 건설과 보존의 대립에 대한 화두가 되지 않을까?

봉은사의 판전 김정희가 노년 과천에 살면서 봉은사를 자주 출입할 때 쓴 글씨다.
판전은 불경을 인쇄하기 위한 목판을 보관하는 곳이다.

봉은사에 있던 영기율사(永奇律師)가 김정희의 도움을 받아 판각불
사(板刻佛事)를 했을 때의 일이다. 불사가 완성될 무렵 성안의 대갓집
청상과부가 영기율사를 사모한 나머지 정욕을 참지 못하여 동침을 청
하였다. 소원을 들어주지 않으면 자진(自盡)하겠다고 위협하자, 스님
은 불사의 부정함을 꺼려 불사가 끝나면 여인의 뜻을 따르겠다고 약
속하였다. 그러나 불사가 끝나자 영기율사는 금계를 어길 수 없다면
서 절을 떠나버렸고, 이에 여인은 뚝섬나루에서 투신하였다. 인간의
생명이야말로 가장 중요한 것이긴 하지만, 그렇다고 불가의 금계를
어길 수 없어 번민하던 영기율사의 행적을 기이하게만 생각하고 말
일이 아니다. 🗐

달이 먼저 뜨는
월선정과 이정

산은 반드시 달을 얻어야 높아지고

물은 반드시 달을 얻어야 맑아지며

들판은 달을 얻어야 멀어진다네

묵죽도 경남대박물관에 소장된 그림. 이정의 대나무 그림은 조선 최고로 평가된다. 대나무 천 그루가 월선정을 둘러싸고 있었다.

달이 먼저 뜨는 월선정

이정(李霆, 1541~1626)은 자가 중섭(仲燮), 호를 탄은(灘隱)이라 한다. 왕가(王家)의 후손이기에 석양정(石陽正)에 봉해졌다. 이긍익(李肯翊)은 『연려실기술(燃藜室記述)』에서 그를 소개하면서 "대그림으로 유명하다. 임진왜란을 당하여 왜적의 칼날에 오른편 팔목이 상처를 입어 끊어졌다가 다시 이어졌는데, 그 뒤부터 붓을 잡으면 귀신이 도우는 듯하여 갑자기 격조가 한층 나아졌으니, 참으로 팔이 끊김으로써 의원(醫員)이 되었다는 속담과 같은 일이었다"라 하였다.

이정은 그림뿐만 아니라 시와 글씨에도 뛰어났다. 그래서 당시 사람들은 그를 삼절(三絶)이라 불렀다. 시는 두보(杜甫)를 배우고 글씨는 진(晉)을 배웠으며 그림은 천하에 이름을 떨쳤기 때문이라 하였다. 유몽인(柳夢寅)은 그의 시를 평하여 소리가 있는 그림이라 하고, 그 그림을 평하여 소리가 없는 시라 하였다. 그러니 그가 남긴 〈삼청첩(三淸帖)〉은 당대 최고의 문장가 최립(崔岦)이 서문을 짓고, 당대 최고의 명필 한석봉(韓石峯)이 글씨를 썼기에 일세의 보배가 되었다. 유몽인이 「월선정기(月先亭記)」에서 한 말이다.

이정은 노년에 공주의 별서로 내려와 살았다. 그곳에 정자를 짓고 그 이름을 월선정(月先亭)이라 하였다. 그리고 벗 이정구(李廷龜)에게 기문을 청하면서 다음과 같이 말하였다.

금강 남쪽 지류, 계룡산 서쪽 지맥이 뻗어 하나의 큰 마을을 이루는데 만사음(萬舍陰)이라 하오. 정자는 마을의 높은 곳에 자리잡고 있어 들판 먼 곳 백 리까지 보이는데 멀고 가까운 곳에 산이 두르고 있소. 긴 눈썹 같기도 하고 날아가는 봉황새 같기도 하며, 늘어세운 병풍과 궤안 같기도 한 것이 미륵산(彌勒山), 덕유산(德裕山), 주화산(朱華山), 천등산(天登山), 용계산(龍溪山), 한둔산(漢屯山), 금산(金山)이라오. 물이 마구 흘러 마을을 감싸고 화진(花津)으로 달려드는 것은 곡화천(曲火川)이오. 우뚝 솟아 언덕이 되고 움푹 꺼져 못이 되며 우묵하여 골짜기가 되고 빼곡하여 원림이 되고 평평하여 둔대가 되지요. 뜰에는 잡목이나 기이한 꽃이 없고 그저 솔 두 그루와 대나무 천 그루가 엄숙하게 둘러서 있을 뿐이오. 또 열 그루 큰 매화가 마루 근처에 있어 십매헌(十梅軒)이라 구분하여 이름지었소.

바람이 일렁이고 달빛이 퍼지면 향기와 그림자가 방에 가득하다오. 이 모든 것이 내 집의 빼어난 점이오. 좋은 날마다 지팡이를 짚고 언덕에 오르면 동자들이 앞서거니 뒤서거니 한다오. 개울에 임하여 물고기를 보노라면 크고 작은 놈을 헤아릴 수 있다오. 매를 불러 짐승사냥을 하지요. 그러면 귓가에는 바람소리가 난다오. 개울에서 발을 씻는다오. 바위가 있어 앉을 만하고 모래톱이 있어 거닐 만하다오. 석양이 먼 데서 이르고 밥짓는 연기가 저녁에 일어나며, 사람들의 말소리와 다듬이질하는 소리가 노을 속에 끊어졌다 이어졌다 한다오. 내가 지겨워 돌아가면 산빛이 대자리에 가득하다오. 밤이 깊어 조용하게 누웠노라면 솔 소리 대나무 소리가 귀에 시원하게 들어온다오. 이것이 내 정자의 빼어남을 홀로 누리고 있는 것이라오. 손이 왔다고 학이 울면 아이를 불러 차를 끓이지요. 술이 있으

고지도의 금강 곡화천이 흘러 금강으로 합류하기 조금 전 어디엔가 월선정이 있었다. 곡화천은 지금 용성천으로 이름이 바뀌었다. 지도에서 남부면 아래의 하천이 곡화천이다.

면 술이 진하고 밥이 있으면 밥이 향긋하다오. 과일은 과수원에서 따오고, 죽순은 대숲에서 꺾어오며, 버섯은 솔뿌리에서 캐오면 되고, 채소는 봄밭에서 뜯어오면 된다오. 손이 와서 묵으면 십매헌에 재우고 손이 가고 나면 대에서 바라보지요. 이것이 남과 함께할 수 있는 내 정자의 빼어남이라오. 내 정자가 빼어나다고 생각지 않으시오?

이정구, 「월선정기」, 『월사집(月沙集)』

달이 먼저 뜨는 월선정과 열 그루 매화를 심은 십매헌에서 풍류를
즐기고 싶은 뜻을 이렇게 말하였다. 이어지는 글에서 이정구는 월선
정의 의미를 설명하고, 그의 풍류에 동참하겠다는 뜻을 밝혔다.

　달은 값어치가 하나도 없는 물건이지만, 산은 반드시 달을 얻어
야 높아지고 물은 반드시 달을 얻어야 맑아지며 들판은 달을 얻어
야 멀어지지요. 달이 정자보다 앞섰다고 한 말에서 땅이 높다는 것
을 상상할 수 있답니다.
　땅이 높아서 달을 먼저 얻을 수 있으니, 정자의 빼어남은 더 보
탤 것이 없소이다. 물고기와 짐승을 잡는 일은 그대가 정말 즐기는
것이지만, 반드시 기운이 움직이고 흥이 따라야 하는 것이며 흥이

월선정기 이정이 시서화에 뛰어나
삼절(三絶)로 일컬어졌는데, 공주에 집을
짓고 월선정이라 하였다는 내용을 담고 있다.

다하고 정신이 피로하게 되는 것이니, 어찌 달처럼 맞지 않아도 절로 와서 시기하는 마음이 없는 것만 하겠소? 매화와 대나무는 그대가 정말 사랑하는 것이지만, 반드시 무성하고 시드는 때가 있으니 늘 존재할 수는 없지요. 그러니 어찌 달이 천지를 두루 하고 추위와 더위를 일관하여 마침내 줄어들거나 늘어나는 것이 없는 것만 같겠소?

정자의 이름은 참으로 옳습니다. 그 산에 해가 막 잠기고 저녁 풍경이 아스라하면, 당신이 문을 열지 않아도 달이 먼저 마루에 이르겠지요. 백발에 윤건(綸巾)을 쓰고 아스라한 달빛을 희롱하겠지요. 산과 물이 적막하고 천지가 훤하면, 바로 그때 늙은 신선 나 월사(月沙)가 바람을 타고 이르러 술잔을 들고 권하면서 그 사이에서 호탕하게 웃는다면, 당신은 다시 어떠하겠소? 그러나 아아, 내가 병들어 그저 헛말을 한 것뿐이라오.

이정구, 「월선정기」, 『월사집』

이정구는 월선정에서 이정의 풍류가 영원하기를 기원하였다. 유몽인도 월선정에 아름다운 기문을 남겼다. 그 글에서 유몽인은 소리가 있는 그림과 소리가 없는 시를 가지고 무하유(無何有)의 고을에 은거하고 있으니 반드시 하늘이 만들어주고 땅이 숨겨두었다가 그에게 준 것이라 하고는, 이정의 풍류를 다음과 같이 부연하였다.

울타리는 소나무와 잣나무로 하고 뜰은 여러 가지 꽃으로 둘렀다. 봄이 되면 꽃이 흐드러지게 피어 울긋불긋 어리비치고 여름에 해가 길면 구름과 노을이 그 형상을 달리한다. 바람이 불고 서리가 내려 깨끗해지면 온 숲이 비단 같고, 얼음과 눈이 아로새기면 봉우리가 옥처럼 서 있다. 이는 정말 이 정자의 사계절 경치요, 소리가 있는 그림과 소리가 없는 시의 도움을 받은 것이다.

유몽인, 「월선정기」, 『어우집(於于集)』

이정구는 기문을 써서 월선정을 빛내고 다시 그곳의 열 가지 아름다운 풍광을 십영(十詠)으로 노래하여 이정에게 보내었다. 「꽃이 핀 가운데의 흰 초가(白屋花開裏)」, 「봄불이 다시 산을 태우네(春火更燒山)」, 「안개가 들판의 숲에 어른거리네(霧隱平郊樹)」, 「구름이 길게 끊어진 산에서 나오네(雲長出斷山)」, 「기러기가 찬 물결 위에 떠 있네(落雁浮寒水)」, 「찬 경쇠 소리에 외로운 연기가 피어나네(寒磬發孤煙)」, 「시골 방아소리가 비 너머 급하네(村舂雨外急)」, 「맑은 눈이 긴 소나무에서 떨어지네(晴雪落長松)」, 「골짜기 입구에 초동이 노래부르며 돌아가네(谷口樵歸唱)」, 「구름 낀 물가 달이 마루에 오르네(雲汀月上軒)」 등이 그것이다. 보통 네 글자의 명사구로 풍광을 제시하는 것과는 달리 하나하나가 오언시의 한 구절이라 할 만하다. 김상헌(金尙憲) 등의 벗들도 이러한 아름다운 제목에 따라 시를 지어 월선정을 빛내었다.

월선정에서의 교유

이정은 공주로 내려오기 전에 당대 최고의 문인들과 널리 교유하였

는데 특히 유근(柳根), 최립, 허적(許頔), 이정구, 권필, 이안눌 등과
절친하였다. 선조 36년(1603) 난초와 매화, 대나무를 그린 〈삼청첩〉에
유근이 시를 쓰고 최립이 발문을 썼는데 이 문인들이 이 첩에 화답하
는 시를 다투어 제작하였다. 공주에 살 때는 이안눌과 더욱 각별한 사
이였다. 탄은이라는 호도 이안눌이 지어준 것이다. 이안눌은 광해군
3년(1611) 담양부사가 되어 이듬해 봄까지 담양에 있었다. 그동안 이

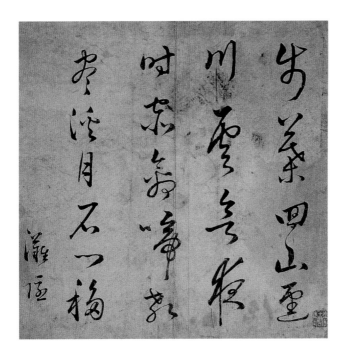

탄은의 시 "낙엽을 밟으며 산길을 돌아 나오니, 냇가의 구름 가득 날이 저무네. 자러 가는
새는 울음을 그쳤는데, 개울의 달은 석문으로 옮겨가네(步葉回山逕 川雲欲夜時 宿禽啼聲盡
溪月石門移)"라 되어 있다. 이정의 시는 전하는 것이 거의 없다. 서울대박물관에 소장되어 있다.

정이 담양 관아로 찾아가거나 이안눌이 공주에 있는 이정의 집으로 찾아가곤 하였다. 광해군 4년 봄 이정의 집에 느지막이 매화가 피었다. 이에 이정은 시를 지어 보내며 술이 잘 익었으니 놀러 오라 청하였다. 그러나 이안눌은 공무가 바빠 가지 못하고, 담양에서 남동쪽으로 50리 떨어진 남도(南島)를 유람하기로 약조하였다. 마침내 3월 중순 이정이 담양으로 찾아가 함께 여행을 떠나게 되었다. 말고삐를 나란히 하여 가다가 소이진(召爾津)에서 거룻배를 타고 강물을 따라 내려갔다. 반포촌(反浦村)에서 하루를 묵고 다음날 양령(羊嶺)을 유람한 다음 남도에 이르렀다. 그곳에서 원산(圓山)까지 갔다가 말을 타고 돌아왔다. 둘은 이처럼 각별한 사이였다. 이후에도 이안눌은 여러 차례 이정의 집을 방문하였다. 1612년 늦은 봄 이정의 집을 찾아 그 벽에 이렇게 시를 썼다.

> 벽도화가 굽은 난간 서편에 피어났는데
> 앉아서 앞산에 나지막이 지는 해 대하노라.
> 한번 봉성을 나서니 봄도 또 저무는데
> 돌아가는 마음은 소쩍새 울음에 부치노라.
> 碧桃花發曲欄西　坐對前山落日低
> 一出鳳城春又暮　歸心付與子規啼

이안눌, 「석양정의 별서를 방문하고 그 벽에 쓰인 시에 차운하다
(訪石陽正別墅用壁上韻)」, 『동악집(東岳集)』

이안눌의 시는 그후 월선정을 찾은 사람들이 거듭 차운하게 된다. 광해군 5년(1613) 초겨울에는 또 다른 벗 허적이 공주를 유람하다가 월선정을 방문하였다. 이정은 집으로 찾아온 허적과 함께 계룡산을 유람하면서 왕성하게 시를 수창하였다. 허적은 이안눌의 시에 차운하여 다음과 같은 시를 썼다.

> 높은 누각 막 날이 개어 가을해 기우는데
> 어지러운 구름 다 사라지자 먼 산이 나지막하다.
> 대숲은 언덕을 둘러 들판의 연기가 모이는데
> 낙엽은 뜰에 가득하고 산새는 우는구나.
> 高閣新晴秋日西 亂雲飛盡遠岑低
> 叢篁繞岸野烟合 落葉滿庭山鳥啼

허적, 「벽 위에 쓰인 시에 차운하여 탄은에게 바치다(次壁上韻呈灘隱)」,
『수색집(水色集)』

이정이 공주에 내려와 살자 공주를 찾는 사람들이 그의 집을 즐겨 방문하였다. 광해군 10년(1618)엔 조찬한(趙纘韓)이 그의 집을 방문하고 월선정에 시를 남겼으며 홍명원(洪命元)도 찾아왔다. 정백창(鄭百昌) 역시 이안눌의 시에 차운하여 이정에게 보내었다. 이명한(李明漢)도 이정이 이승에서의 인연을 마칠 무렵 그의 집을 방문하여 월선정에서 시를 지었다. 이렇게 하여 17세기 초반 공주의 월선정은 시대를 대표하는 문인들이 모여드는 문화공간이 되었다.

이정의 우죽도
오른편 하단에
"천계 임술년(1622) 탄은이
월선정에서 그리다"라 되어
있다. 월선정에도 대나무가
많았을 것이다.

사라진 월선정

이정은 인조 4년(1626) 12월 20일 공주 별서에서 눈을 감았다. 그의 재주를 아꼈던 인조는 김육(金堉)으로 하여금 제문을 짓게 하여 내렸다. 김육은 "이 세상에 보기 드문 기이한 재주로, 시서화(詩書畵) 삼절(三絶)로 먼저 울렸지. 위천(渭川)과 기수(淇水)의 대나무가 정수를 드러내었지. 붓끝에서 나온 조물주의 솜씨는, 고금에 다툴 이 누가 있으랴. 시사(詩社)에 흥을 부치고 한묵(翰墨)에서 기예를 자랑하였지"(『潛谷遺稿』)라 하였다.

이러한 영예에도 불구하고 그의 자취는 그림으로만 전할 뿐 그가 살던 집은 흔적도 없다. 훗날 공주의 어떠한 지리지에도 그의 자취는 기록되지 않았다. 그가 살던 곳은 예전에 금강의 지류가 흘러드는 공주의 곡화천(曲火川) 가에 있었겠지만, 그의 자취는 공주 어디에도 남아 있지 않다. 곡화천도 용성천(龍城川)으로 이름이 바뀌었다. 오늘날 공주시 이안면 신흥리 혹은 오용리의 용성천이 굽이도는 물가에 월선정이 있었던 듯하다.

시에 뛰어났고 또 당대 최고의 문사들과 수창을 즐겼으니 문집이 있었겠지만 지금은 찾을 길이 없다. 수많은 그의 시 역시 사라져 버렸다. 다만 공주에 살면서 강화도에 있던 이안눌에게 보낸 시가 이안눌의 문집에 한 편 전할 뿐이다.

도성을 떠나 강가에 누워서
근심에 북궐을 바라다본다.

바람이 낙엽을 쓸어갔나 뜰이 비었고
누각이 조용하여 달빛이 사람을 잡네.
벌레는 가을을 맞아 괴롭게 우는데
은하수는 밤 들어 산뜻하구나.
이별하고 만날 수 없으니
세사는 더욱 고달프기만 하네.
去國江邊臥　憂來望北宸
庭空風掃葉　樓靜月留人
蟲語逢秋苦　天河入夜新
別離無會面　世事更酸辛

　이정과 가장 절친하였던 이가 이안눌이었기에 이정이 그린 그림 중
상당수가 그의 후손가에 전승되었다. 서명응(徐命膺)은 이안눌의 직
손 이집(李㙫)의 외손이었기에 이집의 집에 전하는 묵죽병풍(墨竹屛
風)을 볼 수 있었다. 이집의 집에선 제사를 지낼 때 이 묵죽병풍을 치
고 다시 또 다른 뛰어난 화가 이징(李澄)의 비금도(飛禽圖) 병풍을 둘
러쳤다. 촛불 그림자가 어른거리는 한밤에 이 묵죽병풍을 바라보노
라면 절로 바람이 일고 비가 치는 듯하였다고 한다. 서명응은 이렇게
적고 있다.

　내가 선배들의 말을 들으니, 조선의 인재는 선조 때 성대하였다
고 일컫는데, 덕행(德行)과 공업(功業)은 차치하고라도 문예(文藝)

역시 아름다워 사람들의 이목을 빛나게 하였다고 한다. 동악(東岳, 이안눌)은 시의 신(神)이요, 간이(簡易, 최립)는 문의 신이며, 석봉(石峯, 한호)은 글씨의 신이요, 탄은은 그림의 신이다. 그림을 그리면 반드시 시를 짓고, 시를 지으면 반드시 글씨로 쓰니, 이때 사절(四絶)로 이름하였다. 이 때문에 평생 붓을 놀린 자취가 비록 나라 안에 두루 있지만 네 분의 집에 있는 것이 많다. 그러나 간이와 석봉은 비천하고 탄은은 비록 종실이지만 오래 영락하여 자손이 대대로 간수하지 못했다. 오직 동악의 후예만이 대대로 경상(卿相)의 벼슬이 끊이지 않아 집안에 고적(古蹟)을 보관하여, 수백 년 동안 무사할 수 있었다.

서명응, 「탄은의 묵죽병풍에 대한 기문(灘隱墨竹屛記)」, 『보만재집(保晚齋集)』

이안눌은 시의 신이요, 최립은 문장의 신이요, 한호는 글씨의 신이요, 이정은 그림의 신인데 이들 네 신선이 합쳐 대나무 병풍을 만들었으니 천하의 절품이었을 것이다. 그러나 최립과 한호는 신분이 비천하였고, 이정은 종실의 후예였지만 집안이 몰락하여 그의 자취가 오래 전해지지 못했다. 서명응은 이안눌의 집에 전하는 병풍을 두고 이렇게 글을 썼지만 이 병풍 역시 이정의 자취만큼이나 아련하다. 📕

용성천

원선정 옆으로 흐르던 하천인데, 예전에는 목화천이라 하였다.

남원 제호의 풍류와 양대박

바위를 뽑아놓은 산에는 천고의 구름이 떠 있고

금빛 물결 일렁이는 강물에 달 한조각 떠 있네

청계동
양대박이 이 계곡에 『주역』으로 점을 치는
집이라는 뜻의 점역당을 짓고 살았지만, 지금은
그 위치를 알 수 없다.

양대박과 청계정사

양대박(梁大樸, 1544~92)과 양경우(梁慶遇, 1568~1629경) 부자는 지리산 아래의 남원 사람이다. 양대박은 지금의 남원읍 주생면 상동리 동소(東昭)에서 태어났다. 서얼이라 양반으로 대우받지 못하였지만 박순(朴淳), 정철(鄭澈) 등과 망년지교(忘年之交)를 맺을 정도로 학문과 문학에 뛰어났다. 젊은 시절 처가가 있던 양주(楊州)의 송산(松山)에 살아 호를 송암(松嵒)이라 하였다가, 만년에 청계동(靑溪洞)으로 들어와 별서 청계정사(靑溪精舍)를 짓고 살면서 호를 청계도인(靑溪道人)이라 하였다. 청계동은 당시 남원땅이었고 지금은 곡성땅이다.

청계정사가 세상에 이름을 남기게 된 것은 박순 덕택이다. 박순은 양대박이 청계정사를 짓자 다음과 같은 시를 보내었다.

푸른 언덕으로 집을 새로 옮겨 지으니
속세의 티끌이 골짜기로 들어온 적 있으랴?
계수나무 으슥한 숲속에 숨어살게 되었으니
복사꽃 두루 심은 곳은 도화원이라 하겠네.
바위를 뽑아놓은 산에는 천고의 구름이 떠 있고
금빛 물결 일렁이는 강물에 달 한 조각 떠 있네.
아름다운 풍광을 생각하니 그리워라
고운 횟감에 가득 채운 술잔을 올리겠지.
移家新卜翠微原　塵躅何曾入洞門
桂樹攀深成小隱　桃花栽遍當仙源

峯瓚石骨雲千古　江動金波月一痕

想得風光相憶處　玉鱗登俎酒盈樽

박순, 「양학관의 강가 정자에 쓰다(寄題梁學官江亭)」, 『사암집(思庵集)』

　무슨 이유에서인지 당시 청계정사에 붙어 있던 현판에는 이 시의 둘째 구가 '길이 청계로 들어 골짜기를 두드리네(路入靑溪叩洞門)'로 되어 있었던 듯하다. 양대박의 문집에도 이렇게 되어 있다. 아무튼 박순이 청계정사의 처마 밑에 시를 건 이래 고경명(高敬命), 정철, 임제(林悌) 등 많은 사람들이 청계정사를 찾고 박순의 시에 차운하는 시를 남겼다. 물론 양대박도 박순의 시에 차운하여 자신의 집을 다음과 같이 자랑하였다.

　　부용봉 동쪽 강물의 서쪽 언덕
　　솔숲이 처마요 대숲이 문이라네.
　　난초길은 고운 정원으로 가늘게 나 있고
　　복사꽃은 무릉의 물결에 멀리서 떠오네.
　　봄바람이 안개를 걷어가자 산은 그림 같고
　　어부가 배를 돌리니 물결이 이는구나.
　　하늘이 나에게 준 것 정말 많더니
　　다시 신선의 짝이 되어 술잔을 비우게 하네.
　　芙蓉東畔水西原　松作層簷竹作門
　　蘭逕細分琪樹苑　桃花遙泛武陵源

春風捲霧山如畵　漁子廻舟浪起痕

方信天公多餉我　更敎仙侶空窪尊

양대박, 「청계정사에서 사암상국의 시에 차운하다
(靑溪精舍次思庵相國韻)」, 『청계집(淸溪集)』

양대박은 청계동 집에 보허정(步虛亭)을 세웠다. 보허정의 현판에 붙여놓을 시 역시 박순에게 구하였고, 박순은 기꺼이 시를 지어 보내었다. 신응시(辛應時) 역시 두류협(頭流峽)에서 보허정을 바라보고 시를 지어 양대박에게 보낸 바 있다. 또 양대박이 죽은 후 윤근수(尹根壽)가 신응시의 시에 차운하여 그 아들 양경우에게 보여주기도 하였다.

양대박은 남원의 교룡산(蛟龍山) 아래 점역당(點易堂)을 지었다. 점역은 『주역』으로 점을 친다는 말로 『주역』을 열심히 연구한다는 뜻이니, 그가 역학에 관심이 깊었음을 알 수 있다. 아들 양경우도 점역자(點易子)라는 호를 사용한 것으로 보아 이곳에서 부자가 함께 학문을 익힌 듯하다. 점역당은 운치 있는 집이기도 하였다. 앞쪽으로 열 길쯤 되는 작은 못이 있었는데 연꽃이 피어나 있었으며 못가에는 청심매(淸心梅) 두 그루가 있었고 좌우에는 대숲이 무성하였다.

양대박은 서울에 살 때 기르던 학을 데리고 내려와 점역당에서 살았다. 양대박은 활솜씨도 대단하였다. 전하는 말에는, 임진왜란이 일어나자 고경명(高敬命)의 참모가 되어 큰 공을 세우고 군중에서 순절하였으며, 그가 타던 오룡마(烏龍馬)도 기미를 알고 먼저 죽었다 하지만 사실은 조금 다르다. 정탁(鄭琢)의 「양대박창의사적(梁大樸倡義事

용장서원 남원의 주생면 상동리에 세워진 서원으로 고려의 문인 김구용(金九容)과
양대박의 위패를 모시고 있다.

蹟)」(『藥圃集』)에는 군진에서 병이 심해지자 죽어서라도 의로운 혼백
이 되겠다고 우겼으나 고경명이 간곡히 만류하여 아들 양경우와 함께
청계정사로 돌아가게 되었는데, 병이 위중한 가운데도 왜적을 토벌
하는 문제를 말하다가 숨이 끊어졌다고 한다. 양대박은 죽어 교룡산
에 묻혔고, 그 충절을 기려 남원의 용장서원(龍章書院)에 배향되었다.

제호의 고금당과 양경우

스물다섯 살에 아들 양경우를 낳은 양대박은 아들이 그 나이쯤 되
었을 때 진중에서 죽었다. 양경우는 아우 양형우(梁亨遇)와 함께 부친
의 영구를 싣고 청계동으로 돌아왔다. 양경우는 운암(雲巖)에서 왜적

을 크게 무찌른 전투장면을 그린 〈운암파왜도(雲巖破倭圖)〉를 청계동 집에 걸어두었다. 운암은 현재 임실의 운암저수지다.

양경우는 자가 자점(子漸), 호가 제호(霽湖)다. 그의 부친 양대박이 서얼임에도 시문에 뛰어나 학관(學官)의 벼슬을 지내고 또 종사관(從事官)으로 차출되어 사대외교에 큰 힘을 보태었던 것과 같이, 양경우 역시 김류(金瑬)와 유근(柳根)의 종사관이 되어 중국 사신들에게 동방의 문장을 크게 떨쳤다. 광해군 10년(1618) 인목대비가 출궁을 당하자 아우 양형우가 상소를 올렸다가 회령(會寧)으로 유배되고 뒤이어 이항복(李恒福) 등 서인의 중요 인물들이 차례로 유배되자 양경우는 서울생활을 청산하고 청계동 상류에 있는 제호(霽湖, 霽巖라고도 한다)로 들어갔다. 그의 호 제호가 여기에서 비롯된 것이다.

양경우는 제호에 고금당(鼓琴堂)을 짓고 세사를 완전히 끊어버렸다. 제호는 생애동(生涯洞)에 있다. 생애동에는 임제의 집이 있었으니 제호의 원래 주인은 임제였다. 임제가 지은 시에 따르면 이곳에는 봄날이면 배꽃이 하얗게 피고 달빛이 어리는 가운데 소쩍새가 우는 운치가 있었다고 한다. 조위한(趙緯韓)도 벗 임제를 찾아 배를 타고 이곳으로 나들이를 하곤 했다. 그러다 임제가 떠난 후 생애동은 양경우의 차지가 되었다.

양경우가 고금당을 지은 것은 제호로 들어온 이듬해 겨울이었다. 조그만 초가를 짓고 2경(頃)의 작은 밭에 콩과 조를 심었다. 해가 뜨면 숲의 안개가 걷히고 갈대가 바람에 나부꼈다. 밝은 달이 뜰에 비치고 구름은 창문에 와닿았다. 솔숲으로 병풍을 삼고 대숲으로 문을

운암파왜도 양대박이 임실의 운암에서 왜적을 격파하는 모습을 묘사한 판화. 『양사마실기』라는 책의 앞부분에 실려 있다.

삼았다. 제호에는 여덟 가지 아름다운 풍광이 있어 양경우는 이를 팔경시(八景詩)로 노래하였다. 집 뒤에 세 겹의 아름다운 암벽이 있어 「삼첩분벽(三疊粉壁)」이라 하였고, 100경의 넓고 맑은 못이 있어 「백경징담(百頃澄潭)」이라 하였으며, 솔숲 속의 여울에 비단처럼 고운 바위가 있어 「금탄금석(金灘錦石)」이라 하였고, 흰 물새가 내려앉은 듯한 흰 모래가 퍼진 백포의 아름다움은 「백포명사(白浦明沙)」라 하였다. 맑게 퍼지는 구미암(龜尾庵)의 저녁 종소리를 듣고 「구암모경(龜菴暮磬)」이라 하였고, 가을 달빛 아래 흰 학이 너울너울 춤추는 응령(鷹嶺)을 「응령추월(鷹嶺秋月)」이라 하였으며, 한밤에 고기잡이배를 띄운 풍류를 「고주야등(孤舟夜燈)」이라 하였고, 집을 두르고 있는 빽빽한 솔숲의 눈 덮인 솔가지가 마루의 발로 드리워진 모습을 「난송청설(亂松晴雪)」이라 하였다. 양경우는 이러한 곳에서 도우(道友) 조위한, 그리고 아우 양형우와 어울려 맑은 흥취를 즐겼다.

> 골짜기에 마을은 드물고 길은 호젓한데
> 고깃배는 갈대숲 물가에 매여 있네.
> 돌아가는 구름이 비를 끌어오니 온 시내가 어둑한데
> 병든 나뭇잎은 바람을 받아 빈집 온통 가을빛이라네.
> 수압향로에서 피어나는 향불 연기 보노라니
> 느지막이 시흥이 모래톱 갈매기에게서 일어나네.
> 이웃 늙은이 간 후에 문을 다시 닫아걸고
> 바둑판과 바둑알도 흩어진 채 그냥 둔다네.

청계동

양대박은 청계정사의 풍경을 "난초길은 고운 나무 정원으로 가늘게 나 있고,
복사꽃은 무릉의 물결에 밀리서 떠오네"라 하였다.

峽口村稀逕路幽　漁舟繫在荻花洲

歸雲曳雨一川暗　病葉受風虛閣秋

坐看香烟生睡鴨　晚來詩興到沙鷗

隣翁去後門還掩　玉子紋楸散不收

양경우,「제호정사에서 소옹과 운을 나누어 시를 짓는데 추자를 얻
다(霽湖精舍與素翁分韻得秋字)」,『제호집(霽湖集)』

양경우가 제호에 물러나 살던 1623년 장유(張維)가 그의 집에 놀러
왔다. 장유는 양경우를 제호사백(霽湖詞伯)이라 불렀으니 그의 시재를
높게 평가하였음을 알 수 있다. 비슷한 시기 조위한의 아우 조찬한(趙
纘韓)과 유근(柳根), 조희일(趙希逸) 등도 가끔 시회에 참여하였다. 한
적한 남원의 제호가 17세기 중요한 문화공간이 되었음을 알 수 있다.

양경우는 인조반정이 일어나던 무렵 서울에 있었다. 반정을 준비
하던 김류가 양경우에게 동참을 권하였다. 이에 양경우는 처지가 다
르므로 공명을 바라고 참여할 수는 없다 하고 다시 고향으로 내려왔
다. 인조반정이 성공한 후 아우는 유배에서 풀려나 충청도사(忠淸都
事)에 임명되었지만 부임하지 못하고 죽었고, 양경우 역시 곧이어 이
승을 떠났다. 죽음에 임하여 스스로의 죽음을 애도하여 지은 시가 남
아 있다.

교룡산에 와서 누우니

온갖 시름 다 없다.

솔가지 달빛 찬 곳

베개 베면 서리 내리겠지.

歸臥蛟山 萬慮俱亡

松枝月冷 一枕千霜

　양경우는 부친의 산소가 있는 교룡산에 함께 묻혔다. 김류는 평생
의 세 가지 한스러운 일 중의 하나로, 양경우가 밝은 시대에 뛰어난
재주를 펼치지 못한 것을 들었다. 남원 성촌(省村)에 내려와 살던 벗
조위한은 그의 시를 지리산에 비하여 다음과 같이 평하였다.

　한번 읊고 한번 외는 것이 모두 두류산 8만 4천 봉우리에서 나왔
으니 기상이 조용하고 법도가 삼엄하다. 공의 시를 보면 또한 방장
산의 빼어남을 볼 수 있다. 이로써 공의 타고난 기상이 전적으로 이
산에서 나온 것임을 알 수 있다.

조위한, 「청계집의 발문(靑溪集跋)」, 『현곡집(玄谷集)』

제호에서의 뱃놀이와 제암선유기

　양경우가 죽은 지 10여 년이 지난 인조 11년(1633), 남선(南恕)은 그
의 아우 남도(南翿)와 벗 신유(申濡), 오첨경(吳添慶), 황위(黃暐) 등과
함께 양대박이 살았던 청계와 양경우가 살았던 제호를 유람하였다. 남
선은 「제암선유기(霽巖船遊記)」에서 다음과 같이 제호를 칭송하였다.

호남의 한 도(道)에 50여 고을이 있는데 오직 남원 한 고을이 산수가 가장 뛰어나다. 남원 한 고을이 백여 리가 되지만 오직 제암 한 구역이 기이함과 빼어남이 으뜸이다. 무엇 때문에 바위라고 지칭하는가? 그곳에 층층의 바위가 있어 곳곳이 쭉쭉 뻗어올라 겹겹의 산봉우리가 되기 때문이다. 바위 아래 호수가 있는데 하나는 동성원(東城院) 아래에서 발원하고 하나는 온진정(蘊眞亭)에서 발원하여 아래로 흘러 하나로 합쳐지고 하나가 되어서는 호수와 같기 때문에 사람들이 바위라고도 하고 호수라고도 하는 것이다. 제호는 남원과 순창(淳昌), 옥과(玉果) 등 세 고을의 경계가 만나는 곳

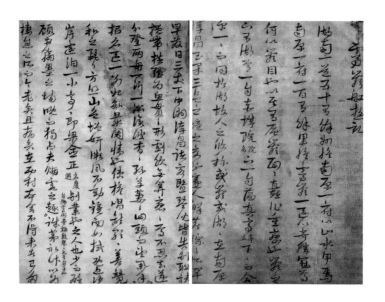

제암선유기 남선이 짓고 쓴 글로 남선의 후손가에 소장되어 있다. 제암은 곧 양경우가 살던 제호를 가리킨다. 왼쪽 면 가운데 '양첨정의 별업'에 대한 기사가 보인다.

에 있는데, 땅이 으슥하고 사람이 없어 속인의 발걸음이 거의 이르지 않는다.

제호는 사람들에게 알려지지 않은 땅이었다. 그런데 순창에 살던 신유가 서울로 올라가 날마다 사람들에게 제호의 아름다움을 말하였다. 이에 남선은 부친이 남원부사가 되자 벗들과 함께 세 마리 말을 타고 제호를 향해 갔다. 이들 일행은 안처순(安處順)의 영사정(永思亭)을 지나 청계에 이르렀다. 양쪽 벼랑이 나뭇단처럼 서 있는데 가운데 길이 하나 있고 길가에 강물이 있었다. 이 강물이 곧 제호의 하류다. 물이 깊은 곳은 소가 되고 얕은 곳은 여울이 되는데 굽이굽이마다 밝은 모래밭이 있고 곳곳에 기암괴석이 자리하여 한점 티끌이 없었다. 그 사이에 앉을 수도 누울 수도 노닐 수도 구경할 수도 있는 곳이었다.

오늘날 제호가 있는 생애동은 주생면에 있고 맹씨(孟氏)의 집성촌이 형성되어 있다. 그러나 당시 그곳에는 터줏대감 격인 의원 방씨(房氏)가 살고 있었다. 그의 말에 따르면 제호에는 신령한 용이 살고 있어 놀러 온 사람들이 배를 띄우면 매번 비바람의 변고가 생겼다고 한다. 그러나 남선 일행은 천우신조로 날이 맑아 뱃놀이를 즐길 수 있었다. 강언덕에 정자가 하나 있었는데 남원사또 김홍원(金弘遠)의 것이었다. 다시 그 옆에 구미사(龜尾寺)라는 절이 있었다. 일행은 이 절에서 하루를 묵고 새벽에 다시 물가로 나섰다. 새벽 여명, 산은 텅 비고 강은 적막한데 오직 물새만이 끼룩끼룩 울며 안개 사이로 날아다녔다. 숙취로 아직 정신이 들지 않아 핏발이 선 눈은 어두침침하여 아무

것도 보이지 않았다. 다만 아래의 강과 위의 산을 보니 똑같은 푸른 빛깔인지라, 아스라하게 먼 옛날 천지의 혼돈이 안정되기 이전의 모습과 같았다. 물과 불이 동탕치는 태초의 땅인지, 아스라한 사막의 땅인지 알 수가 없었다. 해가 오를 즈음 양경우의 별서와 그 곁에 있는 임제의 별서에 이르렀다.

빛나는 햇살이 막 비치어 산빛이 고움을 더하고, 산들바람도 불지 않아 거울을 닦아놓은 듯 수면이 고요하였다. 모래언덕에 가까이 가서 급히 작은 정자에 배를 대었다. 정자는 곧 첨정(僉正) 양경우의 별서다. 그 사람은 젊어서 문장가들이 모이는 곳을 엿보다가 늘그막에 저 산수의 맛을 홀로 차지하였다. 스스로 제호(霽湖)로 호를 삼고 집의 이름을 고금당(鼓琴堂)이라 하였는데, 편액은 직접 쓴 것이다. 이곳에 살 집을 처음 정하고 은거할 곳으로 삼았는데 이제는 늙고 병들어 광주 서촌(西村)의 본가에 있어 오지 못하게 된 지가 이미 여러 해라고 한다. 산과 물이 그를 기다리는 듯, 원숭이와 학이 이를 하소연하는 듯 하다. 온 시렁에 거문고 악보책이 그득하고 벽에는 모두 그림이 걸려 있었다. 그 깨끗한 뜻이 손에 잡힐 듯 선하다. 오동잎 아래, 철쭉꽃 아래 그가 거닐던 자취를 볼 수 있을 듯하다. 우리들이 서로 말하였다. "이 늙은이가 이 정자에 있었다면 그가 반드시 우리의 망아지를 잡아 오늘 저녁을 영원하도록 하였을 터인데."

강을 건너 바라보니 끊어진 벼랑이 높게 솟았는데 울퉁불퉁하게 땅을 깎아놓아 예전에 무슨 터가 있었던 같았다. 곁에 있는 사람들에게 물어보니 합강정(合江亭)이 있던 곳이라 하는데 제호에서 이름을 날렸다 한다. 누구의 것인지는 알지 못하겠으나 이와 같이 부서졌으니 애석하다. 방황하면서 둘러보다가 다시 배에 오르려 하니 뱃사공이 만류하였다. "앞에 얕은 여울이 있는데 배가 반드시 멈출 것입니다. 차라리 말을 타고 가는 것이 편하고 빠를 것입니다."

이에 말로 몇 마장(馬場)을 가서 무진장(無盡藏)을 찾아갔다. 무진장은 곧 백호(白湖) 임께가 살던 곳이다. 지금 주인이 된 자는 윤현(尹礥)이라는 사람이라 한다. 산 한 자락이 구불구불 뻗어내려 수백 보를 달리다가 물을 만나 멈춘다. 그 위에 이 정자가 있다. 시원한 소나무와 빽빽한 나무가 그 아래를 빙 두르고 있다. 넓은 들판과 긴 강이 그 앞을 질러 차지하고 있다. 정말 조물주가 굳게 힘을 들인 곳이다. 서로 더불어 올라 눈길 닿는 데까지 바라보니, 긴 제방에 해가 지는데 목동들이 다투어 피리를 분다. 먼 포구에 외로운 연기가 일어나고 뱃노래가 가지런히 울려퍼진다. 살구꽃 핀 마을에 부들잎이 못에 그득한 모습이 또렷하고 역력하여 먼 듯도 하고 가까운 듯도 한데 그 가운데 좋은 볼거리를 이루 다 적을 수 없다.

남선은 제호에서 양대박의 집이 있던 청계로 다시 돌아와 남원을 대표하는 양대박과 양경우 두 사람의 삶을 평가하여 이들의 뛰어난 문장은 아름다운 산수에서 나온 것이라 하였다.

첨정 양경우의 부친 양대박이 시로 세상에 명성을 날렸는데 스스

부자충의문 양대박과 양경우 부자의 충의를 기념하여 세운 정각으로, 남원군 주생면 상동리에 있다.

로의 호를 청계라 하고 당호를 점역당이라 하였다. 정정한 자태로 신수에서 노닐기로 맹약을 맺었는데, 불행히 임진왜란을 만나자 의병을 규합하여 나라를 위해 힘쓰다가 병을 얻어 죽었다. 집도 병화에 불타고 이제 지은 시 약간 편이 간행되었다 한다. 그 대범한 자태를 생각하니 충과 의를 위하여 강개한 것이 뒷사람으로 하여금 경모하게 한다. 이에 여러 공들에게 말하였다. "양씨 부자의 문장은 세상에 어깨를 나란히 할 이가 드물다. 이제야 신하의 맑은 기운이 인걸을 만들어내었다는 것을 알겠구나."

양경우 부자가 살던 곳은 자취가 희미하다. 양대박의 집 점역당은 임진왜란 때 불타버렸다. 그리고 기억에도 희미해졌다. 점역당은 양대박의 집이었지만 양경우의 현손 양명진(梁命辰)이 쓴 양경우의 가장(家狀)에는 점역당이 양경우의 당호라고 하였으니 어느 것이 맞는지 알 수 없다. 어쨌든 이들은 문장으로 세상에 이름을 남겼으니, 역시 문장을 불후의 성사(盛事)라 한 말은 그르지 않다. 🖬

강화 앵두파의 초당과 권필

작은 오건을 쓰고 당시 한 권을 손에 들고

노니노라면 새소리와 꽃그림자가

술병과 차솥을 떠나지 않는다

권필의 집터 권필의 집이 있던 곳인데 지금은 연고가 없는 농부가 살고 있다.

마포의 현석촌

목릉성세(穆陵盛世)는 뛰어난 인물이 많이 배출된 선조 연간을 이르는 말이다. 목릉성세에는 제제다사(濟濟多士)들이 문단의 우이(牛耳)를 잡으려 다투었지만, 한시사의 흐름에서는 단연 석주(石洲) 권필(權韠, 1569~1612)을 그 으뜸으로 꼽는다. 권필은 선조의 재위기간(1568~1608)을 꽉 채워 살다가 광해군이 왕위에 오른 후 4년 만에 이승을 떠났으니 선조의 능호(陵號)를 빌린 목릉성세라는 명칭에 가장 부합하는 인물이기도 하다.

그러한 권필에게서 가장 의미 있는 공간 중 하나는 마포의 현석촌(玄石村)이다. 그곳에서 태어났고 그곳에서 젊은 날 시주(詩酒)의 풍류를 즐겼다. 현석촌 앞의 서호(西湖)는 중국의 서호와 명칭이 같거니와 이른 시기부터 한강의 유흥지로 각광을 받아 중국 사신들이 오면 으레 뱃놀이를 하던 곳이며, 관료들의 계회(契會)와 연회(宴會)가 자주 열린 곳이기도 하다. 이름난 인물들의 정자도 즐비하였으니 효령대군의 희우정(喜雨亭)과 그 이름을 바꾼 월산대군의 망원정(望遠亭), 안평대군의 소유였다가 신숙주의 소유로 바뀐 담담정(淡淡亭) 등이 15세기를 대표하는 서호의 정자였다.

16세기의 서호는 이러한 흥청거림과 더불어 정치적으로나 경제적으로 영락하여 도성 안에서 버틸 만한 형세가 못 되거나 정치적인 이유로 스스로 도성을 등지고 싶어한 사대부들의 임시 거처로도 환영받았다. 강변에 토정(土亭)을 짓고 살았던 이지함(李之菡)이 그 선성(先聲)이 되었으며, 유몽인(柳夢寅)도 마포에 살았다. 권필과 절친하였던 조위한(趙緯韓), 이정구(李廷龜), 이안눌(李安訥) 등도 정치적으로 어려운 시기 양화도와 현석동에 우거한 바 있다.

16세기 후반 서호의 풍류는 권필에 의하여 절정에 달하였다. 현석촌은 권필의 조부 권기(權祺) 때부터 이 집안과 인연을 맺게 되었다. 그의 집안 안동권씨는 조선을 대표하는 명문이다. 조선의 학문을 개창한 권근(權近)의 후예들 중에 명환이 많이 배출되었으니, 권제(權踶), 권람(權擥), 권건(權健), 권율(權慄) 등이 대를 이어 가문을 빛내었다. 공훈과 벼슬로 가문을 빛낸 이들 외에도 문장으로 가문의 영광을 더한 이가 있었으니 권벽(權擘), 권필 부자가 그러하다. 권벽은 권제의 막내아우인 권준(權蹲)의 후예다. 권필의 집안은 대대로 벼슬이 끊이지는 않았지만 화려함으로 세상을 울린 것은 아니었다. 그의 조부 권기가 문과에 올라 승지를 지내는 등 촉망받는 관료로 행세하였지만 중종 때 실세였던 김안로(金安老)의 미움을 받아 명례동(明禮洞)에서 현석촌 반송지(盤松池)로 물러나게 되었고, 이때부터 권문세가의 대열에서 밀려나게 되었다.

권벽은 부친을 이어 현석촌에 살며, 호를 안배당(安排堂) 혹은 습재(習齋)라 하였다. 문헌에 기록된 바는 없지만, 현석촌에 안배당이나 습재라는 현액을 걸고 살았을 것이다. 젊은 시절에는 경세(經世)에 뜻을 두었으나 29세에 을사사화가 일어나 벗 안명세(安明世)와 윤결(尹潔)이 희생되자 세사를 멀리하기 시작하였다. 동지사(冬至使) 서장관(書狀官)으로 중국에 두 번이나 다녀왔으니 세상을 울릴 만한 재주를 지녔던 것은 분명하지만, 정작 그가 힘을 기울인 것은 시였다. 권벽의 집 인근에 살던 이정구는 권벽이 허름한 말에 초라한 하인을 거느리고 구불구불 길을 가는데 그 뜻이 퇴고(推敲)에 있었다고 하여 불우한 시인 가도(賈島)에 비겼다. 그리고 "시에다 지혜를 깃들이고 벼슬길에 자취를 감춘 사람"이라 평하였으니, 이 짧은 말에 그의 삶이 요약되어 있다. 그러기에 그의 행적은 도성과 변방, 그리고 중국에까지 미쳤지만 마음은 현석촌에 있었던 것으로 추정된다. 임진왜란으로 잠시 현석촌을 비웠지만, 한양이 수복되자 현석촌으로 돌아와 그곳에서 세상을 떠났다.

그 아들 권필의 삶은 더욱 방달하였다. 권필은 자가 여장(汝章), 호가 석주(石洲)인데, 석주는 곧 현석촌의 물가라는 뜻인 듯하다. 젊은 시절 권필은 이안눌과 절친하여 남산 밑 이안눌의 집에서 함께 공부하였고, 또 양주의 정토사(淨土寺)에서 함께 독서하며 경세의 뜻을 닦는 한편, 아름다운 서호에 모여 자신들을 알아주지 않는 시대를 슬퍼하며 시와 술로 근심을 풀기도 하였다. 특히 서호의 양의당(兩宜堂)은 젊은 시절 권필의 독서와 풍류의 장이었다. 젊은 날 권필은 이곳에서 이안눌과 독서하였고, 이후에도 이안눌·이호민(李好閔)·조위한 등의 벗들과 어울렸다. 인근에 있던 추랑(秋娘)이라는 기생의 집에서 술을 퍼마시고 양의당에 올라 시를 짓기도 하였다. 훗날 이때의 일을 회상하여 권필은 다음과 같은 시를 지었다.

술김에 쓴 시 백 편이었지
붓끝에 좋은 풍광 옮겨왔더니,

시는 흩어져 찾을 수 없는데
바람과 안개만 예전과 같구나.
酒後詩成一百篇　筆端移得好風煙
詩篇散落無尋處　只有風煙似昔年
권필, 「서호에서 옛일이 느꺼워서(西湖感舊)」, 『석주집(石洲集)』

1590년 권필은 이안눌과 양의당에서 노닐며 많은 시를 지었다. 술
김에 한번 붓을 휘두르면 100편을 지어 서호의 아름다운 풍광을 모두
시에 담았다고 회고한 바 있다. 양의당에서 독서를 하는 여가에 서호
에서 동호까지 배를 타고 오르내리면서 시주로 낭만을 즐기는 모습은
다음 한시에서 잘 드러난다. 봄이 온 한강의 모습을 죽지사(竹枝詞)
스타일로 낭만적으로 그려낸 작품이다.

2월이라 강마을에 꽃과 버들개지 날리는데
물 깊고 모래 따스하여 갈대 싹이 통통하다.
고기 잡는 아이들 밤늦도록 노래하고 나니
나루에 달 돋을 때 사람 소리 사라졌네.
二月江村花絮飛　水深沙暖荻芽肥
漁童入夜唱歌去　渡口月生人語稀

희우정에 아침비 지나더니
양화나루에 고운 풀 많아졌네.

강물의 북소리에 상인은 술에 취하고
언덕에는 여인들이 다투어 노래하네.

喜雨亭邊朝雨過　楊花渡頭芳草多
江中擊鼓賈客醉　堤上女郞爭唱歌

권필, 「봄강의 노래(春江詞效竹枝歌)」, 『석주집』

현석촌에 있던 권필의 집은 앞쪽의 한강만 아름다운 것이 아니었
다. 집 뒤쪽에도 진송(眞松) 두 그루, 노송(老松) 한 그루, 해송(海松) 한
그루, 단풍나무 한 그루, 적목(赤木) 두 그루 등 아름다운 나무들이 있
었는데 그의 조부 권기가 심은 것이었다. 권필은 서촌(西村)에 으리으
리한 집들이 늘어서 있지만 자신의 집에 있는 이 나무보다 멋진 것은
없다고 생각하였다. 그러나 전쟁통에 이 나무들은 무사하지 못하였
다. 1593년 강화도로 피난가 있다가 돌아와 보니 해송만 빼고 모두 잿
더미가 되어 있었다. 권필은 해송을 서너 바퀴나 돌면서 감개에 빠졌
다. 그런데 이듬해 그 해송마저 사람들이 베어가 버렸다. 조부가 물려
준 집은 남았지만 그곳의 운치는 사라져 버렸기에 장편의 시를 지어
조부가 물려준 나무를 지키지 못한 자신의 신세를 한탄하였다.

실의에 의해 높아진 시명

1591년 스승 정철(鄭澈)이 이산해(李山海) 등 동인세력에 의해 밀려
나자 권필은 실의에 빠졌다. 게다가 곧이어 터진 임진왜란은 젊은 날
의 풍류와 낭만을 앗아갔다. 권필은 이곳저곳으로 피란을 다니다가

집터 옆의 개울 강화도 권필의 집터는 흔적이 없다. 전하는 말에 그 곁의 개울가에
권필이 마시던 우물이 있었다고 한다.

1592년 5월 나주에서 의병을 일으킨 김천일(金千鎰)과 합류하였고 이
듬해 의병을 따라 강화도로 들어갔다. 그해 세밑에 부친도 강화도로
따라왔다. 권필이 살던 강화도의 집은 삼해면, 오늘날 송해면 하도리
홍매촌(紅梅村)에 있었다. 그의 집터는 권필의 아들 권항(權伉)이 사마
시(司馬試)에 급제하여 잔치를 열었다고 하여 경연기(慶筵基)라고도
하고, 세마(洗馬) 벼슬을 하였다 하여 세마기(洗馬基)라고도 한다.

　강화도는 이성(李晟)에게 시집간 큰누이가 살고 있던 곳이거니와,
훗날 그의 스승 정철도 이곳에서 만년을 보내다가 세상을 뜨게 되는
의미 깊은 곳이다. 이 무렵 강화도에는 많은 인물들이 살고 있었다.
1591년 황신(黃愼)이 강화도로 들어와서 상도리의 추포(秋浦)와 붉은

리의 추풍정(秋風亭)에 우거하면서 호를 추포라 하였다. 황신과 함께 강화도의 서원에 제향되었던 송연(宋淵)도 선원면의 연곡(烟谷)에 살고 있었다. 송연은 정철의 아들 정홍명(鄭弘溟)과 함께 현석촌 반송지에서 밤새 술을 마신 적도 있었다. 패랭이를 쓰고 방달하게 살았던 벗 성로(成輅) 역시 이 시기 강화도에 있으면서 호를 해객(海客)이라 하였다. 성로는 그후 1602년 양화도 근처에 삼일당(三一堂)을 짓고 살았으니, 권필과는 서호와 강화도를 함께 누린 벗이라 하겠다. 권필은 그의 서호 집을 위하여 연작시를 지어주기도 했다. 훗날 권필이 죽자 성로는 자신의 문집을 모두 불태우고 문밖출입을 하지 않아 벗과의 절의를 지켰다.

전란이 잠시 소강상태에 접어들자 권필은 강화도에서 나와 서울로 올라가 현석촌을 둘러보았다. 그러나 그렇게 자랑하던 조부가 심은 아름다운 나무들이 전쟁을 겪으면서 모두 불타버려 오히려 상심만 더하였다. 실의에 빠진 권필은 마음으로 의지하던 누님이 살고 있는 장성으로 내려갔다. 장성에 딸린 진원현의 수류촌(水流村)에는 송제민(宋濟民)이라는 고사(高士)가 살고 있었다. 이때의 인연으로 그의 딸과 혼인을 하게 되었으니, 전란 중에 그나마 위안이 되었을 것이다. 그러나 이러한 기쁨도 잠시, 호남땅을 초토화시킨 정유재란에 그의 매부 윤진(尹軫)이 남원을 지키려다 순절하였고 누님도 자결하였다. 이보다 앞서 큰매부 이성은 전쟁통에 왜적에게 피살당하였다. 그는 전란으로 가족들을 연이어 잃는 아픔을 겪어야 했다.

아픔과 실의 속에 전쟁이 종식되었다. 그동안 만나지 못하였던 이안

눌, 조위한, 조찬한 등의 벗을 다시 만나 한바탕 술을 마시며 한편으로
반가운 마음을, 한편으로 서러운 세상사를 두고 강개하였다. 이안눌
과 조위한은 과거에 급제하여 벼슬길로 나아갔으나 자신은 여전히 포
의(布衣)의 신세였으니 마음이 편하였을 리 없다. 게다가 병도 끊이지
않았다. 병석에서 여윈 몸으로 벗들을 보내고 그리워하는 시를 지었
다. 벗 조찬한을 찾아 전라도 진원현의 토천(土泉)까지 간 적도 있다.
사랑하던 벗 구용(具容)이 요절하자 그 영혼을 애도하는 시를 지었다.

　당시 크게 문명을 떨치고 있던 벗들과 어울려 시를 짓는 가운데 그
의 시명은 점점 높아졌다. 선조도 구용의 죽음을 아파한 권필의 시를
읽고 감탄을 금치 못할 정도였다. 그래서 비록 포의의 신분이지만 조
정의 부름을 받았다. 1601년 권필은 이정구의 추천으로 중국 사신을
영접하는 행차의 제술관(製述官)으로 발탁되었다. 원접사(遠接使) 이
정구의 문명은 당시 이미 높았거니와, 종사관으로 있던 이안눌, 박동
열(朴東說), 홍서봉(洪瑞鳳), 그리고 함께 제술관이 된 차천로(車天輅),
양경우(梁慶遇) 등 일행 모두가 목릉성세를 대표하는 시인들이었다.
게다가 명필로 이름이 높은 김현성(金玄成), 한호(韓濩)까지 가담하였
다. 영위사(迎慰使)로 이호민(李好閔)이 합세하고, 당시 평양에 살던
최립(崔岦)도 모였다. 문성(文星)이 관서(關西)에 모였다는 세평(世評)
이 있었거니와, 권필의 인생에 이처럼 성대한 모임은 다시 없었을 것
이다.

　이 자리에서 붓을 휘두른 권필은 그 시명을 더욱 떨치게 된다. 이로
인해 1603년 윤근수(尹根壽)의 추천을 받아 동몽교관(童蒙敎官)에 올

랐다. 그렇지만 권필은 벼슬살이에 능하지 않다는 이유로 벼슬을 팽개쳤다. 「해직되고 나서 쓰다(解職後題)」라는 시에서는 술에 취했다가 관장(官長)의 욕을 먹을 바에야 차라리 돌아가 야인(野人)으로 사는 것이 더 낫다고 하였다.

앵두파의 초당

권필은 강화도로 다시 돌아와 고려산 아래 오류천(五流川) 위쪽 소유동(小有洞) 앵두파(櫻桃坡)에 초당을 짓고 살았다. 평생의 벗 이안눌이 훗날 그곳을 지나면서 지은 시에는 오리(烏里)라 하였으니 마을 이름은 오리였던 모양이다.

작은 초가를 개울가에 막 짓고서
꽃나무 새로 심었지만 아직 숲은 아니라네.
어릿어릿 버들을 심어 이웃집과 막았더니
이제는 고운 빛이 깊어지지 않았겠나?
小屋初營澗水潯 新栽花木未成林
殷勤種柳遮隣舍 嫩色如今深未深

권필, 「병석에서 밤비 소리를 듣고 초당이 그리워서 평소의 뜻을 적는다
(病中聞夜雨有懷草堂因敍平生二十四首)」, 『석주집』

이 시는 훗날 그가 홍매촌에 머물 때 병석에서 지은 시 중 하나다. 이어지는 시에도 초당의 모습이 잘 묘사되어 있다. 초당 난간 너머에

고 려 산

권필은 고려산 아래 오류천 곁 앵두파에 집을 짓고 살았다.

는 반송 한 그루가 있는데 가지가 축축 늘어져 늙은 용의 형상이었다. 산들바람이라도 불면 시원한 소리를 내었다. 그러면 상쾌한 기분이 들어 얼굴의 술기운이 가셨다. 계단에는 붉은 접시꽃과 흰 접시꽃을 섞어 심었다. 접시꽃은 해를 따라 돈다. 물러나도 임금에 대한 충성심은 버리지 않는다는 뜻을 부친 것이리라.

권필은 초당의 뜰에 오동나무도 심었다. 이 오동나무가 자라면 그늘을 드리울 것이고 그러면 푸른 잎을 따서 시를 적겠노라 하였다. 오동잎에 시를 쓰는 운치를 꿈꾼 것이다. 동쪽 뜰에는 치자 넝쿨을 심었는데 가지가 처마를 향하도록 하였다. 아침햇살이 넝쿨을 비추는 모습이 아름다웠다. 복사꽃나무도 구하여 물가에 심었다. 복사꽃이 피어 떨어지면 개울을 따라 내려갈 것이고, 그러면 그 꽃을 보고 사람들이 이곳이 무릉도원(武陵桃源)인 줄 알고 찾아올까 겁난다고 너스레를 떨었다. 국화도 열 포기 가량 심었다. 담황빛과 순백색, 심홍색 등 여러 종류를 심어두어 중양절을 기다렸다. 권필은 국화를 매우 좋아하여 자신의 호를 국재옹(菊齋翁)이라고까지 하였다.

초당에서 개울을 따라 남쪽으로 100보쯤 내려가면 작은 석문(石門)이 있는데, 몇 척 정도 되는 폭포가 그 아래 못으로 떨어졌다. 사방이 산으로 에워싸여 절로 별천지를 이루었다. 권필은 두보(杜甫)의 시에서 "만고의 세월 동안 구지혈은, 몰래 소유천과 통해 있구나(萬古仇池穴 潛通小有川)"라 한 구절을 따서 이 골짜기를 소유동(小有洞)이라 하였다. 또 초당 서쪽에 벼랑을 따라 앵두나무를 심어두었기에 이름을 앵두파(櫻桃坡)라 하였다. 앵두파 아래에는 작은 샘을 팠는데 물맛이 시원하였다. 개울 남쪽에는 무논 터가 있었는데 지형을 따라 상하로 못을 만들었다. 또 월출봉(月出峯) 한 줄기가 구불구불 초당 남쪽으로 내려와 10보쯤 떨어진 곳에서 끝이 나는데 그 아래 평평하고 넓은 터가 있어 소나무를 심고 머뭇거리면서 소요한다는 뜻으로 반환정(盤桓亭)이라 이름하였다. 다음은 훗날 권필이 이곳을 그리워하며 지은 24수 연작시의 한 수다.

술 취해 높은 정자에 오르니 푸른 산과 가까워라
홀로 지는 해를 바라보고 외로운 소나무를 만지노라.
망망한 너른 들판은 푸른 물결을 삼키는 듯
평생의 하해같이 넓은 회포를 풀 수 있겠네.
醉上危亭近碧峯　獨臨斜日撫孤松
茫茫巨野呑滄海　可瀉平生雲夢胸

권필,「병중에 밤비 소리를 듣고 초당이 그리워 평생의 일을 서술한다
(病中聞夜雨有懷草堂因敍平生)」,『석주집』

권필은 차츰 집 주변을 가꾸어나갔다. 집 곁에 버려진 땅이 있어 하인으로 하여금 정돈하게 하고 오동나무, 조릿대와 왕대, 그리고 꽃나무를 심어 쉴 만한 곳으로 삼았다. 그리고 그 이름을 서대(西臺)라 하였다. 다시 동쪽에도 대를 만들었다.

집 동쪽에 작은 언덕이 있다. 처음에는 버려진 땅이었다. 4월 초

하인들을 시켜 묵은 풀을 베고 썩은 나무를 치운 뒤 앵두나무 아래
작은 대를 만들었다. 크기는 침상을 놓을 만하고 높이는 집 높이에
이르렀다. 다 만들고 나서 작은 오건(烏巾)을 쓰고 당시(唐詩) 한 권
을 손에 들고 그 위에서 노니노라면 새소리와 꽃그림자가 술병과
차솥을 떠나지 않는다.

권필, 「꽃 아래의 작은 대에 대한 기문(花下小臺記)」, 『석주집』

앵두나무 그늘 아래의 누대에 올라 좋아하는 당시를 읽는데 새도
노래하고 꽃도 그림자를 드리운다. 시보다 아름다운 산문이다. 앵두
나무 아래 집 높이만 한 대 위에서 오건을 쓰고 당시를 손에 들고 차
를 끓이고 술을 따르는 권필의 모습을 그려볼 수 있다.

권필은 스스로 가꾼 초당에서 조용하게 살았다. 1595년 권필의 여
종이 밭을 갈다가 자루가 3촌에 두 되 정도 담을 수 있는 조그만 돌
솥을 하나 얻었다. 그 솥에 권필은 "버리면 돌이요, 쓰이면 그릇이라
(捨則石 用則器)"라고 새겼는데, 자신의 존재가 조정으로부터 버려졌
지만 재야에서는 쓰일 데가 있으리라는 뜻을 부친 것이리라.

이렇게 살던 권필에게 가끔 경기도관찰사로 있던 이정구가 찾아왔
다. 이정구는 권필이 떠난 마포의 현석촌에 보만정(保晚亭)을 짓고 살
다가 경기도관찰사로 부임하자 종종 권필의 초당을 찾았다. 가까운
곳에 살던 송연과 성로도 자주 그의 집을 찾았다. 송연은 1611년 강화
에서 마포의 서촌(西村)으로 이사갔다가 이듬해 다시 강화로 내려왔
고, 1612년 봄 권필의 이웃으로 이사를 하였다. 성로 역시 마포로 집

을 옮겼지만 가끔 강화도에 들렀다. 윤효지(尹孝止)라는 사람도 매번 술병을 들고 권필을 찾아왔기에 참으로 고맙게 생각하던 이웃이었다. 그는 오천초당(五川草堂)을 짓고 살았는데 권필은 그를 위하여 사시사(四時詞)를 지어주었다.

권필이 특히 아낀 사람은 시를 배우겠다고 찾아온 제자 송희갑(宋希甲)이었다. 그는 권필을 10년 동안 모시겠다고 결심까지 한 사람이었다. 강화도에 살 때 권필은 장티푸스에 걸려 수십 일 동안 사경을 헤맨 적이 있었다. 이때 송희갑이 지성으로 천한 일을 도맡아 하였다. 송희갑은 마을에서 10리 떨어진 권필의 초당을 매일 세 차례나 오가면서 40여 일간 병구완을 하였다. 초당을 만들 때 손을 걷어붙이고 나선 이도 그였다. 권필에게 쏟은 그의 정성은 인구에 회자되어 권필의 벗 조위한이 「송생전(宋生傳)」을 지어 그 행적을 기렸다. 권필은 그에게 아무것도 해줄 수 없는 것이 참으로 안타까웠다. 그래서 이렇게 물었다.

> 못난 내가 허명을 얻었으니 부끄러운데
> 천 리 먼 곳까지 상종한 이 송생이라네.
> 물 긷고 나무함에 이렇게 근실한데
> 너는 고생하여 무엇을 이루려 하나?
> 多慙寒劣得虛名 千里相從有宋生
> 汲水採薪勤服役 問渠辛苦欲何成
>
> 권필, 「병중에 밤비 소리를 듣고 초당이 그리워 평생의 일을 서술한다
> (病中聞夜雨有懷草堂因敍平生)」, 『석주집』

비참한 최후

1612년 2월 16일 김직재(金直哉)의 옥사가 일어났다. 황혁(黃赫)이 순화군(順和君)의 아들 진릉군(晉陵君)을 왕으로 추대하는 역모를 꾸몄다는 것이 김직재 옥사의 핵심이다. 순화군의 장인이자 황정욱(黃廷彧)의 아들인 황혁이 대북파(大北派)의 수괴 이이첨(李爾瞻)을 풍자하는 시를 썼다 하여 일어난 이 사건은 대북파가 소북파(小北派)를 제거하려 한 음모였다. 그러니 권필은 이 일과는 아무 상관이 없었다. 그러나 그의 운명이 다한 것이었을까? 관련인물들에 대한 가택수색을 하는 중에 황혁의 처남 조수륜(趙守倫)의 집에서 권필의 시가 하나 나왔다. 그 전해에 권필은 벗 임숙영(任叔英)이 전시(殿試)에서 외척이 횡포를 부리고 후비(后妃)가 정사에 간여하는 것을 비판한 글을 올렸다가 삭과(削科)의 벌을 받았다는 소식을 듣고 비분강개하여 '조정의 버들[宮柳]'에 빗대어 외척 유씨(柳氏)를 풍자하는 시를 지은 바 있다.

대궐의 버들은 푸릇푸릇 꽃은 어지럽게 날리는데
도성 가득한 관원들의 행차에 봄빛이 아름답네.
조정에서 태평세월의 즐거움을 다 하례하는데
누가 위태한 말이 포의에 입에서 나오게 하였던가?
宮柳靑靑花亂飛　滿城冠蓋媚春暉
朝家共賀昇平樂　誰遣危言出布衣

　　　　　　　권필,「임무숙의 삭과 소식을 듣고(聞任茂叔削科)」,『석주집』

이 시가 인구에 회자되자 외척인 유희분(柳希奮)이 권필에게 보복하려 하였으나 뜻을 이루지 못하였다. 그러던 중 조수륜의 집에서 표지에 권필의 시가 적혀 있는 책이 나왔으니, 유희분은 쾌재를 부르며 권필을 얽어넣으려 하였다. 광해군은 친국(親鞫)을 하면서 임금을 업신여기고 도리를 저버렸다며 권필의 죄를 물었다. 권필은 포의의 신분인 임숙영이 바른말을 했다가 욕을 보게 되자 위로하였을 뿐이라 변명하였다. 광해군과 유씨들은 이 시의 궁류(宮柳)가 외척 유씨를 가리키며, 조정의 여러 신하들이 모두 봄볕과 같은 임금의 뜻[春暉]에 아부한다고 해석한 것이다. 미(媚)는 아름답다는 뜻이므로 봄볕이 아름답다는 뜻으로도 해석되고 봄볕에 아부한다는 뜻으로도 풀이할 수 있다. 광해군은 권필의 변명에 더욱 화가 나서 형벌로 신문하게 하고 함경도 경원(慶源)으로 유배를 보내도록 하였다.

그러나 병약한 체질이었던 권필은 신문 도중 맞은 매를 이기지 못하고 동대문 바깥에서 객사하였다. 이안눌은 이때의 일을 이렇게 적었다.

임자년(1612) 4월 1일 여장(汝章)은 궁류(宮柳)라는 절구 때문에 대궐의 뜰에서 국문을 받았다. 2일 함경도 경원부로 유배가 결정되었다. 4일 길을 나서는데 병이 심해져 걸을 수가 없었다. 동대문 밖 길가의 인가에 멈추었다. 7일 저녁 세상을 떠났다. 이보다 앞서 어떤 사람이 그 집 창문 위에 시를 썼는데 "푸른 봄날 해마저 저무는데, 살구꽃 어지러이 붉은 꽃비처럼 떨어지네. 권군이여 다시 술 한

잔 하시게나, 술은 버들 무덤에는 이르지 못하니까(況是靑春日將暮
桃花亂落如紅雨 權君更進一盃酒 酒不到柳聆墳上土)"라 하였다. 여
장은 바로 그 창문 아래에서 죽었다. 그날은 신시(申時)였고 절기는
입하(立夏)였기에 뜰에 복사꽃이 어지럽게 떨어졌다. 아아, '권(勸)'
을 바꾸어 '권(權)'이라 하였고, '유영(劉伶)'을 '유영(柳聆)'이라고
바꾸어 썼다. 여장의 시화(詩禍)는 실로 유씨 집안에서 듣고 만들어
낸 것이다. 사람의 생사와 화복이 미리 정해진 것이 아님이 없다.

이안눌,「희열상인에게 주어 석주 권여장의 시에 나중에 차운하다
(贈熙悅上人追次石洲權汝章韻)」,『동악집』

1618년 이안눌이 강화도에 있을 때 쓴 시에 달린 주석에는 문제의
시가 "그대에게 권하노니 다시 술 한잔 하시게나, 술꾼인 유영의 무
덤에도 술이 가지 못하나니(勸君更進一盃酒 酒不到劉伶墳上土)"라 되
어 있다. 그래야 시의 뜻이 온전하다. 그런데 누군가 권필의 죽음을
예견하여 권(勸)을 권(權)이라 쓴 것이다. 유영(劉伶)은 죽림칠현(竹林
七賢)의 한 사람으로, 술을 칭송한「주덕송(酒德頌)」의 작가로 유명하
다. 늘 술병을 들고 나가면서 아랫사람으로 하여금 삽을 메고 따라오
게 하여 자기가 죽으면 그 자리에 파묻도록 한 고사가 있거니와, 한번
술을 마시면 한 섬이요 해장할 땐 다섯 말의 술을 마셨다는 오두해정
(五斗解酲)이라는 고사도 남긴 바 있다. 이를 '유영(柳聆)'이라 바꾸었
는데, 궁류(宮柳) 때문에 유(柳)라는 글자가 들어간 듯하다. 당시 이 이
야기는 널리 알려져 있었던 모양이다. 이수광(李睟光)은 권필이 잠시

머물렀던 집의 주인이 죽기 전날 권필에게 술을 한잔 권하였고, 이튿날 주인이 문짝을 뜯어 시상(尸床)으로 하였더니 문짝에 이 시가 적혀 있었으며, 마침 복사꽃이 담장 너머에 반쯤 져 있었다고 하였다.

권필은 고양의 위양리(渭陽里) 선산에 묻혔다. 오늘날 일산에 있는 황룡산 동남쪽 기슭의 상감천마을이다. 인조는 광해군의 실정을 바로잡으면서 권필에게 다시 제문을 내려 그 영혼을 위로하였다. 살아서는 변변한 벼슬 한번 하지 못했지만 저승에서 사헌부 지평(持平)이라는 벼슬을 받았다.

또 강화도와 권필의 인연이 잊혀져 가는 것을 안타깝게 여긴 4대손 권적(權禰)이 그가 살던 초당 터에 작은 유허비를 세웠다. 권필이 이

권필의 무덤 고양의 위양리 황룡산 기슭에 있다. 비문은 송시열이 썼다. 곁에 부친 권벽의 묘도 함께 있다.

석주선생 유허비 1739년 권필의 4대손 권적이 권필의 집터에 세운 비석.

세상에 나와 살던 땅에 남은 자취로는 이것이 유일하다. 지금은 아무런 연고 없는 사람의 밭 옆에 이 비석이 초라하게 서 있다. 전하는 말로는 그 앞 개울에 권필은 마시던 우물이 있었다는데, 얼마 전 홍수로 개울을 정비하면서 없어져 버렸다고 한다. 살아서 현달하지 못하였지만 현달하고자 하지 않았으니, 권필은 자신의 자취가 사라진 것을 아쉬워하지 않았으리라. 다만 유허비 앞의 늙은 느티나무는 오랜 세월을 거슬러 권필을 기억할지 모른다. 🗒

사랑과 혁명의 땅
우반동과 허균

개울은 반계의 물을 넓게 마주하고

산은 우반곡을 깊이 가무리고 있네

우반동 부안군 보안면 우동리 부안김씨의 세거지. 허균과 유형원 등
사회개혁을 주장한 문인들이 인근에 살았다.

부안의 우반십경

부안(扶安)은 개화(開火), 계발(戒發), 보안(保安), 낭주(浪州), 희안(喜安), 흔량매(欣良買) 등 여러 이름이 있지만, 고려시대에는 주로 부령(扶寧)으로 불렸다. 부안에는 능가산(楞伽山), 영주산(瀛洲山) 등으로도 불리는 변산(邊山)의 명성이 높아 시인묵객의 발걸음이 잦았으며 특히 소래사(蘇來寺, 후에 내소사로 명칭이 바뀜)는 고려 이래 명편의 산실이 되었다. 부안이 우리 문헌에 나타나는 것은 1199년 이규보(李奎報)가 전주목사록(全州牧司祿)에 임명되어 전주로 가는 길에 부령에서 주옥같은 시들을 뽑아내면서부터다. 조선 초기에는 이곳의 읍성과 객관 주변에 취원루(聚遠樓), 청원루(淸遠樓), 개풍루(凱風樓) 등의 누각이 들어서 이행(李荇), 김종직(金宗直) 등 조선 초기를 대표하는 문인이 들러 빼어난 제영(題詠)을 남겼다.

그러나 부안의 우반동(愚磻洞)이 우리 문헌에 나타나고 또 이를 소재로 삼은 문학작품이 등장하는 것은 16세기 중반 무렵 허진동(許震童)이 이곳에 살면서부터다. 김원행(金元行)의 묘갈명에 따르면 허진동은 태인허씨(泰仁許氏)로 자가 백기(伯起), 호가 동상(東湘)이다. 음사(蔭仕)로 벼슬길에 나아가 수운판관(水運判官)을 지냈으나 부친의 죽음에 임하여 우반동으로 물러나 우반정(愚磻亭)을 짓고 살았다. 그는 산수간에 자취를 묻고 학문을 연마하며 집 곁에 서재를 짓고 후학을 가르쳤다. 허진동이 죽은 후 사람들이 그의 행적을 기려, 그가 살던 곳을 군자지동(君子之洞)이라 하고 사당을 세워 제사를 지내기까지 하였다. 또 숙종 연간에는 그를 제향한 유천서원(柳川書院)이 세워졌다.

허진동의 모친이 박순(朴淳)의 누이다. 이 때문에 박순은 허진동이 자랑하는 우반동의 열 가지 아름다운 경치를 시로 읊은 바 있다. 우반 십경(愚磻十景)은 「사포의 장삿배(沙津賈舶)」, 「죽도의 고기잡이 등불(竹嶼漁燈)」, 「검모포의 뿔피리 소리(黔毛暮角)」, 「수정사의 새벽 종소리(水淨晨鍾」(박순의 문집에는 水落으로 되어 있으나 다른 사람의 글에는 水淨으로 되어 있다), 「선계의 맑은 폭포(仙溪晴瀑)」, 「이현의 낙락장송(梨峴長松)」, 「황암의 고적 답사(黃巖訪古)」, 「창굴암으로 스님 찾아가는 일(蒼窟尋僧)」, 「심원동의 사슴 구경(深原觀鹿)」, 「신전의 천렵(神箭打魚)」 등이다. 이름 하나하나가 변산 일대의 아름다운 풍광을 짐작케 한다.

유천서원 1652년 허진동을 제향하기 위하여 보안면 영전리에 세운 서원. 대원군 때 훼철되고 유허비만 남아 있었는데 최근 복원되었다.

박순의 시로 우반동의 아름다운 경관이 조야의 선비들에게 널리 알려졌다. 이정엄(李廷馣)이 박순의 시를 보고 우반동을 직접 찾아 허진동처럼 아름다운 곳으로 물러나 살 생각을 하고 박순의 시에 차운하여「우반십경」을 노래한 바 있으며, 허진동의 집을 빌려 매화와 대나무를 키우면서 살기도 하였다. 비슷한 시기 고용후(高用厚)도 우반동을 찾아 우반정에 걸려 있던 박순의 시에 차운하여 열 가지 아름다운 부안의 풍경을 노래하였다.

부안과의 인연

허균(許筠, 1569~1618)이 부안을 처음 찾은 것은 1601년이다. 사복시(司僕寺) 낭관(郞官)으로 있던 허균은 1601년 6월 전운판관(轉運判官)이 되어 호남에 있는 삼창(三倉)의 조운(漕運)을 감독하러 오가는 길에 부안에서 며칠을 머물렀다. 부안에 도착한 허균은 강한 매력을 느꼈다. 특히 봉래산(蓬萊山)과 같은 변산을 몹시 좋아하여 그 산기슭에 오두막을 짓고 살고 싶었다. 사람들로부터 산 가운데 우반동이 가장 살 만하다는 말을 들었지만 불행히 직접 가보지는 못하였다.

그후 허균은 병조정랑 등 여러 벼슬을 거쳤지만 튀는 행동으로 여러 차례 파직을 당했다. 1605년 수안군수(遂安郡守)로 나갔으나 불교를 믿는다는 탄핵을 받아 파직되었고, 1607년 삼척부사로 나갔지만 관아에 부처를 모시고 염불을 하다가 두 달 만에 다시 파직되었다. 그럼에도 집안의 든든한 배경에다 재주가 남달리 뛰어났기에 벼슬길이 막히지는 않았다. 파직된 지 두 달 만에 내자시정(內資寺正)이 되었고 다시 다섯 달 후에 공주목사가 되었다.

그러나 공주목사 역시 몇 달 하지 못하고 1608년 8월 다시 파직되었다. 허균은 이 일에 무척 화가 나서 서울로 가지 않고 생각해 두었던 부안의 우반동으로 들어가 살 결심을 하게 된다. 그에 대한 파직의 논의가 일던 7월, 허균은 부안군수로 있던 심광세(沈光世, 자는 德顯)에게 편지를 보내어 다음과 같이 말하였다.

내가 남의 입에 오르내렸으니 당연히 스스로 탄핵하고 물러가야 하겠지요. 그러나 거듭 말썽이 야기될까 두려워 지금까지 머뭇거리고 있소이다. 이미 어사(御使)에게 애걸하였으니 다음달에는 의당 판결이 나겠지요. 남도(南道)의 주인으로 오직 우리 형만 믿소이다. 신속으로 들어가서 살려는데 다만 두어 종놈의 호역(戶役)만 감해 준다면 나는 의당 그곳으로 가겠소이다. 가을바람이 솔솔 불고 귀뚜라미가 한창 울어댑니다. 남쪽 하늘을 바라보니 기러기와 함께 날아가고 싶소이다.

허균, 「부안사또 심광세에게 주다(與沈扶安)」, 『성소복부고(惺所覆瓿藁)』

8월 해직이 결정되었다. 심광세로부터 도움을 주겠다는 편지를 받자 허균은 가족들을 이끌고 부안으로 갔다. 심광세는 그를 위하여 성 안의 아전 집을 비워 허균 일가가 살 수 있도록 해주었다. 또 매일 고기와 곡식을 대주고 아침저녁으로 찾아와 허균이 요구하는 것이라면 모두 바로 들어주었다. 덕택에 허균은 마음도 안정되고 몸도 편해져 책을 읽으며 한가한 시간을 보내었다. 허균은 형에게 보낸 편지에서 이곳이 욕계(慾界)의 신선고을이라 하면서, 지난날 벼슬길에서 골몰하던 것을 회상해 보면 천양지차를 느낀다 하였다.

우반동에서의 삶과 우정

얼마 후 허균은 처음 부안에 들렀을 때 봉래산이라 불렀던 변산 아래 우반동으로 들어갔다. 우반동은 골짜기 안이 기름지고 경치가 아름다웠다. 또한 바닷가여서 물고기와 조개가 풍부하고 소금을 굽고 곡식을 심으면 아무리 흉년이 들더라도 연명할 수 있었기에 숨어살기에 좋은 땅이었다. 또 서울까지는 닷새 길이라 그리 궁벽하지도 않았다. 원래 이곳에는 경주김씨가 소유한 정사암(靜思庵)이라는 절이 있었는데 허균이 이 땅을 매입하고 약간의 전장을 갖추었다. 벗 심광세는 허균을 위하여 목수들을 불러모아 나무를 베어 시냇가에 몇 칸의 집을 지어주었다.

> 부안현 바닷가에 변산이 있고 변산 남쪽에 골짜기가 있는데 우반동이라 한다. 그 고을 출신 부사 김청(金淸)이 그 빼어난 땅을 가려 절을 짓고 정사암이라 하여 노년에 즐기면서 쉴 곳으로 삼았다. 내가 왕명을 받들어 호남을 왕래한 적이 있는데, 그 빼어난 경치에 대해 익히 들었지만 그때까지 보지는 못하였다.
>
> 나는 본시 영예와 이익을 좋아하지 않아, 매양 한나라 때의 은자인 상자평(尙子平)의 뜻을 지녔지만, 그 소원을 이루지는 못했다. 금년

우반동의 들판

허균은 정수사 터에 집을 짓고 살았으므로 우반동의 뒷산 어디였을 것으로 추정된다.

앞쪽이 바다였으나 지금은 논밭으로 바뀌었다.

공주부사에서 파직당하자 남쪽 지방으로 돌아가서 우반이라 하는 곳에 집을 짓고 살 결심을 하였다. 김공의 아들 진사 등(登)이 "제 선친의 낡은 오두막이 있지만, 저로서는 지킬 수가 없으니 공께서 수리해서 사시기 바랍니다" 하였다. 나는 그 말을 듣고 기뻐하여, 고달부(高達夫) 및 두 이씨(李氏)와 함께 말고삐를 나란히 하고 가서 보았다. 개펄을 따라서 오솔길이 나 있었다. 구불구불 돌아서 우반동으로 들어섰다. 옥이 부딪치는 듯 졸졸 흐르는 시냇물 소리가 수풀더미에서 흘러나왔다. 시내를 따라 몇 리를 가지 않아 산이 열리고 땅이 탁 트인 곳이 나왔다. 좌우의 가파른 봉우리는 봉황새와 난새가 무수히 날아오르는 듯한 형상이었다. 동쪽 산기슭에는 소나무 만 그루가 하늘까지 빽빽하였다.

나는 세 사람과 함께 곧장 집터로 나아갔다. 동서로 언덕이 셋인데 가운데가 가장 반반하였다. 대나무 수백 그루가 울울창창하여 인가가 폐치된 터임을 아직 알아볼 수 있었다. 남으로는 드넓은 바다가 바라보이고 금수도(金水島)가 그 가운데 있다. 서쪽으로 수풀이 무성한데 서림사(西林寺)가 있어 승려 몇이 살고 있었다. 개울 동쪽을 따라 올라가 오래된 당산나무를 지나면 이른바 정사암이라는 곳에 이르게 된다. 암자는 겨우 네 칸인데 벼랑의 바위 위에다 지어놓았다. 앞으로 맑은 못이 내려다보이고 세 봉우리가 높이 마주 서 있었다. 나는 듯한 폭포가 푸른 절벽에 쏟아져 내리는데, 흰 무지개가 개울로 내려와 물을 마시는 듯한 형상이었다.

우리 네 사람은 상투를 풀고 옷을 벗은 채 물가의 바위에 걸터앉았다. 가을꽃이 막 피고 단풍이 반쯤 붉었다. 석양이 산봉우리에 걸려 하늘 그림자가 거꾸로 물에 비쳤다. 이리저리 바라보며 시를 읊조렸다. 티끌세상을 훌쩍 벗어난 맛이 들어 마치 신선인 안기생(安期生)이나 선문자(羨門子)와 함께 삼신산(三神山)에서 노니는 것 같았다. 나는 속으로 생각하였다. '다행히 건강할 때 관직에서 물러나 산수의 묵은 빚을 청산할 수 있게 되었구나. 그러니 숨어살 곳을 찾아 내 몸을 편하게 할 수 있겠다. 나에 대한 하늘의 보답도 역시 풍성하구나. 벼슬이라는 것이 무엇이기에 감히 사람을 조롱할 수 있단 말인가.'

고을원인 심덕현(沈德顯)이 암자가 버려져 돌보는 이가 없다고 여겨, 승려 세 사람을 모집하여 쌀과 소금 약간 섬을 보내고 목재를 베어 수리하게 한 다음, 관역(官役)을 면하게 해주는 대신 이곳에 살며 지키도록 책임지웠다. 암자는 이로 말미암아 복구되었다.

허균, 「정사암중수기(靜思庵重修記)」, 『성소부부고』

이 글에서는 김등이 허균에게 수리해서 살라 하고 정사암을 주었다 하였지만, 실제로는 허균에게 팔았던 것 같다. 훗날 허균이 역모로 공초를 받을 때 자주 부안을 들른 것은 이곳에만 전장이 있기 때문이라는 말이 나온 것으로 보아 제법 규모가 있는 전장을 갖추었을 것으로 추정된다. 허균은 이곳이 살 만한지 살피기 위하여 고홍달(高弘達, 자는 達夫)과 두 이씨를 데리고 갔다. 고홍달은 부안의 선비로 허균이 1601년 처음 부안에 들렀을 때 인사를 온 사람인데 이해수(李海壽), 조희일(趙希逸), 이수광(李晬光), 심광세, 권필(權韠) 등과 시를 수창한 것으로 보아 허균 그룹과 일찍부터 안면이 있었던 듯하다. 고홍달의 자 달부는 당나라의 시인 고적(高適)의 자이므로 시에 관심이 높았던 사람이리라.

　허균과 함께 간 나머지 두 이씨 중 한 사람은 이재영(李再榮, 자는 汝仁)으로 추정된다. 이재영은 이선(李選)의 서자인데 이달(李達)이 남몰래 낳은 아들이라는 소문이 돌았던 인물이다. 허균이 이달의 문집 『손곡집(蓀谷集)』을 편찬할 때에도 상당한 역할을 한 재주꾼이었다. 서자라는 신분을 숨기고 과거에 응시하여 급제하였으나 발각되어 취소되었고 또 여러 차례 대리시험을 치른 혐의로 서울에 발을 붙이기 어려웠지만, 한리학관(漢吏學官)의 직임을 맡을 만큼 재주는 뛰어났다. 한리학관은 신분이 천하지만 시재가 뛰어난 이를 가려뽑아 중국 사신을 맞이할 때 데려가기 위해 만든 벼슬이다. 15세기에는 서출인 조신(曺伸)이 의원(醫員)의 직함으로 여러 차례 이 일을 맡아하였는데, 16세기 들어 서자에게 과거를 보지 못하게 하는 대신 재주 있는 이를 뽑아 한리학관에 임명하였던 것이다. 정번(鄭蕃), 어숙권(魚叔權), 정화(鄭和), 박지화(朴枝華), 권응인(權應仁) 등이 한리학관을 지냈으며, 허균의 시대에는 이재영이 이 일을 맡아하였다.

　허균은 이재영을 매우 아껴 함께 중국 사신을 영접하게 되면 다른 사람을 제쳐두고 그와 같은 방을 쓰기도 하였다. 공주목사가 되고 나서는 이재영에게 아예 가족을 데리고 공주로 내려와 살라 하였다. 1608년 1월 자신의 봉급 절반을 주어 대접할 것이라 하면서 "자네와 나는 처지가 다르지만 취향은 같으며, 자네의 재주는 나보다 열 배나 뛰어나지만 세상에서 버림받기는 나보다도 심하니, 이 점이 나에게는 언제나 기가 막히는 일일세. 나는 비록 운수가 기박해도 몇 차례 고을의 원님이 되어 자급자족할 수 있지만 자네는 입에 풀칠도 면하지 못하는구려. 세상의 불우한 사람은 모두 우리들의 책임일세. 밥상을 대할 때마다 몹시 부끄러워 음식을 먹어도 목에 넘어가지 않으니 빨리 오시게. 오기만 한다면 비록 이 일로 비방을 받는다 해도 나는 전혀 개의치 않겠네"라 하였다. 당시에 이재영이 공주에 있었던 것으로 미루어 허균과 늘 함께 있었을 것으로 추정된다.

이 무렵 부안에 마련한 허균의 처소에는 심광세, 고홍달, 이재영 외에 은진(恩津)의 교수(教授)로 있던 처삼촌 심우영(沈友英), 방백(方伯)의 중군(中軍)으로 있던 민인길(閔仁吉) 등이 자주 출입하였다. 그리고 이경준(李耕俊)도 자주 허균을 찾았는데 공주 시절부터 자주 어울렸으므로, 앞에서 이른 '또 다른 이씨'가 곧 이경준인 듯하다.

이들은 정사암 터에 새로 지은 허균의 집 외에 부안의 사족인 고홍달의 정자와 1608년 관아 서쪽에 심광세가 새로 지은 소겸당(笑兼堂)에서 어울려 때로는 시를 짓고 술을 마시며 세상에 대한 강개한 심정을 토로하였으리라. 이때 제작한 시는 어느 누구의 것도 전하지 않지만, 이들의 시흥과 시재가 결코 녹록하지는 않았을 것이다. 부안으로 오기 직전 이재영에게 보낸 편지가 이들의 풍류를 짐작케 한다.

처마의 빗물이 쓸쓸하게 떨어지고 향로의 향내음이 살살 풍기는데 지금 두서너 친구들과 소매 걷고 맨발로 궤안에 기대어 하얀 연꽃을 보면서 참외를 쪼개 먹으며 번뇌를 씻어볼까 하네. 이런 때에 우리 여인(汝仁)이 없어서는 아니 될 걸세. 자네 집의 늙은 암사자가 반드시 으르렁대며 자네의 얼굴을 고양이 상판으로 만들겠지만 늙었다고 두려워 위축된 꼴을 보이지는 말게나. 하인이 종이우산을 가지고 갔으니 가랑비를 피하기에는 족할 것일세. 빨리 오시게. 만나는 일은 늘 있는 것이 아니라네. 이러한 모임인들 어찌 자주 있겠는가. 흩어진 뒤에는 후회해도 돌이킬 수 없을 것이네.

허균, 「이여인에게 보내다(與李汝仁)」, 『성소부부고』

허균은 시대를 앞서 산 사람이다. 특히 문학에서 그러하다. 남들보다 먼저 명나라에서 일고 있던 새로운 움직임을 알았거니와, 18세기 유행하는 패관소품체의 짧은 편지인 척독(尺牘)을 많이 제작하였고 또 18세기에 가서야 찾아볼 수 있는 청언소품집(淸言小品集) 『한정록(閑情錄)』을 남겼다. 위의 편지에서 보이는 정감 있는 필치는 18세기 문인의 글에서도 쉽게 찾기 어렵다.

매창과의 사랑

허균에게 부안은 매창(梅窓, 1573~1610. 桂生이라고도 한다)과 아름다운 인연을 맺은 곳이기도 하다. 1601년 6월 23일 처음 부안에 들렀을 때 고홍달의 소개로 매창을 만났다. 마침 장대 같은 비가 내리고 있었다. 매창은 그 무렵 이귀(李貴)의 정인(情人)으로 있었다. 이때 이귀는 김제군수로 있으면서 제방축조 공사를 시행한 일로 민원을 많이 사서 암행어사에 의해 장계가 올라가 파직되어 있는 상태였다.

매창은 외모는 대단찮으나 가야금과 시에 뛰어났다. 허균은 종일 그녀와 술잔을 놓고 시를 읊으며 화답하였다. 7월 24일 귀로에 다시 부안에서 이틀을 유숙하였으니 이때에도 매창을 만났으리라. 그러나 허균은 매창과 동침을 하지 않았다. 남의 여인을 취하였다는 혐의를 받고 싶지는 않았던 것이다. 대신 매창의 조카와 동침하였다.

그후 1608년 부안으로 들어온 이후 허균은 자주 매창을 만났던 듯하다. 물론 매창은 어느 한 남자의 손아귀에 머물러 있지 않았다. 천민 출신의 유희경(劉希慶)과 전주를 오가며 운우지락(雲雨之樂)을 나누었고, 명문거족의 후손인 이귀의 사랑을 받았으며, 심광세보다 먼저 군수로 있던 윤선(尹銑)에게도 사랑을 받았다. 그 사이사이에 허균과도 사랑을 나누었던 것이다. 그런데 매창으로 인해 허균은 난처한 일을 당하게 된다. 우반동에 산 지 몇 달 지난 1609년 정월 허균은 그리움을 이기지 못해 매창에게 편지를 보냈다.

낭자는 보름날 가야금을 타며 산자고새를 읊었다지요. 왜 한가하고 은밀한 곳이 아니라 바로 윤씨의 거사비(去思碑) 앞에서 그런 일을 해서 남들의 입방아에 올라 그 때문에 조그만 비석에 대한 시를 더럽히게 하였나요. 이는 낭자의 잘못이건만 비방이 내게로 돌아오니 원통하오. 요즘에도 참선을 하시는가? 그리운 정이 간절하구려.

허균, 「계랑에게 보내다(與桂娘)」, 『성소부부고』

이 시에 대한 배경은 『성수시화(惺叟詩話)』에 보인다. 매창은 군수로 있던 윤선과 친분이 깊었는데 그가 떠난 후 달밤에 윤선의 치적을 기려 백성들이 세워준 거사비(去思碑) 앞에서 가야금을 타고 자신의 신세를 하소연하며 길게 노래를 했다. 이때 이원형(李元亨)이 지나다가 이를 보고 시를 지었다.

> 한 가락 가야금에 자고새 원망하는 노래
> 묵은 비석은 말이 없고 달만 외롭네.
> 당시 현산(峴山) 양호(羊祜)의 비석에도
> 눈물을 떨어뜨린 고운 여인이 있었던가.
> 一曲瑤琴怨鷓鴣　荒碑無語月輪孤
> 峴山當日征南石　亦有佳人墮淚無

이원형은 허균, 이재영 등과 어릴 적부터의 벗이었으며, 권필도 그를 좋아하고 칭찬하였다. 이문학관(吏文學官)을 지낸 것으로 보아 서자로 추정된다. 허균의 집에 드나들던 식객으로 평생 허균의 동지가 되었던 인물이다. 그런데 이 시는 수령으로서 선정을 베풀지 않고 여색만 탐했다는 풍자의 뜻으로 읽힐 소지가 있다. 타루비(墮淚碑)의 고사를 남긴 양호가 선정을 베풀었지만 기생의 눈물을 자아내게 한 적이 있었냐고 물었기 때문이다. 허균이 이원형에게 보낸 편지에서 이 작품은 절창이지만 어무적(魚無跡)이 「작매시(斫梅詩)」를 지었다가 죽게 된 일을 생각하여 앞으로는 시를 신중하게 지으라고 말한 것으로 보아, 허균도 이 시에서 꼬집은 것을 눈치챈 듯하다. 어무적은 신분이 노비였는데 김해에 있을 때 사또가 매화나무에 세금을 매겨 백성을 괴롭히는 것을 보고 매화나무를 도끼로 찍고 도주했다가 객사한 인물이다. 다시 말해 이 시는 윤선을 탐관오리에 빗댄 것이다.

문제는 허균이 이 시의 작자로 지목되었다는 데 있었다. 조정의 대관(臺官)들이 이를 문제로 삼았다. 이 시기 윤선은 사헌부 장령으로 있었다. 허균은 권필 정도의 감식안을 갖춘 이가 아니고서는 이 시가 이원형의 작품임을 알아볼 수 없다고 여겨, 해명할 도리가 없다고 탄식하였다. 이 때문에 허균은 1609년 내내 대관들에게 시달려야 했다. 이러한 사단을 만든 이는 매창이었지만 허균은 매창을 원망하지 않았다. 이 사건으로 조정이 시끄러울 때 허균은 부안을 떠나 서울에 있었지만 오히려 부안과 매창을 그리워하였다.

봉래산(蓬萊山, 변산)의 가을이 한창 무르익었겠지요. 돌아가려는 마음이 간절하오. 낭자는 반드시 나, 성성옹(惺惺翁)이 신속에서 한 약속을 어겼다고 비웃겠지요. 그때 한 가지 생각이 어긋났더라면 나와 낭자의 사귐이 어떻게 10년 동안 이렇게 굳을 수 있었겠소. 진회해(秦淮海)가 사내가 아니라 여겼지만, 참선하는 마음을 지녔던 것이 몸과 마음에 유익했음을 이제 와서야 알겠소. 어느 때 만나 속마음을 다 드러낼 수 있을지. 종이를 대하니 마음이 서글프오.

허균, 「계랑에게 보내다(與桂娘)」, 『성소부부고』

매창의 무덤 부안읍 봉덕리에 있는데 무덤 아래 마을을 매창이뜸이라 하니, 매창의
이름으로 마을 이름이 생긴 듯하다. 석물은 근래 조성된 것이다.

두 편지를 나란히 두고 보면 허균과 매창의 사랑을 짐작할 수 있다.
처음 만났을 때 허균은 운우지락을 청하였는데, 매창은 참선을 한다
고 몸을 허락하지 않았다. 그후 사람이 없는 변산에서 은밀히 만나 밤
을 지새우며 허균은 억지로 욕정을 참았다. 두 사람은 육체적인 사랑
을 하지 말자고 언약을 하였으리라. 그러나 매창에 대한 욕정은 참기
어려웠다. 그 때문에 1609년 정월에 보낸 편지에서 아직도 참선을 하
느냐고 물은 것이다. 그러면서 한편으로는 송의 진관(秦觀)이라는 문
인이 아름다운 여인을 옆에 두고도 동침을 하지 않았던 일을 두고 사
내가 아니라 생각하였지만, 이제 와서 생각하니 그때 욕정을 참지 못
하였더라면 사랑이 깨어졌을 것이라 하였다.

그로부터 얼마 지나지 않아 매창이 죽었다. 허균은 "시에 능하고 글도 이해하며 또 노래와 거문고도 잘했다. 그러나 천성이 고고하고 개결하여 음탕한 것을 좋아하지 않았다. 나는 그 재주를 사랑하여 교분이 막역하였으며 비록 담소하고 가까이 지냈지만 난잡한 데에는 미치지 않았기 때문에 오래가도 변하지 않았다"고 회상하였다. 그리고 한차례 눈물을 뿌리고서 율시 2수를 지어 그 죽음을 애도하였다.

신선과 혁명가

우반동에서 허균은 신선처럼 살고자 하였다. 그러나 사람들은 허균을 그냥 내버려두지 않았다. 사람들은 허균이 조정에 있는 것도 바람직하지 않지만 태평세상을 만났는데도 도원(桃源)의 뜻을 품는 것 또한 옳지 않다 하여 이듬해인 1609년 1월 서장관(書狀官)으로 발령내어 중국으로 보내었다. 중국에 다녀온 허균은 5월에 홍문관 월과(月課)에서 연이어 세 차례 일등을 하는 발군의 실력을 보였고 9월에는 형조참의에 올라 도원의 꿈을 일단 접었다.

이듬해 11월 전시(殿試) 대독관(對讀官)이 되었으나 조카를 부정합격시켰다는 혐의로 탄핵을 받고, 1611년 1월 전라도 함열(咸悅)로 유배되었다. 이때 허균은 자원하여 함열로 유배되었으며 이를 슬퍼하지 않았다. 오히려 조만간 사면되리라 짐작하고 곧바로 부안으로 돌아갈 준비를 하였다. 3월에 이재영에게 편지를 보내어 "나는 이곳으로 옮기고 그대를 자주 만나리라 여겨 기뻐하였는데 몇 달이 되도록 만나지 못하였네. 일이 있을 때마다 서글퍼지는데, 자네가 찾아와 서

글픈 마음을 달래는 일이 더디어 하루가 천년같이 지루하네. 물줄기 하나만 건너면 되는 거리이니 급히 서둘러 오도록 하게"라 하였다. 허균은 1611년 유배에서 풀려나자 서울에 잠시 들렀다가 11월 24일 다시 부안으로 내려갔다. 이듬해 2월에 서울로 돌아왔지만 자주 부안에 내려가 있었다.

허균은 공주에 있을 때부터 신선의 꿈을 꾸었다. 화가를 불러 여러 신선의 도상(圖像)을 그리게 하고 찬(贊)을 지어 붙였다. 그러나 일찍이 불교를 신봉한 것이 수안군수와 삼척부사에서 파직된 계기가 되었기에 이러한 자신의 행동을 감추었다. 서울로 갈 일이 생기자 급히 화상을 표구하여 상자 속에 숨겨두었다. 그후 열흘 남짓 만에 서울에서 돌아오다 직산(稷山)의 수헐원(愁歇院)에서 민인길과 심우영을 만났다. 이때 허균이 여러 신선 중 이백(李白)을 찬양하여 지었던 시구 "만리의 푸른 물결, 온 하늘의 밝은 달(萬里滄波 一天明月)"이라는 구절을 읊조리는 소리가 빈집에서 흘러나왔다. 심우영은 허균의 글이 이백과 정신으로 만나 이백의 영혼이 와서 읊조린 것이라 하였다. 허균이 지은 「수헐원신영선찬기(愁歇院神詠仙贊記)」라는 글에 나오는 이야기다. 허균은 이 일을 백형 허성(許筬)에게 이야기하였으나 허성은 이를 믿지 않아 작은 다툼이 있게 되었다. 이에 허균은 함께 있었던 민인길에게 편지를 보내어 증인이 되어달라고까지 하였다. 신선의 꿈이 불가능한 것이 아니라고 생각하게 된 계기가 되었으리라.

1608년 부안으로 들어와 살 때 남궁두(南宮斗)를 만난 것도 신선의 꿈이 허황한 것만은 아님을 깨닫는 계기가 된다. 남궁두는 간통한 첩

허균의 생가 강릉시 초당동 경포호 근처 교산 아래 있다. 허균은 강릉김씨 외가댁에서
태어났다. 허균의 호 교산은 외가의 뒷산 이름을 딴 것이다.

과 정부를 죽이고 도망하다가, 한 선사(仙師)를 만나 내단수련을 통하
여 큰 성취를 거두었으나 마지막 단계에서 사념이 일어 환골탈태하지
못하고 지상선(地上仙)에 머물렀다는 인물이다. 1608년 가을 그가 부
안의 여관에 묵고 있던 허균을 찾아왔다. 이 만남이「남궁선생전(南宮
先生傳)」을 지은 계기가 되었는데, 이 글에서 허균은 신선의 존재를
부정할 수 없다고 하였다.

부안에서 허균은 신선의 화상을 벽에 걸고 연단술을 익히고, 틈틈
이 조선에 남아 전하는 도교의 자취를 탐색하여『동국명산동천주해기
(東國名山洞天註解記)』를 편찬하였을 것으로 추정된다. 이 책은 현재
전하지 않고 그 서문만『와유록(臥遊錄)』에 실려 있는데, 그 작자가 진

실거사(眞實居士)로 되어 있다. 남극관(南克寬)이 이 책을 허균의 위서(僞書)라 하였으니 진실거사가 곧 허균 자신인 셈이다. 허균이 1614년부터 천도(遷都)의 설을 퍼뜨리면서 조야의 민심을 흉흉하게 하였다는 혐의를 받았다는 사실과도 일정한 연관이 있을 것으로 추정된다.

허균이 신선술을 추구하였던 것은 세상을 바꾸겠다는 의지의 또 다른 표출이었을 가능성이 크다. 허균이 되고자 한 신선은 현실공간에서 임금이었는지도 모르겠다. 신선술 속에 역모가 감추어진 듯하기 때문이다. 허균에게 부안은 역모 혐의와 밀접하게 연결되어 있는 곳이기도 하다. 기준격(奇俊格)은 허균이 1609년 의창군(義昌君)을 추대하여 옹립하려 했다고 공박하였는데 바로 허균이 부안에 있다가 서울로 올라갔을 때의 일이다. 허균은 또 1611년 겨울, 부안에서 가까운 함열의 유배지에서 풀려나 서울로 올라갔을 때도 역심을 품었다는 혐의를 받았다. 기준격은 비밀리에 광해군에게 상소를 올려 허균으로부터 들은 이야기를 바탕으로 역모를 고변하였다. 기준격이 허균에게 들은 얘기는 이렇다. "김제남(金悌男)의 지시로 허균이 윤수겸(尹守謙)에게 심정세(沈挺世)의 딸을 며느리 삼도록 청혼해 달라고 하였다. 훈련도감 군사들의 마음을 얻은 윤수겸의 집안과 결혼하여 큰일을 행하여 임금과 동궁 두 송장을 끌어내고 영창대군을 세워 대비에게 수렴청정을 시킬 것이다. 이 일이 성사되면 허균이 김제남을 죽이고 병권을 잡는다."

기준격은 이어 허균이 부안군수로 있던 심광세와 이러한 모의를 하였으며, 서울로 돌아온 이후에는 대문을 마주하고 있던 심광세와 아침저녁으로 만나 역적모의를 계속하였다고 하였다. 또 참서(讖書)를 구하여 본문에 없는 말을 첨가하고는 김제남과 공모하여 천도의 설을 주장하여 민심을 혼란시켰다 하고, 이 일에는 공주목사로 있을 때 '삼영(三營)'을 설치하였다는 혐의를 받은 세 명의 '영' 곧 심우영(沈友英)·윤계영(尹繼榮)·이재영(李再榮) 등이 관여하였다고 하였다.

허균은 두 차례 비밀상소를 올려 자신의 혐의를 부정하고 도리어 기준격이 역심을 품었다고 주장하였다. 그러나 조정의 논의는 허균에게 불리하게 전개되어 8월 24일에 허균은 하인준(河仁浚), 김윤황(金胤黃), 우경방(禹經邦), 현응민(玄應旻) 등과 함께 사형에 처해지고, 이정필(李廷弼), 김우성(金宇成), 이국량(李國樑), 김개(金闓), 신광업(辛光業), 원종(元悰), 이강(李茳) 등도 차례로 죽임을 당하였다.

당시 허균의 복심이 무엇이었는지 밝혀지지 않았으니, 허균이 정말 역모를 꾀했는지는 알 수가 없다. 다만 의혹을 살 만한 행동을 하였던 것은 분명해 보인다. 『연려실기술』에는 『하담록(荷潭錄)』을 인용하여 허균의 의심적은 행동을 다음과 같이 집약해 놓았다.

허균은 초당(草堂) 허엽(許曄)의 아들이다. 젊은 나이에 참서를 지어 은밀히 세상에 전했는데 모두 흉하고 참혹한 말이었다. 문장은 한 시대에서 남이 따를 수 없이 뛰어났으나, 사람이 경박하고 행실이 좋지 않아 선비들의 공론에 버림을 당하고 말직에서 승진되지 못하였다. 광해군의 정사가 문란하자 이이첨에게 붙어 갑자기 참찬(參贊) 벼슬에 오르자, 드디어 끝없는 욕심을 내었다.

무오년 무렵 북쪽 오랑캐가 침범하여 중국에서 군사를 동원하자, 우리나라는 건주(建州)에서 매우 가깝기 때문에 인심이 흉흉하고 두려워하였다. 허균은 급박한 상황을 알리는 변방의 보고서를 거짓으로 만들고 또 익명서를 만들어, "아무 곳에 역적이 있어 아무 날에는 꼭 일어날 것이다" 하여 성안 사람을 공갈하였을 뿐만 아니라, 밤마다 사람을 시켜 남산에 올라가서 "서쪽의 적은 벌써 압록강을 건넜으며, 유구국(琉球國) 사람은 바다섬 속에 와서 매복하였으니, 성안의 사람은 나가서 피하여야 죽음을 면하게 될 것이다"라 소리를 지르게 하였다. 또 노래를 지어 "성은 들판보다 못하고, 들판은 강을 건너는 것만 못하다" 하였다. 또 소나무 사이에 등불을 달아놓고 "살고자 하는 사람은 나가 피하라"고 소리를 질렀다. 인심이 놀라고 두려워하여 아침저녁으로 안심할 수 없어 서울 안의 인가가 열 집 가운데 여덟아홉 집은 텅 비었다. 그 무리 하인준을 시켜, 새벽에 지평(持平) 한명욱(韓明勖)을 보고 "익명서가 숭례문에 붙었으니 반드시 틈을 노리는 흉악한 도적이 있는 것이다"고 하였다. 이때 날이 아직 밝지 않아 글자를 보기 어려운 시각이었기 때문에 한명욱은 마음속으로 의심하여 날이 밝기를 기다려 대궐에 나아가다가 숭례문에 이르러 벽에 붙은 글을 보니, 과연 하인준이 말한 것과 같았다. 이에 임금께 청하여 하인준을 국문하니, 하인준이 그 무리 현응민과 낱낱이 자백하여 허균과 그 무리들이 모두 옥에 갇혔다. 이이첨은 허균을 국문하면 공초가 저에게 관련될까 두려워하여, "하인준 등이 모두 자백하여 다시 신문할 만한 사실이 없으니 바로 저자거리에서 목을 베어야 될 것입니다" 하였다.

포의가 개혁을 꿈꾸었던 땅

허균이 우반동으로 들어올 무렵 이 일대는 앞서 말한 허진동의 후
손가와 정사암을 소유하였던 김청·김등 집안 외에 문화유씨 집안에
서도 상당한 토지를 소유하고 있었다. 유형원(柳馨遠, 1622~73)의 7
대조 유관(柳寬)이 개국공신으로 책봉되어 받은 사패지가 이 일대에
있었기 때문이다. 유형원의 조부 유성민(柳成民)은 이곳에 토지를 소
유하고 있었으나 경작하지는 못하였다. 그러다가 허균이 우반동에
살던 1612년 가을, 서울에서 내려와 논밭을 만들었다. 유성민이 살던
우반동의 모습은 그 사위 김세렴(金世濂)이 유성민의 시에 차운하여
지은 네 편의 시에 잘 그려져 있다. 그중 한 수를 아래에 보인다.

세상 밖에 집을 정하니
문 앞에 푸른 넝쿨 그늘져 있네.
개울은 반계의 물을 넓게 마주하고
산은 우반곡을 깊이 가무리고 있네.
물가의 꽃이 나그네 길 잃게 하는데
숲속의 바람소리는 마음을 시원하게 하네.
하늘의 이치도 그저 조용하기만 하니
때를 만나지 못한 것 노래할 것도 없다네.
卜居從物外 當戶綠蘿陰

水接磻溪闊　山藏愚谷深

磵花迷客路　林籟爽人心

坐覺天機息　無勞梁甫吟

김세렴, 「우반의 별서에 붙인 시에 차운하다(次愚磻別墅韻四首)」,

『동명집(東溟集)』

유형원은 허균이 죽은 지 4년 후 태어났다. 젊은 시절 조부를 뵈러 부안을 오갔겠지만 우반동으로 낙향한 것은 1653년이다. 이때 과천에 살던 유형원은 도연명의 「귀거래사」에 화답하는 글을 짓고 우반동으로 들어가 그곳에서 살다 죽었다. 그의 호 반계(磻溪)가 바로 우반

반계수록 유형원이 구상한 국가의 운영체계를 담은 책이다. 강렬한 사회개혁의 의지를 표방하고 있다. 반계는 우반동의 개울이라는 뜻이다.

동의 개울이라는 뜻에서 나온 것이다.

유형원은 그가 편찬한 『동국여지지(東國輿地誌)』에서 우반동을 묘사하여 "변산 동남쪽에 산이 사방을 에워싼 속에 평평한 땅이 있는데 소나무가 산에 가득하고 봄마다 복사꽃이 개울을 따라 만발하였다"라 하였다. 이익(李瀷)이 지은 전(傳)에 따르면 유형원은 우반동에 몇 칸 집을 짓고 장서 만 권을 갖추었다. 그리고 침식을 잊고 학문에 전념하였다. 유형원은 세상의 학자들이 구차하게 말로만 떠들지 세상에 필요한 데 힘쓰지 않는 것이 문제라 여겼다. 큰소리만 치고 실질이 없어 백성들이 고통을 받게 된다고 생각한 유형원은 한국 역대 고전 중의 고전이라 할 수 있는 『반계수록(磻溪隨錄)』을 저술하였다. 현실에서 이룰 수 있는 개혁의 꿈을 이 책에 담아두었던 것이다.

허균은 자신의 은밀한 혁명의 꿈을 이루지 못하였거니와, 유형원도 박지원(朴趾源)이 안타까워하였듯이 개혁의 뜻을 펼치지 못하고 포의로 죽었다. 다만 17세기 유형원의 조부로부터 전답을 사서 우반동의 주인이 된 부안김씨 가문에서 17세기 이후 우반동의 역사를 이끌어갔고, 이 집안에 남겨진 방대한 양의 고문서가 우반동의 역사를 다시 소상히 전하고 있다. 目

반 계 서 당

유형원이 이곳에서 학문과 저술을 하였다. 건물은 다 무너지고
우물만 남아 있었는데 근래 복원하였다.

4. 풍진을 떠나 사는 즐거움

- 권호문이 미인처럼 사랑한 청성산
- 유배지 평해를 빛낸 이산해
- 유성룡의 귀거래와 하회마을
- 은둔의 땅 돈암과 김장생
- 돈달산의 야인 고상안

권호문이 미인처럼 사랑한 청성산

산이 성처럼 에워싼 것을 보면

내 한 몸을 잘 간수하여

외물의 침입을 받지 않도록 하라

송암 고택 권호문은 산마루의 바위 위에 집을 지었는데 주변에 소나무가 많아 호를 송암이라 하였다. 안동시 서후면 교리에 있다. 예전에는 송방리라 하였다.

송암의 한서재

권호문(權好文, 1532~87)은 안동 서쪽 송방리(松坊里, 松夜里라고도 한다), 오늘날 안동시 서후면 교리에서 태어났다. 권벌(權橃)이 그의 재종숙부다. 이 집안은 대대로 안동에 살았는데, 권호문의 6대조에 이르러 송방리로 이주하였다. 권호문은 갓 스물이 된 1551년 가을 한서재(寒棲齋)를 지었다. 「송암한서재기(松巖寒棲齋記)」에서 그 과정과 주변의 풍광을 이렇게 적고 있다.

영가(永嘉, 안동의 옛이름)는 본디 우리 시조가 봉해진 고을로, 그 빼어난 산천은 영남의 으뜸이다. 관아 서쪽 10리쯤 되는 곳에 마을이 하나 있는데 송방리라 한다. 선대로부터 이곳에 집을 정해 산 지 백여 년이 된다. 나는 그곳의 임천(林泉)이 깊지 않아 옮겨 살 생각을 하면서도 선조의 뜻을 이어 집짓는 일을 여러 번 저버렸다. 늘상 몇 칸의 정사를 지어 백년 인생의 앙상한 몸을 보존하고자 하였으니, 이렇게 계획한 지가 이미 오래되었다. 마침 금년 가을 글을 다듬는 여가에 앞개울에서 소요하다가 우연히 소나무 아래 높은 바위 위에 앉았다. 눈을 들어 멀리 바라보니 살 만한 곳이었다. 이에 목공을 불러 푸른 산마루를 깎아 초가 두 칸을 지었다. 한 칸은 온돌방으로 하고 두 칸은 시원한 마루로 하였다.

개울의 위쪽은 산이요, 산의 정상은 바위인데, 바위 위에 이 집이 있다. 집 앞에 소나무 몇 그루가 울울창창하여 깃발을 세워놓은 듯하다. 소나무 아래에는 층층의 곧은 바위가 있어 작은 대를 만들었

다. 이곳에서 가장 기이한 것이 소나무와 바위이므로 이름을 송암
(松巖)이라 하였다. 동쪽으로 개울을 내려다보고 서쪽으로 학가산
(鶴駕山)에 절을 하며 남쪽으로 청성산(靑城山)이 솟아 있고 북쪽으
로 천등산(天燈山)이 감싸고 있다. 유유자적하면서 물상(物象)을 찾
아다니노라면, 들판의 푸른 풀, 긴 제방의 파란 버들, 봄날의 안개와
가을철의 비, 아침햇살과 저녁노을 등이 사시의 아름다운 흥을 제
공하고 속진의 만 섬 시름을 씻어주게 된다.

권호문, 「송암한서재기」, 『송암집(松巖集)』

한서재 송암 고택의 중심을 이루는 건물로. 주자가 무이정사 안에 두었던
한서관(寒棲館)을 본뜬 듯하다. 이황도 퇴계의 서쪽에 한서재를 지은 바 있다.

권호문은 송암의 아름다움을 송암팔경(松巖八景)이라 하고, 즐기는 법을 하나하나 적었다. 이를 정리하면 다음과 같다.

솔그늘의 낮잠(松陰晝眠) : 때때로 상쾌한 바람이 베갯가에 불어오고 녹음이 마루에 드리우면 팔베개를 하고 잠을 청한다.

버들이 서 있는 제방의 꾀꼬리 노랫소리(柳幕鶯歌) : 봄이 저물면 긴 제방에 수양버들이 어른거리고 꾀꼬리 울음소리가 막 바뀔 무렵 주렴을 걷고 이를 듣는다.

먼 마을 목동의 피리소리(遠村牧笛) : 평원에 낙조가 드리워질 때 작은 벙거지를 쓴 초동이 송아지를 타고 젓대를 비껴 불면 난간에 기대어 이를 듣는다.

두건을 젖혀 쓰고 앉는 바위(岸巾石) : 맑은 물에 발을 씻고 높은 바위에 비스듬히 앉아서 바람을 마주하고 두건을 벗고서 머리를 드러낸 채 읊조린다.

보리 물결(麥浪波) : 매우(梅雨)가 막 그칠 때 먼 곳에서 산들바람이 불어오고 드넓은 언덕의 푸른 물결이 반짝거리면 난간에 기대어 구경한다.

꽃을 보는 대(看花臺) : 봄바람이 따스하여 사물의 모습이 산뜻하고 고운데 천만 가지로 울긋불긋 원림을 물들이면 대에 앉아서 완상한다.

바둑 두며 소일하기(消日局) : 여름날이 길어 사립문을 닫아걸고 낮잠을 자는데 벗이 문을 두드리면 한가로이 바둑판을 마주하고 바둑돌을 놓는다.

달빛을 마주하는 거문고(對月琴) : 고요한 밤 그윽한 창가에서 책을 덮고 홀로 앉아 있는데 싸늘한 달빛이 비치면 거문고에게 말을 건네 회포를 푼다.

권호문은 이처럼 아름다운 땅에서 한가하게 사는 것만으로 만족하지 못하고 1569년 집을 하나 더 지었다. 처음에는 시를 읊조리고 술을 마시기 위한 풍류의 공간으로 삼았지만 그 이름을 관아재(觀我齋)와 집경당(執競堂)이라 하여 마음이 풀어지지 않도록 경계하였다. 당호(堂號)와 추구하는 삶이 다소간 어긋나기에, 스승 이황이 이를 합일시켜 관물당(觀物堂)이라 이름을 바꾸어주었다. '관물'은 소강절(邵康節)의 말로, 개인의 편협된 마음으로 사물을 보지 말고 사물의 마음으로 사물을 바라보며, 나아가 만물에 구비되어 있는 이(理)로써 사물을 바라보라는 뜻이다. 개울과 산을 즐기되 거기에 내재된 이치를 살피고 이를 수양의 바탕으로 삼으라는 뜻을 말한 것이다. 다음은 관물당을 짓게 된 내력을 적은 글이다.

나는 개울 위의 작은 산을 좋아하여 짚을 엮어 집을 짓고 왼편에 거문고를, 오른편에 책을 두고 백년 세월을 마치고자 기약하였다. 그래서 임술년(1562) 봉우리 아래 터를 정하고 푸른 산기슭에 의지하여 1무(畝)의 집을 지어 처자들이 살 곳으로 삼았다. 두보(杜甫)의 시 「진체사의 선사를 알현하고(謁眞諦寺禪師)」에서는 "언제 처자를

관물당 원래는 시를 읊조리고 술을 마실 풍류의 공간으로 장만한 것이지만, 스승 퇴계의
권유에 따라 사물의 이치를 살피는 집으로 바꾸었다. 송암 고택에 있다.

내팽개치고, 앞산 봉우리 가까이에 집을 정할까(未能割妻子 卜宅近
前峯)"라 하였는데 두보는 집안의 멍에에서 벗어나고자 하였지만
나는 집안의 멍에를 가지고 가려 한 것이니, 취사선택한 것이 다르
지만 앞산 가까이에 집을 정하겠다는 뜻은 한가지다. 새로 살게 된
집은 개울이 편안하게 감싸돌아 일생의 기쁨으로 삼기에 충분하였
다. 다만 벗들이 가끔 찾아올 때 술잔을 띄우고 시를 읊조릴 장소가
없었다. 늘 높은 곳에 몇 칸 정자를 짓고자 하였으나 뜻을 이루지
못한 지 여러 해였다.

  기사년(1569) 조카 도가(道可)가 집안일을 맡아하게 되었는데 자
못 재력이 넉넉해져서 나의 뜻을 이루어주려 하였다. 7월 농사를 짓

다 잠시 짬을 내어 목수에게 재목을 모으도록 하고 송암의 서쪽에 작은 집을 지었다. 넉 달이 걸려 공사가 끝났다. 이해 내가 마침 오래 서울에 있었는데 11월에 돌아와 보니 처마와 기둥이 높다랗게 솟아 있었다. 제도가 비록 내 마음에 흡족하지는 않았지만, 지세가 탁 트여 숙원을 풀 수가 있었다. 이듬해 봄, 기와를 구해서 이고 널빤지를 사서 단장하였다. 반은 온돌방으로 만들고 반은 시원한 마루로 만들었으며, 벽을 넓혀 책을 보관하였다. 앞쪽을 비워 난간을 두르니, 시원한 시인의 집으로 적당하였다. 이에 내가 이름을 붙여 관아재라 하고 집경당이라 하였다. 그런데 퇴계선생이 관물로 이름을 바꾸라 하여 이를 이름으로 삼게 되었다.

권호문, 「관물당기(觀物堂記)」, 『송암집』

송암 일대는 권호문을 비롯한 퇴계 문도들의 강학의 공간이었다. 특히 권호문의 선영이 있던 마감산(麻甘山)은 그가 어린 시절부터 독서를 하던 곳이었다. 마감산은 학가산과 천등산이 마주 보이는 남쪽 봉우리로, 권호문의 5대조 이래의 묘소가 이곳에 있었다. 선영을 지키는 암자를 흔히 분암(墳庵)이라 하는데, 이곳의 분암은 권호문도 그 유래를 알지 못할 정도로 오래된 것이었다. 권호문은 젊은 시절부터 자주 이곳에 묵으면서 독서하였다. 1547년 선친을 모시고 머물게 되었는데, 이때 암자의 방이 누추하고 좁은데다 비도 새고 바람이 들어와 고생이 많았다. 이에 부친이 친척들에게 편지를 보내어 곡식과 재목을 구하고, 목공일을 잘하는 학가산의 승려 신은(信誾)으로 하여금 주관하게 하여 공사를 시작한 지 몇 달 만에 건물을 완공하였다. 그러나 홍수와 기근으로 단청을 하지 못하다가 겨우 단청을 시작할 무렵인 1549년 봄 부친이 병으로 세상을 떠나고 말았다. 그로부터 16년이 지난 1564년 다시 모친상을 당하였다. 권호문은 시묘살이를 하면서 이 분암을 종모암(終慕庵)이라 이름하여 부모에 대한 영원한 사모의 정을 깃들였다.

서시처럼 사랑한 청성산

권호문이 가장 사랑한 산은 청성산이었다. 청성산은 풍산면과 서후면 접경지역 낙동강과 그리 멀지 않은 곳에 있지만 지금은 그 이름을 아는 이를 찾기 어렵다. 이름조차 희미해진 청성산의 옛 모습을 자세히 기록한 사람이 바로 권호문이다.

산 이름을 청산(城山)이라 한 것은 무슨 이유인지 알 수 없다. 어떤 이는 사방에 산이 성처럼 에워싸고 있어서라고 하고, 어떤 이는 예전에 난리를 피하여 성을 쌓았기 때문이라고도 하지만 누가 옳은지 분별할 수 없다. 허공에 푸른빛이 떠 있고 강물 위에 날리니 큰 자라가 몸을 일으켜 바다에서 솟아나와 우뚝 머리를 들고 서 있는 것 같다. 위를 올려다보면 그 높이가 몇 길인지 헤아릴 수 없고 아래를 내려다보아도 역시 그러하다. 흐르는 강물은 용틀임하듯 굽이굽이 돌아들고, 비옥한 들판은 손바닥처럼 평평하게 펼쳐져 있다. 그 아름다운 볼거리는 붓 한 자루로 수습할 도리가 없다. 옛사람이 이르기를 등산임수(登山臨水)의 아름다움을 다하고자 하는 자는 반드시 넓은 들판이나 적막한 물가에 가야 한다고 하였는데 이 말은 참으로 옳다.

여지지(輿地志)에 영가(永嘉)는 예부터 산수향(山水鄕)이라 하였다. 낙동강을 따라가며 논하자면 청량산과 여산(廬山)이 이 산과 함께 일컬어질 뿐 나머지는 소문난 것이 없다. 그러나 청량산은 그저 험준할 뿐이요 여산은 그저 으슥하기만 할 뿐, 이 산이 두 산의 기상을 겸하고 있는데다 넓고 탁 트여 빼어난 경치를 갖추고 있는 것만 같지 못하다. 마땅히 시인과 은자들이 고상하게 살 곳이건만, 이상하게도 백년 동안 그러한 이야기를 들어보지 못하였다. 그저 무너진 절만 남아 그 창건의 연대를 밝히기 어려울 뿐이었다. 다행한 것은 상공 권예(權輗)의 선영이 근처에 있어서 새로 중건하고 지켜 살 만하게 만든 일이다. 상공이 이곳에서 노닐었을 때 다녀간 자들이 반드시 많았겠지만 인목이 없었다. 신재(愼齋) 주세붕(周世鵬)이 하룻밤을 묵고 가서야 비로소 이 산이 좋은 시로 읊조려져 신선의 땅에 비견되었다. 그러나 상공이 돌아가시고 난 후 나무꾼과 목동들이 차지하자 방달하고 미친 자들이 노닐게 되었다. 산에는 대나무만 남고 절은 풍우에 부서진 지가 거의 20여 년이다.

내가 더벅머리 시절부터 책상을 지고 오르내린 것이 일년에 두세 번이었다. 이 산을 사랑한 것이 미녀 서시(西施) 이상이었다. 오래 이별하면 늘 꿈속에 들어오고, 와서 찾게 되면 늘 그 모습을 마주하였다. 정이 붙어 정말 잠시도 떨어질 수 없었다. 푸른 절벽에 초가를

지어 허망한 반평생을 보낼 곳으로 삼고자 한 지 몇 년이 지나도록
과거시험에 빠져 오래 몸을 빼내지 못하였다.

권호문, 「성산기(城山記)」, 『송암집』

권호문은 절세가인인 서시(西施)만큼이나 청성산을 사랑한다 하였
다. 그렇게 사랑하는 청성산에 대해 일찍이 주세붕이 시를 지어 신선
의 땅이라 칭찬하였지만 알아주는 이가 없어 안타깝게 여겼다. 그래
서 권호문은 청성산의 주인이 되기로 하였다. 12세 되던 1543년 이 산
에 있는 백운암(白雲庵)에서 학업을 익힌 이래로 일년에 두세 번 들러
책을 읽었으니 그럴 만도 하다. 권호문은 1560년 5월 성산의 덕담(德
潭)을 유람하였는데 이때부터 아예 이곳에 눌러살기로 마음먹었다.

> 성산을 사랑함이 가인을 사랑함과 같구나
> 참모습과 깊은 정이 비 그치자 새롭도다.
> 헤어져 십릿길 와 하룻밤이 지났는데
> 두어 봉우리 푸르게 꿈에 자꾸 나타나네.
> 愛城山似愛佳人　眞態濃情雨後新
> 十里別來經一夜　數峯靑繞夢魂頻

권호문, 「송암의 집에 있으면서 성산이 그리워 부른 노래(在巖舍憶山吟)」,
『송암집』

성산을 떠나온 지 겨우 하루가 지났을 뿐이요, 겨우 10리 떨어진 송

암의 집에 있는데도 성산을 그리워하였으니 청성산에 대한 애정을 짐작할 수 있다.

　권호문은 모친상을 마친 1566년 관물헌을 떠나 아예 청성산으로 들어가서 살고자 하였다. 그래서 청성산 아래 낙동강 강변에 연어헌(鳶魚軒)을 지었다. 연어헌은『중용』에서 이른 어약연비(魚躍鳶飛)의 뜻을 취한 것이다. 연어헌은 8칸으로 이루어져 있는데 동쪽을 유정재(幽貞齋), 서쪽을 무민재(无悶齋)라 하고, 매화와 대나무를 심어 그곳에서 늙고자 하였다. 하연(河淵), 권기(權紀), 박경중(朴敬中), 진종주(秦宗周), 금관채(琴官採) 등의 제자들이 이곳으로 와서 수학하였다.

　점차 많은 선비들이 권호문이 있는 곳으로 찾아오자, 그들을 수용할 공간이 부족하게 되었다. 이에 1569년 제자 남형(南衡), 권덕윤(權德潤), 신내옥(辛乃沃) 등이 의논하여 서당을 짓기로 하고 이듬해 봄에 경광서당(鏡光書堂)을 완공하였다. 가운데 당(堂)을 두고 양쪽에 재(齋)를 배치하였으며, 조금 아래 동서쪽에 온돌방을 두어 학생들이 거처할 수 있게 하였다. 권호문이 경광서당에서 지은 시를 보면 푸른 절벽 아래의 옛 절터에 이 서당이 자리하였음을 알 수 있다. 경광서당은 훗날 안동의 대표적인 서당의 하나가 되었으며 서원으로 발전하여 이종준(李宗準)을 배향하게 되었다.

　1570년 권호문은 학문을 더 연마하기 위하여『주역』,『근사록(近思錄)』,『황극내편보해(皇極內篇補解)』,『두시보유(杜詩補遺)』등의 책을 지고 청량산으로 들어갔다. 그러나 그해 12월 스승 이황이 서거하자, 이듬해 3월 상을 마치고 돌아와 성산에 한송단(寒松壇)과 죽천대(竹泉

臺)를 만들었다. 한송단은 원래 송정(松亭)이었는데 돌을 쌓아 단으로 만든 것이고, 죽천대는 연어헌 곁의 바위가 좁아 불편하였기에 바위 귀퉁이를 깎아 만든 것이다.

이와 함께 권호문은 1573년 청성정사(青城精舍)를 지었다. 청성산에 눌러살면서 후학을 지도하는 일에 전념하기로 한 것이다. 청성정사를 지은 후 권호문은 인근의 아름다운 풍광을 찾아다니면서 일일이 이름을 붙였다. 옛이름을 그대로 따른 것도 있고 바꾼 것도 있었다. 이렇게 하여 40곳을 정하고 이를 「사십절구(四十絶句)」로 노래하였다.

때때로 소나무 늘어선 대(臺)와 바람 부는 바위에서 두건을 젖혀 쓰고 있노라면 아침햇살과 저녁노을을 살피느라 눈이 튀어나올 지경이다. 이른바 「사십절구」에서 노래한 경치가 고운 자태를 다투는데, 앞쪽에 가장 빼어난 것은 갈라산(葛蘿山)의 안개 속에 햇살이 비치는 것이며, 다음은 둔주산(遁住山) 그림자가 맑은 물 속에 거꾸로 드리우는 것이다. 약산(藥山)의 월출과 해산(海山)의 일출도 우열을 다툰다. 구불구불 뻗어내린 것은 와룡산(臥龍山)이며, 험악한 것은 호골암(虎骨巖)이다. 앙앙곡(泱泱谷)과 수침촌(水沈村)이 이웃하여 안개가 생겨나고 닭이 운다. 사탄(斜灘)의 물고기와 작현(鵲峴)의 사람들은 땅을 가려서 산다. 덕담(德潭)에서 목욕하고 원포(園浦)에서 물고기를 잡으니, 제각기 즐거움을 얻는다. 망곡평(網谷坪)에는 푸른 구름이 뒤덮여 있고, 성산연(星散淵)에는 흰 달빛이 비치며 이화탄(梨花灘)은 물이 급하고 옹암(甕巖)은 기이하지만, 그 사이에 끼어서 논하기에는 부족할 듯하다. 깊은 밤 올라가 기대는 곳은 수명루(水明樓)요, 아침햇살이 비칠 때 하인을 부르는 곳은 시노재(詩奴齋)다. 궤석에 기대는 곳은 인지당(仁智堂)이요, 시를 읊조리는 곳은 운와헌(雲臥軒)이다. 계수정(桂樹亭), 한송단(寒松壇)이라 한 곳은 맑은 날 산보를 하면 훌훌 세상을 벗어날 마음이 생기는 곳이요, 수어대(數魚臺)와 세이천(洗耳泉)이라 한 곳은 잠에서 깨어나 지팡이를 짚고 나서면 한가하게 사물을 살피는 흥이 이는 곳이다. 옷깃을 열고 시원한 바람을 타고 오르는 곳은 취소대(吹簫臺)요, 허공에 올라 신선을 맞는 곳은 상진암(上眞巖)이다. 구름방아[雲碓], 대숲길[竹逕], 고기잡이 불빛[漁火], 나무꾼의 노래[樵唱], 약초밭[藥圃]은 대학봉(對鶴峯) 중턱 적송봉(赤松峯) 앞에서 언제나 놀러 온 이들에게 눈과 귀의 즐거움을 제공하는 것이다. 앞 교외에서 치는 소(前郊牧牛), 나루를 건너는 배(渡□行舟)는 또한 한가한 삶의 맑은 구경거리다.

이렇게 이름한 것이 맞는지 아닌지 알 수 없으니, 생각해 보면 이 산을 찾아온 이들에게 웃음거리가 될 듯하다. 다만 아름다운 땅 곳곳에 이름이 없는 것이 안타까워, 이 때문에 신선의 땅을 더럽혔다는 질책을 두려워하지 않고 이름한 것이다. 그저 한적한 뜻을 부친 것일 따름이다. 다시 마루를 연어헌(鳶魚軒)이라 하고 재를 약허재(若虛齋)라 하여 뜻을 돈독하게 하였다.

권호문, 「성산기」, 『송암집』

권호문이 이름한 성산의 아름다운 40곳을 노래한 「사십절구」는

「청성잡절(青城雜絶)」혹은「청성잡제(青城雜題)」등의 이름으로 그의 문집에 남아 있다. 여기에는「사십절구」에 보이지 않는 경중로(鏡中路), 백사장(白沙場), 구하대(鷗下臺), 명옥폭(鳴玉瀑), 모란암(牧丹巖), 죽천대(竹泉臺), 조곡촌(糟谷村), 적항암(赤虹巖), 남산봉화(南山烽火) 등이 있어 이러한 장소가 성산의 아름다운 땅으로 이름을 얻었음을 알 수 있다. 구하대는 훗날 점풍대(點風臺)로 이름이 바뀌었다. 인지암(仁智庵), 시노실(詩奴室) 등은 이름이 조금 다르게 나타난다. 청성산에 성산암이라는 사찰이 있었는데, 그곳에 인지당(仁智堂)과 수명루(水明樓)가 있었다. 그래서 인지암이라는 이름이 생긴 것이다.

권호문은 청성산의 주인이 산과 물을 즐기기만 해서는 아니 된다고 여겼다. 그래서 청성산을 궁리(窮理)와 거경(居敬)의 장소로 삼고 높은 산과 흐르는 물의 이(理)를 가슴에 체득하려 하였다. 그는 '성산'이라는 이름의 뜻을 다시 생각하고「성산기」의 뒷부분을 이렇게 끝맺었다.

성(城)이라 이름한 것은 공부에 있어서 흐트러진 마음을 막는 방도와 관련이 있다. 산이 성처럼 에워싼 것을 보면 내 한 몸을 잘 간수하여 외물의 침입을 받지 않도록 하고, 산의 옛 성가퀴를 보면 한 마음이 견실하여 무너뜨릴 수 없다는 것을 깨달아야 할 것이다. 그렇다면 산을 성산이라 한 것이 마땅하고, 내가 마음을 성으로 삼는 것이 마땅하다. 성은 그냥 성이 아니요, 산이 그 성이며, 마음이 또한 그 성이다. 봉우리를 성곽으로 삼고 사슴과 노루를 데리고 군졸로 삼으며, 나무를 부러뜨려 병졸로 삼고 대나무를 세워 깃발로 삼는다. 그 사이에 조용히 거처하면서 마음의 임금인 천군(天君)을 편안히 받들리라. 세상의 먼지 하나에도 미동하지 않고 육신은 모두 천군의 명을 듣는다. 그렇게 되면 저 속세가 어찌 나의 마음을 빼앗는 도적이 되어 구름으로 에워싼 마음속을 감히 엿볼 수 있겠는가? 그렇다면 성산에는 마음이 성실한 사람이 살 것이니, 어찌 서로 합치하는 것이 아니겠는가? 이 때문에 기뻐서 적는다.

권호문, 「성산기」, 『송암집』

한거와 독락

청성산에서 유유자적하는 권호문의 생활은 만년까지 이어졌다. 권호문은 낙동강 강변의 상락대(上洛臺)에서 배를 타고 병산연(屛山淵)으로 가서 하회마을의 유성룡을 만났다. 또 유성룡이 청성산으로 오는 것을 보기 위하여 도솔원(兜率院) 서쪽에 금구대(金龜臺)를 축조하였다. 청성산의 버려진 절 성산암을 고쳐 지어 성산서당(城山書堂)으로 만들고 죽천대 아래에는 수석대(漱石臺)를 축조하였다. 권호문은 여기에 하나하나 시를 지어 붙였다. 성산의 아름다운 곳은 모두 그의 붓 아래 그려지게 되었다.

권호문은 노년에 청성정사에서 주로 기거하였다. 가끔 안동 동쪽에 있는 여강서원(廬江書院), 병산서당(屛山書堂), 자신이 지은 경광서당에 나가 동지나 후학들과 함께 강학하는 경우를 제외하면 대부분의 시간을 청성산에서 보냈다. 1584년 구봉령(具鳳齡)이 권호문을 추천하여 6품의 벼슬을 받게 하였으나, 권호문이 「한거록(閑居錄)」을 지어 보이

청성산 권호문은 청성산을 나서면 미녀 서시와 헤어지는 듯이 안타까워하였다.

자 더 이상 출사를 권하지 않았다 한다. 이 글은 산수자연에서 독선(獨善)과 한적(閑寂)을 누리는 즐거움을 운치 있게 그리고 있다. 사계절의 아름다운 풍광과 아침저녁의 빼어난 흥취, 그리고 한가하게 사는 맛을 자신의 목소리 대신 옛 문인의 시구를 이용하여 그려내었다. 가장 늦게 제작된 경기체가로 알려져 있는 「독락팔곡(獨樂八曲)」과 시조 「한거십팔곡(閑居十八曲)」도 이러한 생활공간에서 나온 것이다.

초가삼간 무릎만 들일 좁은 집에 훤칠하고 한가한 한 사람.
거문고와 책으로 벗을 삼고 솔과 대로 울타리를 하니
시원한 생활과 담담한 회포에 속념이 어찌 나랴?
때때로 낙조가 맑은 기운을 내며 갈대꽃 벼랑에 붉고

희미한 안개가 바람을 띠고 버들이 날리거든

대지팡이 하나 비껴 안고서 기심을 잊고 갈매기와 짝하노라.

이러한 경치 그 어떠하신가요?

草屋三間容膝裏 昻昻一閑人

琴書 벗을 삼고 松竹으로 울을 하니

脩脩生事와 淡淡襟懷에 塵念이 어디 나리

時時에 落照趁淸 蘆花岸紅하고 殘烟帶風楊柳飛하거든

一簡竹 비껴 안고 忘機伴鷗

景긔 어떠하니이까

권호문, 「독락팔곡」, 『송암집』

청산이 벽계에 임하고 개울에 안개 낀 마을이라.

초당의 마음을 백구인들 제 알랴

고요한 죽창 훤한 달빛 아래 거문고 있노라.

青山이 碧溪臨하고 溪上에 烟村이라

草堂心事를 白鷗인들 제 알랴

竹窓靜 夜月明한데 一張琴이 있나니라

권호문, 「한거십팔곡」, 『송암집』

　　초가삼간을 지으니 겨우 무릎을 들일 수 있는 정도지만 그래도 마음은 절로 한가하다. 거문고와 책을 벗삼고 소나무와 대나무로 울타리를 하였더니 마음의 속진이 씻겨져 맑아진다. 저녁노을은 더욱 맑고 갈대밭은 붉게 물드는데 안개와 버들이 바람에 날린다. 이처럼 아름다운 때 낚싯대를 드리우고 사심 없이 갈매기와 짝한다. 푸른 산을 마주한 개울가에는 안개 낀 마을이 있다. 초당에 사는 마음은 흰 갈매기보다 한가롭다. 대나무로 엮은 창이 고요하고 달이 훤한데 거문고가 있으니 더 바랄 것이 없다. 이황은 시조 「도산십이곡(陶山十二曲)」을 지어 마음의 더러움을 씻었는데, 그 제자 권호문은 경기체가와 시조를 지어 한적하게 살아가는 맛을 즐겼다.

청성서원과 김성일

권호문은 만년에 동문의 벗 김성일(金誠一)과 함께 살고자 하였다. 김성일은 연어헌에서 7, 80보 떨어진 남석대(南石臺)에 석문정사(石門精舍)를 지었다. 그러나 불행히 김성일은 이곳에서 만년을 보내겠다는 약속을 지키지 못하였다. 원래 권호문은 김성일과 함께 청성산에서 공부하면서 급제를 못하면 청성주인(靑城主人)이 되자고 하며 그에게 청성산의 반을 떼어주기로 약조하였다. 그러나 두 사람은 각기 다른 길을 걷게 되었다. 김성일은 과거에 급제하여 벼슬길에 나아갔으나 권호문은 그렇지 못하여 청성산에 은거하였다. 그후 1585년 김성일이 편지를 보내어 청성산을 떼어달라고 요구하자, 권호문은 김성일이 약조를 지키지 않았지만 사랑하는 청성산의 절반을 떼어주었다. 아름다운 산과의 인연을 동문의 벗과 함께한 것이다.

그로부터 세월이 흘러 연어헌이 있던 곳에는 청성서원(靑城書院)이 들어섰다. 청성서원의 역사는 제자 권기(權紀)가 「청성서원초향기사

관물당의 현판 '송암에서의 수창'이라 하였는데, 황준량, 김성일, 조종도(趙宗道),
김언기(金彦璣), 배삼익(裵三益) 등의 벗과 1551년 7월 한서재를 지은 기념으로 송암에
모여 시회를 가졌다.

(靑城書院初享記事)」(『龍巒集』)에 자세하게 적었다. 이에 따르면 청성
서원은 1608년부터 짓기 시작하여 1612년 완성되었는데, 사당은 청
풍사(淸風祠)라 하였다. '청풍'이라는 이름은 스승 이황이 권호문에
게 보낸 편지에서 "시원한 산림의 풍미(瀟灑山林之風)"가 있다 하였고
동문의 벗 김성일이 지은 제문에서 "그대의 맑은 풍모[淸風] 보고 격
동되어 선비들이 많이 흥기하였다"라 한 데서 딴 것이었다. 청성서원
에는 강학의 공간인 명륜당(明倫堂)을 두고 서쪽 협실을 주정재(主靜
齋)라 하였으며, 서재(西齋)를 의방재(義方齋), 동재(東齋)를 경직재(敬
直齋)라 하였다. 또 인지당과 수명루도 만들었는데, 이들은 모두 권호

문이 생전에 즐겨 찾던 성산암에 달아준 현판이었다. 이 무렵 성산암이 허물어지자, 이 현판을 떼어 청성서원으로 옮겨 달고 산과 물을 좋아하던 권호문의 뜻을 기렸던 것이다. 청성산을 함께 누리자 약속했던 김성일의 위패도 함께 모시려 했으나 불행히도 사림의 반대로 무산되고 말았으니, 이름을 중시하는 폐단이 우정을 갈라놓은 셈이다.

지금 풍산의 막곡리에 가면 청성서원이 있다. 원래의 청성서원은 대원군 때 철폐되어 남아 있지 않고, 지금의 것은 20세기 초반에 옮겨서 다시 지은 것이다. 어느덧 100년 세월의 때가 묻어 예스러운 맛을 풍긴다. 그 뒤 산자락에 권호문의 무덤이 있다. 그 영령은 청성서원을 둘러싼 사연을 알고 있을 것이다. 📃

청 성 서 원

송산읍 막곡리에 권호문을 제향하기 위하여 세운 서원.

1608년 연어헌 터에 창건하였다가 1767년 현재의 위치로 이건하였다.

지금 건물은 1909년 다시 지은 것이다.

유배지 평해를 빛낸
이산해

늙어서야 가난한 삶이 알맞음을 깨닫고

한가하니 오래도록 단잠을 자게 되었네

황보촌 이산해는 부친이 유배되어 살던 평해 황보촌의 같은 집에서
살았다. 오늘날은 노동이라 부른다.

관동 최고의 명소 평해

울진의 백암산에는 우리나라에서 가장 물이 좋다는 백암온천이 있다. 백암온천에서 바닷가로 나가면 울진군 평해면(平海面)이 나온다. 평해의 옛이름은 기성(箕城)이다. 예전에는 울진과 대등한 어엿한 군(郡)이었다. 평해 월송정에서 국도로 울진 방향으로 가다 보면 왼편에 정명촌(正明村)이라는 마을이 나온다. 그 동쪽에 산이 있는데, 곡식을 까부르는 키처럼 생겨 기산(箕山)이라 불렀다. 기성이라는 이름이 여기에서 유래한 것인데, 그 위의 오래된 토성(土城)은 옛적 평해 관아가 있던 곳이라 한다.

평해는 동남쪽으로 동해바다를 굽어보고 서북쪽으로 백암산을 등지고 있다. 예전에는 행정구역상 강원도에 속하였으므로 강원감사의 다스림을 받았다. 평해가 널리 알려지게 된 것도 강원도로 벼슬 살러온 사람들 덕택이다. 이 일대의 바닷가에는 이미 고려시대부터 망사정(望槎亭), 풍월루(風月樓), 월송정(越松亭), 망양정(望洋亭) 등의 누정이 있어 안축(安軸), 이달충(李達衷), 이곡(李穀), 정추(鄭樞) 등의 시제(詩題)에 올랐으며, 사라진 풍월루를 제외하고는 조선시대에 들어서도 관동 최고의 명소로 시인들의 붓끝에서 시로 그려졌다. 특히 망양정은 채수(蔡壽)가 관동 최고의 절경으로 꼽은 곳이다. 망양정에는 영휘원(迎暉院)이 있어 나그네들이 묵을 수 있었다. 그 곁의 벼랑 위로 솟은 임의대(臨漪臺)에는 7~8인이 앉아 놀 수 있었는데, 매우 높아 그곳에 서면 아래의 땅이 보이지 않을 정도였다고 한다. 여기서 북쪽으로 100보쯤 떨어진 곳에 조도잔(鳥道棧)이라 불리는 험한 산길이 있어

고지도의 평해 『동여비고(東輿備考)』의 평해 부근 지도로 월송정, 망사정, 풍월루 등 이름난 정자가 보인다. 사동, 정명포 등 이산해가 머문 곳도 보인다.

지나는 이들의 발걸음을 멈추게 하였다.

조선 초기에는 서거정(徐居正)이 평해의 아름다운 풍광 여덟 가지를 골라 「평해팔영(平海八詠)」으로 노래하였다. 그는 월송정, 조도잔, 망사정 외에, 맑은 물결을 마주하는 높은 언덕 임의대, 해당화 피어 있는 해안 해당안(海棠岸), 고래처럼 큰 파도가 넘실거리는 바다 경파해(鯨波海), 온천욕을 즐길 수 있는 백암산의 탕목정(湯沐井), 그리고 지금은 위치를 알 수 없는 암자 통제암(通濟菴) 등을 평해의 여덟 가지 승경으로 꼽았다.

황보촌에 정한 유배객의 집

일찍부터 시인묵객의 발걸음이 잦았던 평해의 아름다운 풍광은 임진왜란이 일어나던 해 이산해가 이곳으로 유배를 오면서 주인을 만났다. 이산해(李山海, 1538~1608)는 조선 초기 최고의 명문가로 손꼽히는 한산이씨(韓山李氏)다. 이 집안은 원래 한산의 지방관리로 세거하였는데 고려 말 신흥사대부의 전형이라 할 이곡(李穀)과 이색(李穡) 부자에 힘입어 단숨에 최고의 문벌이 되었다. 이색은 이종덕(李種德), 이종학(李種學), 이종선(李種善) 세 아들을 두었는데, 이산해는 막내 이종선의 후손이다. 세조의 공신이었던 이계전(李季甸)이 이종선의 아들이며, 이계전의 아들이 이우(李堣)인데, 『청파극담(靑坡劇談)』의 저자 이파(李坡)와 친형제간이며, 단종을 위해 목숨을 바쳤던 이개(李塏)와 사촌이다. 공신의 후손이지만 이우 이후로는 높은 벼슬에 오른 후예가 나오지 않았다. 이우의 증손자인 토정(土亭) 이지함(李之菡)에 이르러 이 집안의 학문이 진일보하였는데, 이산해는 이지함의 조카이며 이조판서를 지낸 이산보(李山甫)와는 사촌 사이다. 또 영의정을 지낸 이덕형(李德馨)을 사위로 맞았으니 이 무렵 이 집안의 명성이 매우 높아졌다 하겠다.

서울에서 태어난 이산해는 어린 시절 이지함에게 수학하였고, 이를 바탕으로 알성시(謁聖試)에 장원급제하여 벼슬길에 들어섰다. 홍문관의 수찬(修撰)과 저작(著作)을 역임하고 사가독서(賜暇讀書)에 선발되었으니 엘리트 코스를 밟았다 하겠다. 명종의 외숙으로 당시 실권을 잡고 있던 윤원형(尹元衡)이 그를 사위로 삼으려 하자, 부친 이

지번(李之蕃)이 벼슬을 내던지고 단양 구담(龜潭) 곁의 가은동(可隱洞)으로 내려가 버렸다고 하니, 그가 얼마나 잘난 사람인지 짐작할 수 있다. '사나이'라는 말이 그의 이름 '산해'에서 유래했다고 견강부회한 고사까지 전한다.

일찍부터 문장으로 명성을 날린 이산해는 선조 17년(1584) 양관대제학(兩館大提學)으로 문형(文衡)을 잡았다. 대북(大北)의 영수로 51세에 영의정에까지 올랐으니 가장 높은 벼슬까지 오른 셈이다. 훗날 이산해는 고향인 예산의 도고산(道古山)에 올랐다 내려오면서 위로 올라가는 것은 진실로 어렵지만 아래로 굴러떨어지는 것은 무척 쉽다고 생각하였다. 힘들게 올랐던 것과는 달리 내려오는 길은 신발에 날개가 달린 듯 너무나 수월하였기 때문이다. 그와 꼭 마찬가지로 이산해는 어렵게 영의정까지 올랐으나 임진왜란이 일어나자 단숨에 유배형을 받는 신세로 전락하였다. 파천(播遷)을 주장했다 하여 양사의 탄핵을 받아 결국 벼슬을 떼이고 머나먼 평해로 유배된 것이다.

선조 25년(1592) 5월 이산해는 결국 백발이 성성한 55세의 몸으로 평양에서 산길을 걸어 한계령을 넘는 신세가 되었다. 강릉, 울진을 거쳐 평해로 들어선 이산해는 망양정과 월송정에서 바다를 바라보았다. 그리고 월송정 객점에서 여장을 풀었다. 평해는 이산해에게 낯설지 않은 곳이었다. 그의 부친 이지번이 중종 31년(1536) 유배온 적이 있기 때문이다. 그로부터 이태 후에 이산해가 태어났으니, 이산해는 평해의 정기를 받고 태어난 인물이라 하겠다.

중양절을 넘긴 깊은 가을, 이산해는 황보촌(黃保村, 오늘날은 노동이라 부른다)에 있는 곽간(郭幹)의 집에 머물게 되었다. 곽간의 집은 옛날 부친 이지번이 귀양왔을 때 머물렀던 곳이니 묘한 인연이다. 그때의 주인은 곽간의 조부였는데, 그는 이산해의 부친이 벽에 써둔 시를 떼어내어 보관하고 있기까지 하였다. 황보촌이 있던 곳은 월송정에서 평해읍 쪽으로 가다가 왼편으로 황보천(黃保川)을 따라 한참을 들어가면 보이는 노동서원(魯洞書院)이 있는 바로 그 인근이다. 당시 이곳은 매우 가난한 마을로, 작은 집을 만들어 지전(紙錢)을 걸어두고 푸닥거리를 하던 낙후된 땅이었다. 그나마 곽간의 집이 가장 넓었기에 그 집을 비우고 이산해가 들어앉은 것이었다.

이산해가 황보촌에 이르렀을 때 가장 인상 깊었던 것은 푸른 대숲이었다. 긴 대나무 천 그루가 빽빽하게 서 있어 푸른빛이 뚝뚝 떨어질 정도였다. 이산해는 자신의 호를 죽피옹(竹皮翁)이라 하였다. 이산해가 좋아하던 매화도 한 그루 있어 위안이 되었다. 집 뒤쪽의 그다지 높지 않은 고개에 오르면 사방이 탁 트였다. 집의 양옆으로 두 줄기 개울이 졸졸 흘러내리는데, 흐린 물은 채소밭에 뿌리고 맑은 물에는 손발을 씻었다. 집 남쪽에는 송정(松亭)이 있어 여름이면 그 그늘에서 더위를 피할 수 있었다. 그 남쪽의 작은 개울에는 월송교(越松橋)가 있었고 그 주변에는 개나리와 가는 버들이 자라났다. 이산해는 황보촌에 집을 정한 소감을 다음과 같이 적었다.

벽옥 같은 천 그루 대나무가 에워싸고
푸른 산등성이가 한 면을 막고 섰네.

노동서원 19세기 초 송시열을 모시기 위하여 황보촌에 세운 서원인데, 그 인근에 이산해가
살았던 듯하다.

가을 소리는 자주 비를 뿌리게 하고
산 기운은 절로 노을을 만드네.
나그네 되어 도리어 은자와 같건만
돌아가고 싶어도 돌아갈 집 없구나.
흰머리로 그저 임금만 그리워하여
꿈에서는 늘 대궐을 향한다네.

碧玉千竿擁　蒼巒一面遮

秋聲頻作雨　山氣自成霞

爲客還同隱　思歸未有家

白頭唯戀主　魂夢在關河

이산해, 「황보촌으로 옮겨살며(移黃保村)」, 『아계유고(鵝溪遺稿)』

　황보촌에 정착한 이산해는 산과 물을 볼 때마다 임금의 얼굴을 떠올렸다. 곧바로 다시 서울로 돌아갈 것이라 믿었기에 몇 달 동안 살 집을 정하지 않은 것인지도 모른다. 이 때문에 그가 유배 초기에 지은 시는 임금의 귀에 들어가기를 바라는 듯 임금이 그립다는 내용으로 가득 차 있다. 깊어가는 가을, 파리한 말을 타고 백암으로 가면서도 하늘을 바라보며 천심(天心)이 자신이 도울 것이라 믿었다. 그러나 임금은 이산해를 부르지 않았다. 해가 바뀌어 봄이 왔건만, 이산해는 여전히 돌아보지 않는 임금을 향해 그립다는 말을 잊지 않았다. 센 머리카락이 많아진 것도 임금이 그리워서라 하였다.

　그러나 귀양살이가 2년으로 접어들자 이산해는 서서히 임금 대신 매화를 찾기 시작하였다. 열흘 중에 아흐레는 산속을 뒤지면서 미친 듯이 매화를 찾았다. 혹 매화가 피면 돌아갈지 모른다는 마음이 들어서일까.

열흘 중에 아흐레 산속을 왕래하니
은자의 한가지 병은 매화 찾는 일이라네.
흡사 봄추위가 시를 질투하는 듯
일부러 가지에 꽃을 피우지 않는구나.
十日山中九往來 幽人一癖在尋梅
春寒似與詩相妬 故勒花枝不放開

이산해, 「산속에서(山中)」, 『아계유고』

고려 말 이래 문인들은 자신의 처소 인근의 아름다운 땅을 8경이니 10경이니 이름붙이고 먼발치에서 눈길로 소유하였다. 평해의 황보촌에 온 이산해는 초라하긴 하지만 자신이 즐길 여덟 곳의 명승을 정하였다. 대숲에 깃들인 새소리를 듣는 일(竹園栖禽), 나무꾼이 소에 땔감을 싣고 풀피리를 불거나 어사용을 부르며 시골길을 가는 것을 보는 일(村蹊樵唱), 숲속의 정자에서 시골노인들과 계회를 즐기는 일(林亭修禊), 노을 속에 산사로 가서 노승을 만나 밤새 이야기를 나누는 일(岳寺尋僧), 눈 내린 밤 화촌에서 술을 받아 마시는 일(花村喚酒), 월송정 솔그림자 아래에서 달빛을 구경하는 일(越松步月), 봄비가 내린 뒤 꽃을 피운 매화를 감상하는 일(梅花春雨), 가을날 하얀 서리 속에 노랗게 물든 탱자숲을 보는 일(枳林秋色)이 바로 그것이었다.

그것도 모자라 이산해는 다시 곽간의 집에서 보이는 16가지 아름다운 경치를 골랐다. 지겨운 줄 모르고 뒷산에서 말을 타며 노닐었고 앞 개울에 나아가 발을 씻었다. 곽간의 집에는 대나무, 감나무, 밤나무, 모과나무, 배나무, 뽕나무, 소나무, 매화나무, 살구나무, 느티나무 등 많은 나무가 있었는데, 하나하나에 모두 시를 지어 붙였다. 또 남쪽의 못과 그 곁의 정자, 동쪽과 서쪽의 개울도 시로 담아내었다.

이산해는 황보촌의 모든 것을 사랑하게 되었다. 황보촌으로 들어가는 길가 언덕에는 산다화(山茶花)가 낮은 가시덤불 속으로 가지를 드리우고 있었다. 이산해는 하인을 시켜 넝쿨을 베고 대를 꽂아 잘 자랄 수 있게 해주었다. 잎이 파랗게 자라고 꽃이 빨갛게 피자, 이를 본 이산해는 한편으로 기뻐하고 다른 한편으로 자신의 누추한 모습을 돌아보고 비감에 젖기도 하였다. 이산해는 시골 늙은이가 되었다.

> 시골 늙은이가 자리를 가져와 냇물 앞에 깔고
> 보리밥에 막걸리 마시며 나그네 회포를 위로하네.
> 버들 그늘에서 조금 취하노라면 산에 해가 저무는데
> 못 가득한 연꽃잎에 후두둑 떨어지는 빗소리.
> 野翁携席籍臨流 麥飯酸醪慰客愁
> 小醉柳陰山日暮 滿塘荷葉雨聲秋

이산해, 「시골 늙은이(野翁)」, 『아계유고』

시골 늙은이 도롱이 걸치고 호미 메고 다녀오니
가랑비 부슬부슬 뿌려 저녁햇살이 어둑하네.
앞산에 범이 왔다 갔나 보다
아이 불러 일찌감치 사립문을 닫게 한다.
田翁簑笠荷鋤歸 烟雨空濛掩夕暉
却怕山前有虎跡 呼童趁早閉柴扉

이산해, 「즉흥적으로 짓다(卽事)」, 「아계유고」

이산해는 중도부처(中道付處)의 형벌을 받아 평해에 유배되었기 때문에 비교적 가까운 곳을 오가는 것은 허락되었고 가족들의 왕래도 금지되지 않았다. 아내가 넷째아들 경유(慶愈)와 막내딸을 데리고 평해로 오자 이산해는 꿈인 듯 기뻐하였다. 그러나 이 기쁨은 오래가지 않았다. 유배온 지 한참이 지난 어느 날, 이덕형에게 시집간 둘째딸이 왜적을 피해 자결하였다는 소식을 들었다. 며느리도 이때 함께 죽었다.

등불 앞에 오열하여 눈물로 치마를 적시며
"밥 잘 자시고 너무 슬퍼하지 마세요" 하더니
누가 알았으랴 도리어 네가 죽어 영결할 줄을
옷 뿌리치고 나선 일이 이제 깊은 한이 되었네.
燈前嗚咽淚霑裳 說與加餐莫浪傷
誰料翩爲死生訣 只今長恨拂衣忙

이산해, 「딸을 통곡하며(哭女)」, 「아계유고」

이산해의 첫아들 경백(慶伯)은 문과에 급제하여 벼슬길에 나섰으나 겨우 20세의 나이로 요절하였다. 게다가 유배온 지 3년째 되던 1594년, 강릉에서 평해로 온 넷째아들 경유가 시름시름 앓다가 그만 저세상으로 가버렸다. 늦둥이로 태어난 경유는 젊은 시절 이산해가 친하게 지내던 임억령(林億齡)의 시를 아버지 앞에서 외우기도 하였는데, 그가 영영 저승으로 가버린 것이다. 아들이 죽은 지 반달이 지나도록 이산해는 꿈에서조차 아들을 만날 수 없었다. 이산해는 자다가 발자국 소리를 듣고 아들이라고 여겨 나가보았으나 아무도 없었다. 그런 밤을 수없이 보내야 했다.

뚜벅뚜벅 발자국 소리 가까워졌다 사라지니
'어흠' 헛기침하는 내 아들인가 하였다네.
일어나 보면 처량히 아무것도 없는데
지는 달빛만 뜰에 가득하고 산새가 슬피 우네.
窣窣跫音近却徽 如聞馨咳是吾兒
起視悄然了何有 落月滿庭山鳥悲

이산해, 「밤에 일어나(夜起)」, 『아계유고』

이산해는 처음 유배왔을 때 오직 임금만 그리워하였다. 그러나 아들을 잃고 나서는 산을 보나 물을 보나 아들의 잔영만 서리고, 무슨 소리가 들려도 아들인가 싶었다. 아들이 죽고 석 달이 지났지만 그 모습이 잊혀지지 않았다. 짙은 눈썹에 통통한 뺨, 땅에 끌릴 정도로 긴

월 송 정

이산해가 유배와서 처음 월송정 곁의 마을에 살았다.

월송정 소나무 아래에서 달빛을 구경하는 것을 평해팔경의 하나로 들었다.

더벅머리를 한 아들이 꿈에 또렷이 나타나기도 하였다. 하지만 이산해를 붙잡고 무엇인가를 말하려던 아들은 안개 속으로 멀리 사라져버렸다. 그럴 때마다 이산해는 꿈에서 깨어나 달빛 아래 서성이곤 하였다. 1년이 지나도록 이산해는 상심에서 벗어나지 못하였다. 집에 연등을 걸어두고 훗날 저승에서 다시 만나기를 기원할 뿐이었다.

정을 붙인 평해에서의 삶

서거정이 정한 평해팔경은 망사정, 월송정, 해당안, 조도잔, 경파해, 탕목정, 통제암, 임의대 등이다. 이후 평해를 찾은 사람들은 주로 서거정이 지은 시에 차운하였다. 이산해가 평해에 이르렀을 때 통제암은 이미 불타 없어졌다. 이에 평해팔경에 통제암 대신 백암산 남쪽 기슭의 계조암(繼祖菴)을 넣었고, 망사정보다 망양정의 풍광이 더욱 아름다워 망양정을 새로 넣었다.

이산해는 유배기간 동안 거의 황보촌에서 살았지만 평해의 여러 곳을 옮겨다니며 살기도 하였다. 황보촌에서는 바다가 보이지 않았기에 유배객의 답답한 마음을 풀기에는 적합하지 않았던 것이다. 특히 사랑하는 아들이 죽은 뒤로는 황보촌을 떠나 있을 때가 많았다. 이산해는 바다가 보이는 정명촌(正明村, 正明浦)과 월송정으로 자주 와서 묵었다. 정명촌은 바다를 바라보고 형성되어 있는 마을로, 황보촌과 고개 하나를 사이에 둔 가까운 곳이었다. 이곳에 벗 황응청(黃應淸)이 살고 있었다는 점도 이산해가 정명촌을 자주 찾은 이유였다.

이산해는 황응청의 조카 황여일(黃汝一)이 살던 사동(沙銅)에도 자주 출입하였다. 사동은 평해에서 월송정으로 가다 보면 왼편에 동쪽으로 향해 있는 마을이다. 사동산(沙銅山) 서쪽 마악(馬岳) 아래 위치한 이 마을은 봉황새가 나는 듯한 형상의 명당이다. 지금도 황여일이 거처하던 해월헌(海月軒)이 대숲 아래 호젓한 자태를 자랑한다. 이곳에는 이산해, 이수광(李晬光) 등 이름난 문인들의 시판이 걸려 있다. 황여일은 김성일(金誠一) 집안으로 장가를 들었으며, 이황의 문하에 출입하였다. 이후 이 집안은 지속적으로 안동의 명문가와 통혼하였고, 지금의 종부도 안동의 고성이씨 임청각(臨淸閣)에서 시집왔다. 그래서인지 해월헌 곁의 집은 안동의 양반가를 닮았다.

이산해가 귀양온 이듬해 여름, 황여일은 부모를 뵙기 위하여 고향으로 왔다가 이산해를 찾아뵈었다. 이산해는 좌주(座主)로서 과거시험에서 그를 선발한 인연이 있었다. 이 때문에 이산해는 그의 마을을 자주 찾고 또 그곳에서 바닷가 쪽에 있는 서경포(西京浦)에 집을 빌려 살게 된 것이다.

이산해는 입선동에서 서쪽으로 수십 리 떨어진 주령(珠嶺) 아래의 서촌(西村)에도 잠시 살았다. 서촌은 백암산 기슭에서 물길을 따라 내려오면 나타나는 선암사(仙巖寺) 뒷동네, 그리고 그 북쪽 주령 아래쪽 동구 일대를 말하는데, 주령 아래의 경관이 가장 빼어났다. 이산해는 그곳에서 다시 동쪽으로 한참 떨어진 우암산(牛巖山) 달촌(達村)에서 몇 달간 살기도 하였다. 이산해는 손씨 성을 가진 아전의 집을 빌려 봄부터 여름까지 다섯 달을 이곳에서 살았다. 서너 칸 단출한 초가를 짓고 서쪽 언덕에 띠풀을 이어 정자를 지었다. 낮에는 앉거나 누워서 잠을 자고 밥을 먹으며 떠나지 않았다. 흥이 일면 오건(烏巾)을 쓰고 대지팡이를 짚고 이리저리 돌아다녔다. 동자에게 말고삐를 쥐게 하여 해당화 핀 길을 다니며 시를 읊조렸다. 그는 이 일대의 풍광을 다음과 같이 그렸다.

영동을 가르는 산은 서남쪽이 가장 높다. 기성에는 주령이 있는데 그 지맥이 동으로 30여 리를 뻗어 삼성산(三聖山)이 된다. 삼성산이 다시 동으로 달려 구릉이 되고, 구릉이 구불구불 뻗어 빙 두르고 있는 곳에 관아가 있다. 정남쪽에는 좌우의 산이 읍하는 듯한 작은 골짜기가 하나 있다. 이곳이 달촌이다. 동북쪽은 막혀 있고 서남쪽은 열려 있다. 오른편으로 올라가 바라보면 빼어난 개울과 산, 들판이 있다. 큰 사람이 허리를 숙이고 거만하게 관아를 내려다보는 듯한 산은 백암산이다. 푸른 용이 구불구불 꼬리를 휘두르며 내려가는 듯한 개울은 수정계(水精溪)다. 개울이 못이 되고 여울이 되며, 거울처럼 맑게 고이고 옥팔찌처럼 짤랑거리면서 옷깃처럼 띠처럼 굼실굼실 동으로 흘러가서 마암(馬巖) 너머 작은 소나무 아래 푸른 바다로 흘러들어간다. 개울 서쪽 못 가운데 높게 치솟아 있는 것이 입선대(入仙臺)요, 자라지 않은 조그만 소나무가 눌려 있는 듯한 것이 태봉(胎峰)이다. 태봉에는 성화(成化, 1465~87) 몇 년 몇 월 몇 일이라 새겨진 바위가 세워져 있다. 개울 남쪽에 우암(牛巖), 검현(劍峴), 군남산(郡南山)이 빙 둘러 이리저리 서 있다. 산을 따라 아래로 내려가면 종종 숲속에 인가가 어른거리는데 이것이 동발촌(動發村)

이다. 개울 곁에 모래톱이 있으며 해당화가 무성히 피어난다. 조금 돌아서 동쪽으로 가면 무논과 밭이 섞여 있고 논두렁 밭두렁이 얼기설기 뻗어 있다. 여름이면 뽕과 삼, 벼, 기장이 무성하다. 농부들의 노랫가락과 소 치는 사람들의 피리소리가 화답한다. 이 또한 볼 만하고 들을 만하다.

이산해, 「달촌기(達村記)」, 『아계유고』

다행히 이산해는 아들을 잃은 고통에서 차츰 벗어나게 되었다. 베개에 기대어 마당에서 뛰노는 병아리를 구경하고, 돌솥에 차를 달여 꾀꼬리 지저귀는 나무그늘 아래서 마셨다. 가랑비가 내리고 소슬바람이 불어오면 느티나무 뿌리에 앉아 꿈에서나마 예산의 고향을 다녀오기도 하였다. 집에 작은 못을 파고 버들을 심어 조그만 배를 띄우는 풍류도 부려보았다. 새벽이면 발을 걷고 산과 들판을 바라보면서 상념에 빠지기도 하였다. 해가 질 무렵 밥짓는 연기가 마을에 피어날 때 나무꾼이 소와 양을 몰고 어사용을 부르는 것도 즐겼다. 시골노인네처럼 막걸리를 사서 들판으로 나가 잔뜩 취해 들어와 숲속의 정자에 누워 달빛을 구경하였다. 백암산과 주령에서 발원한 개울을 따라 난 길을 걸으면서 10리에 뻗은 해당화 향기에 취하였다. 백암사를 찾아 스님과 이야기를 나누고 화려하게 피어 있는 모란을 감상하였다. 이산해는 돌아갈 기약 없는 삶을 이렇게 보냈다.

하얀 소나기 빗발이 막 그치자

해월헌 사동에 있는 황여일이 경영한 집으로, 지금도 이산해와 이수광 등의 시가 처마 밑에 걸려 있다.

푸른 산이 침상에 절로 가득하네.

대숲이 깊어 비취새가 울고

개울물이 따스하여 원앙새 목욕한다.

늙어서야 가난한 삶이 알맞음을 깨닫고

한가하니 오래도록 단잠을 자게 되었네.

손님이 와도 물리치고 상대하지 않으며

머리 풀고 제멋대로 미친 듯 살아가노라.

白雨初收脚　青山自滿床

竹深啼翡翠　溪暖浴鴛鴦

老覺貧居穩　閑知睡味長

客來麾不應　散髮任清狂

이산해, 「초당에서(草堂卽事)」, 『아계유고』

3년을 넘긴 평해 유배생활에 적응한 이산해는 어느덧 평해 사람이 다 되어갔다. 해안의 거센 사투리도 이해하게 되었으며, 농부들과도 거리낌없이 지내게 되었고, 게와 산채도 입맛에 맞게 되었다.

이산해가 평해에 와서 가장 먼저 살았던 곳이 월송정이거니와 귀양살이가 끝날 무렵에도 바다가 보이는 월송정 근처의 송촌(松村)으로 옮겨 살았다. 이산해의 초가는 규룡의 수염처럼 생긴 소나무가 늘어서 있는 월송정 바닷가의 숲속에 있었다. 소나무로 문을 삼아 찾아오는 손님을 막았다. 따로 초당을 짓고 대나무로 문을 만들어 달았다.

제비꼬리처럼 굽이도는 동쪽 개울에는 부들과 갈대가 무성하였다.

모래언덕에는 목화밭이 있고 야산에는 메밀밭이 있었다. 바다에는 사람들이 발악(鉢岳)이라 부르는 바위섬이 있는데, 마치 연꽃 한 송이가 바다에 피어난 듯하였다. 마을에는 살매기가 많아 백구촌(白鷗村)이 되었다. 마을 뒤편의 열두 곳 개울은 거문고 소리를 내면서 졸졸 흐르는데 앞산에 달이 뜨면 황금이 튀어오르는 듯하였다. 봄바람이 부는 석양빛 아래에는 해당화가 10리에 펼쳐져 비단처럼 펄럭였다.

이산해는 작은 배나 휘장을 친 수레를 타고 그 주위를 오갔다. 흥이 일면 거문고를 끼고 북쪽의 개울로 나아가 그 위에 놓인 다리에 서서 물고기를 구경하였다. 월송정 동쪽 야산에는 오래된 성이 있고 그 위에 누각이 있어 파도소리에 어우러지는 달빛을 즐길 수 있었다. 해변에서 높고 낮은 모래언덕을 밟노라면 말발굽에 해당화 꽃잎이 날리는 것도 즐거운 볼거리였다. 서쪽 황보촌의 누렇게 익어가는 곡식을 바라보기도 하였다. 마을을 어슬렁거리면서 소금을 굽느라 모래톱에 불을 지핀 채 곯아떨어진 노인네를 보고, 어부가 어량(魚梁)을 쳐놓고 바다로 나가 은빛 물고기를 건지는 모습도 보았으며, 갈림길에 있는 굴봉(堀峰)을 향해 소원을 비는 사람들도 보았다. 이를 하나하나 시에 담아 「월송교사이십영(越松僑舍二十詠)」이라 하였다. 가히 평해의 죽지사(竹枝詞)라 할 만하다.

월송정에서 동쪽을 바라보면 바다가 하늘 같은데
모래톱의 물새는 물안개를 헤치고 날아오르네.
십 리에 펼쳐진 해당화뿐 사람은 보이지 않는데

어부의 집 두어 채가 저녁햇살 속에 나타나네.

越松東望水如天 　點點沙禽破渚烟

十里海棠人不見 　兩三漁戶夕陽邊

이산해, 「물가의 정자(水亭)」, 『아계유고』

　지금은 사라졌지만 월송정 곁에는 못이 있었다. 이산해는 봄날 풀
이 돋고 꽃이 피면 그곳에 작은 배를 띄우고 물새와 더불어 놀았다.
이 시는 바로 월송정의 물가에서 지은 것이다. 이산해는 월송포(越松
浦)에 배를 띄워 달빛을 받으며 해당화 향기를 즐겼다. 월송정 해안에
는 해당화뿐만 아니라 흰 연꽃도 피어, 단오 무렵이면 향기가 10리까
지 퍼졌다. 이산해는 피로한 줄도 모르고 매일 노새를 타고 평해의 물
색을 즐겼다.

글로 남은 땅

　이산해는 3년이라는 비교적 짧은 시간 동안 평해에 머물다 갔다.
그러나 세월이 가면 인간이 만든 것은 무너지는 법이다. 이산해가 살
았던 평해도 그러하다. 울진에 관동팔경이 하나도 없다는 이유로 망
양정은 원래의 위치에서 울진으로 옮겨지고, 휑한 아스팔트 곁에 그
터만 남아 있다. 망사정, 풍월루도 찾을 수 없다. 그나마 월송정 하나
가 고려 때부터 평해의 바닷가를 지켜오고 있다.

　세상에 흔적을 전하는 것은 사람이 만든 집이 아니라 지은 글이다.
이산해는 문장으로 평해를 빛내었고, 평해는 이산해의 문장을 크게

이남규 고택 이산해의 고향인 예산군 대술면에 있다. 그 뒤편의 천방산 기슭에 이산해의 묘가 있다. 인근 운주산 기슭의 감밭골에 이산해가 살았다.

발전시켰다. 허균(許筠), 최립(崔岦) 등은 이산해가 평해에 유배갔다 돌아온 이후 문장이 매우 좋아졌다며 다투어 칭송하였다. 평해는 이 산해의 아름다운 문장에 실려 역사에 길이 남게 되었다.

이산해는 만년을 보내었던 예산군 대술면 방산리 천방산(千方山) 기슭에 묻혔다. 도고온천에서 예산군 대술면으로 들어가면 도고저수 지가 나오고 그 남쪽에 도고산이 있다. 도고산 아래에는 감밭이 많다. 그래서 예전에는 이곳을 시전촌(柿田村)이라 하였다. 만년에 이산해 가 살던 곳이다. 시전촌 뒤쪽에는 구름이 머문다는 뜻의 운주사(雲住 寺)라 이름한 작은 절이 하나 있다. 산이든 절이든 문인의 손을 거쳐 이름이 나는 법이다. 이름 없는 조용한 이 절이 세상에 알려지게 된 것은 이산해가 달뜬 밤 이곳에 오른 흥취를 아름답게 묘사해 두었기 때문이다.

길을 따라 계속 가서 상항리에 이르면 한말의 의사 이남규(李南珪)의 고택이 나온다. 이산해의 후손이 오랜 세월 대를 이어 살아온 곳으로, 역사의 자취가 묻은데다 정갈하여 더욱 정취가 있다. 그 너머 천방산 자락 노송 사이에 이산해와 그 아들 이경전(李慶全)의 무덤이 있다. 이경전은 이산해의 둘째아들이지만 일찍 세상을 떠난 맏형을 대신하여 가문의 명성을 이어갔다. 이경전은 폭설이 내린 날 일곱 살 손자의 강청(强請)에 못 이겨 아들, 손자와 함께 길을 나서 삼대가 폭설 속에서 고향의 아름다운 산 천방산 기슭의 천방사를 찾은 즐거움을 아름다운 기문으로 남겼다. 「큰눈이 내렸을 때 천방사를 찾은 기문(大雪訪千方寺記)」이 그것이다. 천방산은 그다지 높지도 않고 세상에 잘 알려지지도 않았지만, 이경전의 붓을 통해 길이 역사에 전하게 되었다. 평해가 이산해의 글을 통해 전해진 것처럼.

유성룡의 귀거래와 하회마을

위로 푸른 하늘빛을 접하고 아래로 천 길 여울을 눌렀네

미친 물결이 치든가 말든가 높은 곳은 범접치 못하리니

간죽문
옥연서당의 출입문으로 이 문을 나서면
대나무가 보였기에 이 이름이 붙었다.

하회마을과 충효당의 역사

하회마을은 엘리자베스 영국 여왕이 생일상을 받은 일로 인해 일약 세계적인 명성을 떨치게 되었다. 맑은 물이 굽이돌기에 물돌이라는 이름을 얻었는데 오늘날은 하회(河回)로 적지만, 하회(河廻) 혹은 하외(河隈)로도 적었다. 하회에는 물이 돌아가면서 형성된 비옥한 땅이 있으니 일찍부터 사람들이 살았을 것임에는 틀림없다. "허씨 터전에, 안씨 문전에, 유씨 배반(胚盤)"이라는 속담이 전하는 것으로 보아 이른 시기 허씨(許氏)와 안씨(安氏)들도 이곳에 터전을 잡았던 듯하지만, 조선시대 이 마을의 주인은 풍산유씨(豊山柳氏)였다.

풍산유씨는 유성룡(柳成龍)의 6대조 유종혜(柳宗惠)에 이르러 현달하였고, 이 무렵 풍산에서 하회마을로 들어와 살게 되었다. 이후 차츰 중앙무대로 진출하게 되었는데 유성룡의 부친이 관찰사에 오르고, 유성룡은 일인지하(一人之下) 만인지상(萬人之上)이라 불리는 영의정에까지 올랐다. 오늘날 하회마을에 가면 만날 수 있는 양진당(養眞堂), 충효당(忠孝堂) 등의 풍산유씨 가문의 고택도 이러한 풍산유씨의 성장에 힘입어 16세기 무렵 세워진 것이다.

양진당은 본디 유성룡의 부친이 살던 집으로, 유성룡의 둘째형 유운룡(柳雲龍)이 뒤이어 그곳에서 살았으나 훗날 불타 없어지고 말았다. 유운룡의 6대손 유영(柳泳)이 빈터에 다시 집을 짓고 당호를 양진당이라 하였다. 충효당은 유성룡과 그 후손들이 대를 이어 살던 집이다. 이만부(李萬敷)의 기문에 따르면 충효당은 유성룡의 증손 유의하(柳宜河)가 유성룡의 집터에 새로 지은 것으로, 충효당이라는 명칭도 이때 비롯되었다고 한다. '충효(忠孝)'는 유성룡이 자손들에게 준 시의 내용을 요약적으로 제시한 것이므로, 결국 유성룡의 뜻을 기린 것이라 하겠다. 1693년 이만부는 여든의 고령인 유의하로부터 청탁을 받고 기문을 지어 충효당에 내걸었다. 충효당에는 이재(李栽)의 기문도 걸려 있었다. 유의하가 충효당에 기울인 정성을 읽을 수 있다.

겸암정사와 원지정사

유성룡(柳成龍, 1542~1607)은 본관이 풍산(豊山)이며, 자가 이현(而見), 호가 서애(西厓)다. 군수를 지낸 유공작(柳公綽)이 그의 조부다. 부친은 관찰사와 승지 등을 지낸 유중영(柳仲郢)이며 모친은 안동김씨 김광수(金光粹)의 딸이다.

유성룡은 의성 사촌리(沙村里) 외가에서 태어났다. 16세에 향시(鄕試)에 합격하고 한양으로 올라가 19세 무렵 관악산에서 독서를 하였다. 21세에 도산(陶山)으로 가서 이황을 뵙고 그 문하에 들었다. 몇 년 후 문과에 급제하여 승문원 부정자(副正字)로 벼슬을 시작하였으며, 홍문관 수찬(修撰)을 지내고 사가독서(賜暇讀書)에 뽑히는 등 엘리트 코스를 밟아 이조좌랑과 병조좌랑에 올랐다.

갓 서른이 된 유성룡은 이 무렵부터 기회를 보아 고향으로 물러나려고 생각하였다. 그래서 1571년 겨울 하회의 서쪽 강가 서애(西崖)에 서당을 세우려고 생각하였다. 서애는 상봉대(翔鳳臺)라고도 하였는데 강 서쪽 기슭을 가리킨다. 유성룡의 호가 여기서 비롯된 것이다. 그로부터 30여 년이 지난 후 유성룡은 형과 함께 다시 이곳을 찾았다. 예

충효당 유성룡의 증손 유의하가 하회의 옛 집터에 지은 집으로 충효 외에는 다른 사업이
없다는 시구에서 따온 말이다.

전의 터는 남았지만 오솔길은 잡초에 묻혔다. 서애라는 이름도 상봉
대로 바뀌었다.

　　상봉대 지금 이름이 좋은데
　　벼랑 따라 옛길은 비뚤비뚤.
　　일찍이 강학의 약조를 맺었으니
　　아직 산수에 정을 머금고 있다네.
　　바위는 오래되어 외로운 솔도 늙고
　　강은 비어 조각달이 훤하다.
　　젊은 시절 함께 모시던 일

되짚으니 눈물이 흐른다.

翔鳳今名好　緣崖舊路橫

藏修曾有約　山水尚含情

石古孤松老　江空片月明

少年陪杖屨　追憶淚霑纓

유성룡, 「서애에서 놀다가 옛 일이 느껴워서(遊西崖感舊)」, 『서애집(西厓集)』

젊은 시절부터 서애에 집을 짓고 강학에 힘쓰고 여가에 산수를 즐기고자 하는 뜻이 있었음을 이 시에서도 확인할 수 있다. 서애에는 유운룡의 후손인 유세철(柳世哲)이 훗날 유성룡의 자취를 기려 상봉정(翔鳳亭)을 세워 오늘날까지 전하고 있다. 유성룡이 서애에 서당을 지으려 한 이유는 그의 형 유운룡이 가까운 곳에 겸암정사(謙菴精舍)를 짓고 학문에 전념하고 있었기 때문이다. 유운룡(柳雲龍, 1539~1601)은 자가 응견(應見), 호가 겸암(謙菴)이다. 유운룡은 산수 유람을 좋아하고 젊은 시절 벼슬에 뜻을 두지 않아 고향에서 독서로 소일하고 있었다. 그러다가 1567년 봄 하회 건너 부용대(芙蓉臺)의 물가에 겸암정사를 지었다. 겸암정사의 현판은 스승 이황이 썼는데, 이황은 다시 시를 한 수 지어 보내기도 하였다.

1571년 가을 잠시 고향으로 내려온 유성룡은 겸암정사에서 형과 함께 지냈다. 어느 날 밤 주자(朱子)가 장식(張栻), 임용중(林用中)과 함께 있는 꿈을 꾸었다. 그때 유성룡은 『주서절요(朱書節要)』를 읽고 있었기에 평소 그리던 현인들이 꿈에 나타난 것이다. 꿈에서 깨어난 유성

겸암정사 유운룡이 부용대에 세운 정사로 겸손한 마음으로 사는 집이라는 뜻이다.

룡은 주자의 시에 차운한 시 네 수를 지어 학문의 성취가 미진함을 한 탄하였다. 그러던 어느 날 유성룡은 하회마을에서 배를 타고 겸암정 사로 건너가 하루를 유숙하였다.

지팡이 끌고 모래언덕을 거닐다가
배를 불러 강마을을 지난다.
엷은 구름은 바위틈에 잠을 자고
외로운 달빛은 물결 속에 번득이네.
안개 낀 숲속에 마을은 고요한데
가을 풀벌레만 방 안에 소란스럽네.
홀로 와 말을 나눌 이 없으니

수심이 강가 정자의 마루에 가득하다.

曳杖行沙岸　呼船過水村

薄雲巖際宿　孤月浪中飜

煙樹千家靜　秋蟲四壁喧

獨來無晤語　愁思滿江軒

유성룡,「걸어서 물가로 나가 배로 입암으로 건너가 겸암정사에서 묵으면서
(步出河上船渡立巖宿謙嚴精舍)」,『서애집』

　　아마 이때 그의 형 유운룡이 자리를 비웠던 모양이다. 유성룡은 겸
암정사에서 호젓한 시간을 보내었다. 한적한 정취를 사랑하여 이곳
에 나란히 정사를 짓고 학문에 전념하고 싶었을 것이다. 그러나 이러
한 꿈을 이루기에 유성룡은 너무 젊었다. 위의 시에서 달밤에 시름에
젖은 이유는 수기(修己)와 치인(治人), 청운(靑雲)과 백운(白雲)의 길 사
이에서 방황하였기 때문이기도 하다. 서당을 짓기에 땅이 너무 협소
하여 그 뜻을 이루지 못하였다고 하나, 실은 아직 은거의 뜻이 굳지
못한 탓이리라.

　　유성룡은 다시 한양으로 올라가 홍문관 수찬과 이조정랑 등의 벼슬
을 지냈다. 1573년 부친상을 당하여 낙향한 유성룡은 선친의 무덤이
있는 천등산(天燈山) 아래 금계(金溪)에서 살았다. 이보다 앞서 1572년
그의 형 유운룡이 그곳에 금계정사(金溪精舍)를 짓고 이덕홍(李德弘)
등과 학문을 강론하고 있었기에, 부친상을 계기로 낙향한 유성룡도
묘역 아래의 금계정사에서 이들과 학문을 논하였던 것으로 보인다.

정사 동쪽의 소나무 아래 10여 인이 앉을 수 있는 큰 바위가 있어 형과 함께 그곳에서 시묘살이를 하였다. 훗날 유성룡은 이 바위를 풍송석(風松石)이라 이름하고 큰 글씨로 새겼다. 또 금계는 제자 배용길(裴龍吉)이 태어난 곳으로, 그의 집안이 7대에 걸쳐 살던 곳이니 유성룡은 지속적으로 이 집안 사람들과 어울렸을 것으로 추정된다.

상을 마친 유성룡은 바로 한양으로 올라가지 않고, 1575년 1월 하회마을 집 근처에 원지정사(遠志精舍)를 지었다. 원지정사는 모두 5칸으로, 동쪽은 당(堂)을 만들고 서쪽은 재(齋)로 삼았다. 재에서 북으로 나가 다시 서쪽으로 돌아간 곳에는 높다랗게 누각을 만들어 강물을 내려다보게 하였다. 정사가 완성된 후 편액을 원지(遠志)라 하였는데, '원지'는 소초(小草, 아기풀)라고 하는 약 이름이기도 하다. 유성룡은 자신이 산속에 있어 원대한 뜻[遠志]이 없어 출사하더라도 작은 풀[小草]일 뿐이라 하였다. 또 아기풀은 심기를 다스리는 약재이므로 자신의 병을 다스릴 수 있고, 게다가 집 뒤에 아기풀이 많이 나므로 정사의 이름으로 합당하다 하였다.

유성룡이 원지정사에 머무른 기간은 석 달도 못 되었다. 3월에 다시 임금의 부름을 받아 한양으로 올라갔다. 그러나 홍문관 응교 등의 벼슬을 지내면서도 마음은 고향에 있어 여러 차례 글을 올려 휴가를 청하여 내려오곤 하였다. 원지정사에 기문을 지어 건 것도 1578년 봄 휴가를 받아 내려왔을 때의 일이다.

그러나 모친을 뵙기 위하여 잠시 내려올 때를 제외하면 유성룡은 항상 홍문관과 승정원에서 일을 보아야 했다. 1580년 간신히 모친의 봉양을 핑계로 상주목사로 내려왔으나, 이듬해 다시 홍문관 부제학으로 불려 올라갔고, 대사간·도승지·대사헌·대사성 등의 벼슬을 지내느라 바쁜 나날을 보내었다. 유성룡은 벼슬이 차츰 올라갈수록 오히려 벼슬에 뜻이 사라졌다. 조정의 당쟁이 서서히 가열되었기 때문이다. 그 때문에 거듭 연로한 모친을 핑계대고 휴가를 청하여 내려오곤 하였지만, 한가한 시간을 갖지는 못하였다.

유성룡이 서울생활을 하는 동안 형 유운룡이 하회를 지켰다. 유운룡은 유성룡이 지어놓은 원지정사에 가끔 출입하면서 권문해(權文海) 등과 함께 강학의 장소로 이용하였다. 1583년에는 아예 벼슬에서 물러나 강가의 빈연정사(濱淵精舍)에서 우거하였다. 빈연정사에 연꽃이 필 때면 그 향에 취해 돌아갈 줄 몰랐다.

남계정사와 옥연서당

유성룡은 시골의 정취를 즐길 시간도 없이 이조판서와 홍문관 제학으로 바쁜 나날을 보내었다. 그러다가 1586년 3월 드디어 해직의 소원을 이루어 남쪽으로 내려왔다. 유성룡은 이때 하회로 가지 않고 군위(軍威)로 갔다. 인동(仁同) 현감으로 내려온 형이 군위에서 모친을 모시고 있었기 때문이다.

군위의 송현(松峴)에는 그의 선영이 있었다. 유성룡은 송현 선영 아래 남계서당(南溪書堂)을 지었다. 평소 선영에 분암(墳庵)을 하나 짓고자 하였으나 뜻을 이루지 못하였는데, 이때에 이르러 남계서당을 짓게 된 것이다. 상로당(霜露堂), 영모재(永慕齋), 완심재(玩心齋), 연어헌

옥연서당 1586년 유성룡이 부용대에 세운 서당으로, 집의 북쪽에 있다 하여 북담서당이라고도 하였다. 옥같이 맑은 물이 고여 있기에 옥연이라 한 것이다.

(鳶魚軒), 삼정재(三靜齋), 애련당(愛蓮堂), 탄서헌(歎逝軒) 등의 건물을 지었다. 주위에는 양어지(養魚池), 초은대(招隱臺), 영귀대(詠歸臺) 등을 조성하고 동쪽 개울은 의공계(倚筇溪)라 하였다. 그리고 이 전체를 남계정사라 하고, 이곳의 열두 가지 아름다운 풍광을 시로 담았다. 남계정사의 건물이나 못, 돈대의 이름에서는 한편으로 심성 수양에 힘쓰고 한편으로 문학으로 소일하고자 하는 뜻을 읽을 수 있다. 그리고 열흘에 한번씩 모친과 형을 뵈러 갔다. 다음은 남계정사에서의 흥취를 적어 정사에서 공부하던 제자들에게 보인 것이다.

강물 위의 방 한 칸 조용하고 으슥한데

단풍숲에 석벽, 흰 구름 끝이라네.

맑은 밤 잠 못 드는 이 누구인가?

흥이 일어 크게 은자의 노래 부르노라.

첫번째 노래에 물결이 일고

두번째 노래에 바람이 차고

세번째 노래에 달빛이 난간에 이르고

네번째 노래에 밤이 깊어가네.

지금 사람이 어찌 고인의 마음을 알리오?

노래 마치자 말없이 길게 탄식하노라.

江上一室靜且深　楓林石壁白雲端

淸宵不寐者誰子　興發高聲歌考盤

一曲水生波　二曲風色寒

三曲月當軒　四曲夜向闌

今人安見古人情　歌罷無言坐長歎

유성룡, 「밤에 들으니 노랫가락이 강을 건너오는데
우연히 고시를 지어 다음날 독서를 하는 여러 군자들에게 부친다
(夜聞歌聲渡江而來偶作古詩明日寄讀書諸君子)」, 『서애집』

　　유성룡은 1586년 군위에 남계정사를 짓고 나서 하회에 다시 옥연서
당(玉淵書堂)을 지었다. 1576년 집 근처에 원지정사를 먼저 짓고 이어
옥연서당을 짓고자 하였는데, 공사가 오래 걸려 거의 10년 만에 완성
된 것이다. 원래 서당을 짓고자 한 곳인 서애는 강 서쪽에 있었고 옥
연서당은 강의 북쪽에 있었기에 북담서당(北潭書堂)이라고도 하였다.

내가 원지정사를 지었지만 마을과 가까워서 그윽한 정취를 누릴 수 없는 것이 오히려 한이었다. 북쪽 강 건너 바위벼랑 동편에서 기이한 터를 하나 찾아내었다. 앞으로는 강의 물빛을 당기고 뒤로 높은 언덕을 등지고 있으며, 오른편으로 붉은 벼랑이 치솟아 있고, 왼편으로 백사장이 휘감아 두르고 있다. 남쪽을 바라다보면 여러 산봉우리들이 빼곡히 서서 그림처럼 철하고 어촌 몇 집이 나무숲 사이로 어른거린다. 화산(花山)은 북쪽에서 남으로 뻗어 강 건너 마주하고 있다. 매번 달이 동쪽 산봉우리에서 떠오르면 서늘한 달빛이 거꾸로 드리워져 반쯤 강물 속으로 들어간다. 강물은 잔잔한 물결조차 일지 않는데 황금과 보옥이 잠겨 있는 듯하여 정말 완상할 만하다. 땅이 인가에서 그다지 멀지 않지만, 앞으로 깊은 강물에 막혀 있어 이곳으로 오려는 이가 있어도 배가 없으면 올 수가 없다. 배를 북쪽 강안에 매어두니 나그네가 와서 모래사장에 앉아서 배를 부르지만 대꾸가 없으면 한참 있다가 가곤 한다. 이 또한 은둔하여 사는 데 도움이 된다.

이에 내 마음이 흡족하여 작은 집을 짓고 조용히 살면서 여생을 마칠 곳으로 삼고자 하였다. 그러나 집이 가난하여 방도가 없었는데 신승 탄홍(誕弘)이라는 이가 스스로 일을 맡겠다고 하며 곡식과 베를 가져와서 비용으로 삼게 하였다. 병자년(1576)에 시작하여 10년이 지나 대충 완성하여 살 수 있게 되었다.

그 제도는 이렇다. 당을 두 칸 만들어 감록당(瞰綠堂)이라 하였는데 왕희지(王羲之)의 시구 "우러러 푸른 하늘가를 바라보고, 아래로 푸른 물굽이를 내려다본다(仰眺碧天際 俯瞰綠水隈)"에서 취한 것이다. 감록당 동쪽에 한가하게 머물 두 칸의 집을 만들고 이름을 세심재(洗心齋)라 하였는데,『주역』의 계사(繫辭)에서 그 말을 가져왔다. 그 뜻은 이곳에서 마음을 씻는 일에 종사하여 만에 하나라도 가까워지기를 원한 것이다. 또 세심재 북쪽에 세 칸의 집을 만들어 지키는 승려가 살게 하였다. 불가(佛家)의 말을 빌려 완적료(玩寂寮)라 하였다. 동쪽으로 방 두 칸을 두어 찾아오는 벗을 기다리고자 하였으므로 이름을 원락재(遠樂齋)라 하였다.『논어』의 "벗이 먼 곳으로부터 오니 그 또한 즐겁지 아니한가?"에서 가져온 것이다. 원락재 서쪽으로 작은 마루 두 칸을 만들었는데 세심재와 나란하다. 그 이름은 애오려(愛吾廬)라 하였는데 도연명(陶淵明)의 시 "나 또한 내 집을 사랑한다(吾亦愛吾廬)"에서 얻은 것이다. 모두 합쳐서 옥연서당이라 이름붙였다. 강물이 흐르다가 이곳에 이르러 깊은 못을 이루는데 그 물빛이 옥처럼 맑고 깨끗하기에 이름한 것이다. 사람이 정말 그 뜻을 체득하려 한다면, 옥의 맑음과 물의 맑음은 모두 군자가 도(道)에서 귀중하게 여기는 것이다.

내가 일찍이 옛사람의 말을 보니, "인생은 뜻에 맞는 것을 귀하게 여기니 부귀가 다 무엇이겠는가?"라 하였다. 내가 비루하고 졸렬하여 평소 세상에서 행세할 뜻이 없으니, 비유하자면 사슴의 습성은 산과 들에 알맞아 도성과 시장에 있을 동물이 아닌 것과 같다. 그런데도 중년에 망령되이 벼슬길에 나아가 명성과 이익이 있는 곳에 골몰한 지가 20년이나 되었다. 손발을 움직일 때마다 걸핏하면 남들을 놀라게 하니, 그럴 때면 어쩔 줄 모르고 깊이 고민하면서 무성한 숲과 풀밭에서 사는 즐거움을 생각하지 않은 적이 없었다.

이제 성은을 입어 벼슬에서 물러나 남쪽으로 돌아오게 되었으니, 관복을 입은 영화는 한갓 귓전을 스쳐가는 새소리일 뿐이요, 언덕 하나 골짜기 하나에 즐거움이 깊은지라. 이때 내 집이 마침 완성되었으니, 두문불출하고 오묘한 이치에 잠심할 것이며, 한 칸 방 안에서 세월을 보내고 산과 계곡에서 방랑할 것이다. 책은 찾아보는 즐거움을 제공하고, 거친 밥은 진귀한 음식을 잊게 해줄 것이다. 아름다운 계절에 고운 경치가 펼쳐지면 정다운 벗들이 우연히 찾아오리니, 그러면 그들과 더불어 굽이도는 개울을 다 찾아보고 바위에 앉아서 푸른 하늘을 바라보고 흰 구름을 노래하며 사심이 없이 새와 물고기를 가까이하리니, 이 모두가 스스로 즐기면서 근심을 잊기에 족할 것이다. 아아, 이 또한 인생에서 뜻에 맞는 것 중에 큰 것이라 할지니, 그밖에 다시 무엇을 그리워하겠는가? 이 말을 굳게 지키지 못할까 우려하여 벽에다 써서 스스로 경계로 삼는다.

병술년 늦여름 주인 서애거사(西厓居士)가 적는다.

유성룡, 「옥연서당기(玉淵書堂記)」, 『서애집』

하회의 강물을 그림처럼 묘사한 글이다. 유성룡은 옥연서당을 더욱 운치 있는 곳으로 만들고자 연좌루(燕坐樓)라 이름한 누각을 하나 더 지었다. 연좌는 한가하게 앉아 있다는 뜻이다. 아침저녁 그 안에 거처하였는데 여름이면 옷을 벗고 누워서 북쪽 창을 열고 시원한 바람을 들렀다. 홀연 수면에서 맑은 바람이 산들산들 불어와 사람을 즐겁게 하였다. 서책이 있다 한들 또한 사람을 번거롭게 할 뿐이다. 이에 "도무지 눈을 가릴 한가한 책도 두지 않으니, 그저 맑은 바람만 북쪽 창에 가득하네(都無遮眼閒書卷 只有淸風滿北窓)"라 시를 지었다. 여기서 북쪽 창과 맑은 바람은 도연명이 북쪽 창에 누워 맑은 바람을 쐬고 스스로 희황상인(羲皇上人)이라 하였던 일에서 가져온 것이다. 희황상인은 희황씨 이전의 백성이라는 말로, 태평시대의 한가한 백성을 일컫는 말이다. 유성룡은 이렇게 살고자 한 것이다.

　유성룡이 지은 이 두 구의 시는 그로부터 20여 년 후에 완성되었다. 잠시 전쟁이 소강상태에 빠져 있던 1597년 5월, 유성룡은 퇴근한 후 한양의 묵사동(墨寺洞) 집으로 돌아왔다. 마침 날이 화창하기에 창가로 가서 베개를 가져와 잠시 눈을 붙였다. 잠에서 깨어나 두 구를 얻어 합하여 절구 한 수를 완성하였다. 그 시는 이렇다.

> 인간만사 늙마와 병마, 게으름에 다 맡기고
> 한 칸 집에서 사노라니 절로 조용하구나.
> 도무지 눈을 가릴 한가한 책도 두지 않으니
> 그저 맑은 바람만 북쪽 창에 가득하네.
> 萬事全輸老病慵　一軒棲息自從容
> 都無遮眼閒書卷　只有淸風滿北窓
>
> 　　　　　유성룡, 「북창청풍(北窓淸風)」, 『서애집』

이렇게 시가 완성되고 보니 10년의 세월이 지났음에도 마치 같은 날 지은 것처럼 보였다. 유성룡은 이 시를 걸어두고 한가한 그 시절을 떠올리곤 하였다.

노년의 우환

유성룡은 3년 남짓 고향에 머물렀으나, 임금의 부름을 더 이상 외면할 수 없어 1588년 형조판서 겸 양관대제학으로 한양에 올라갔다. 이후 대사헌·병조판서·이조판서 등을 거쳐 1590년 우의정에 올라 풍원부원군(豊原府院君)의 봉호를 받았고, 이듬해 좌의정으로 이조판서 및 대제학까지 겸하였다. 곧바로 임진왜란이 일어나자 전란 중에 영의정을 맡았다. 유성룡은 도체찰사로(都體察使)의 임무를 띠고 팔도를 돌아다녔다. 그가 전란에 세운 혁혁한 공은 두루 알려져 있기에 췌언을 요하지 않는다.

국가를 위한 사명감에 동분서주하느라 오히려 전란으로 인한 고통은 잊을 수 있었다. 그러나 전란이 끝나자 유성룡은 정응태(丁應泰)의 무고 사건을 빨리 처결하지 않았다는 이유로 탄핵을 받았다. 유성룡은 1598년 7월 영의정에서 물러나고자 사직서를 올렸다. 임금은 그의 사직을 허락하지 않았지만 스스로의 잘못이라 하면서 물러날 뜻을 굽히지 않았다. 당시 유성룡은 동대문 밖 전농리(典農里, 전농동)에서 우거하다가 영의정에서 체직(遞職)되었다는 통고를 받고 왕심리(往心里, 왕십리)로 다시 물러나 있었다. 임금은 대간(臺諫)들의 탄핵에도 불구하고 유성룡을 붙잡고자 하였으나 뜻대로 되지 않았다. 유성룡이 왕심리에서 다시 김포(金浦)로 물러나 잠시 우거하고 있는 동안 마침내 조정의 논의가 파직으로 결정되었다. 물러나는 그를 위하여 선조는 토지를 내렸다.

유성룡은 남행길에 오늘날 양수리 근처인 양근(楊根)의 도미진(渡迷津)에 이르러 말에서 내렸다. 그리고 삼각산을 향하여 북향사배(北向四拜)를 올렸다. 삼각산을 다시 보지 못하리라 생각했기 때문이었다. 그리고 이렇게 시를 지었다. 「연보(年譜)」와 「행장(行狀)」에만 실려 있는 작품이다.

> 전원으로 돌아가는 길 삼천리
> 조정에서 성은을 받은 지 40년.
> 도미진에서 말 세우고 바라보니
> 남산의 산빛은 짐짓 변함이 없네.
> 田園歸路三千里　惟幄深恩四十年
> 立馬渡迷回首望　終南山色故依然

귀향길에 올랐지만 유성룡의 식량보따리는 비어 있었다. 부득이 고향으로 사람을 보내어 쌀을 가져오게 했다. 다행히 양근에 사는 인척인 진사 김언수(金彦琇)가 쌀을 보내주었다. 마침내 여러 날이 걸려 12월에야 태백산 아래에 있는 도심촌(道心村)에 이르렀다. 어머니께 절을 올리고 나니 삭탈관직되었다는 소식이 들렸다.

당시 도심촌에는 그의 형과 모친이 살고 있었다. 본디 유성룡의 모친과 형은 그와 함께 서울에서 살았으나 임진왜란이 일어나자 유성룡은 어가를 모시고 북쪽으로 갔고, 모친과 형은 이리저리 피난을 다녔다. 가평의 현등사(懸燈寺), 화악산의 조종사(朝宗寺), 양평의 미지산 소설사(小雪寺), 용문산 등을 전전하다가 죽령을 넘어 풍기의 부석사(浮石寺), 예안의 용수사(龍壽寺), 학가산 아래의 신전촌(薪田村)에 도착하였다. 9월에야 하회로 돌아왔다가 다시 봉화로 가서 태백산 아래 도심촌에 정착하게 된 것이다. 유성룡이 시골로 물러난 뒤에도 조정에서는 더욱 거세게 그를 몰아세웠다. 4월, 도심촌에서 돌아온 모친이 수십 일 동안 새벽마다 목욕재계하고 정화수를 길어 "우리 아들이 집에서는 효자요, 나라에서는 충신이니, 황천이시여 허황한 모함을 받지 않게 해주소서"라고 기도하였을 정도다.

다행히 더 이상의 불행한 사태는 일어나지 않았다. 그해 겨울 유성룡은 형과 함께 살다가 이듬해인 1599년 2월 모친을 모시고 하회로 돌아왔다. 유성룡은 두문불출한 채 옥연서당에 머물면서 아예 손님을 받지 않았다. 당시 경상감사로 있던 한준겸(韓俊謙)이 찾아오겠다 하였으나 거절하였고, 영남의 유생들이 그를 신원하기 위하여 상소를 준비한다는 소문을 듣고는 이를 제지하였다. 옥연서당에서 조용히 살고자 한 것이다.

마음의 여유를 찾은 유성룡은 9월의 달 밝은 밤에 형 유운룡과 옥연서당 앞에 배를 띄우고 한바탕 놀았다. 이때 유운룡은 바로 곁에 있는 겸암정사에 머물고 있었다. 형제가 자주 오가기 위하여 겸암정사와 옥연정사 사이에 오솔길을 내었다. 그리고 길가 바위틈에 복사꽃

부용대의 바위글씨 도화천은 복사꽃이 핀 벼랑이라는 뜻인데 형제가 함께 지팡이를 끌고
오가면서 시를 노래하였다.

을 심고, 그 이름을 도화천(桃花遷)이라 하였다. 도화천은 복사꽃이
핀 벼랑이라는 말이다. 날마다 형제가 함께 지팡이를 끌고 오가며 시
를 읊었다. 때때로 배를 타고 물길을 거슬러 오르내리기도 하였다. 이
듬해 정월에는 보허대(步虛臺)를 증축하여 소나무를 심고 달관대(達觀
臺)로 그 이름을 바꾸어, 달관의 삶을 살고자 하였다. 봄이 되자 모친
을 모시고 옥연으로 나가 꽃구경을 하고, 보허대로 나가서 대나무도
심었다. 그렇게 한적하게 살았다.

그러던 중 조정으로부터 직첩(職牒)을 돌려받았지만 우환은 거듭되
었다. 형 유운룡은 병세가 악화되어 결국 1601년 세상을 하직하였다.
바로 이어 모친마저 저세상으로 갔다. 벗이자 정치적 라이벌이었던 윤두수(尹斗壽)도 이승을 떠났다는 부고를 받았다. 1604년 모친의 상을 마치고 복직되면서 부원군에 임명되었으나 유성룡은 다시 조정으로 나가고 싶지 않았다. 호성공신(扈聖功臣)으로 책봉되었지만, 그냥 시골에 머물러 살았다. 정경세(鄭經世) 등 인근의 학자들과 학문을 논하는 한편, 왕양명(王陽明)의 학문도 섭렵하였다. 조정에서 거듭 그를 불렀지만 나가지 않았다.

유성룡은 세사를 잊고 열심히 옥연(玉淵)을 가꾸었다. 옥연에는 아름다운 곳이 열 군데나 있었다. 추월담(秋月潭), 달관대, 능파대(凌波臺), 쌍송애(雙松厓), 계선암(繫船巖), 도화천, 완심재(玩心齋), 간죽문(看竹門), 겸암사(謙巖舍), 지주암(砥柱巖)이 그것이다. 유성룡은 이태백(李太白)의 시에 차운하여 열 가지 경관을 하나하나 시로 읊조렸다. 도화천과 달관대를 운치 있게 고치고, 자제들과 서당을 지키는 승려들을 데리고 능파대로 가서 소나무를 3,40그루나 심었다.

유성룡은 꽃을 보고 즐기기만 하는 완물상지(玩物喪志)를 경계하는 유학자의 마음가짐도 잊지 않았다. 3월이 다 지나가던 어느 날 홀로 옥연서당의 능파대에 앉아 있노라니 벽도화(碧桃花)가 피어 매우 사랑스러웠다. 한참을 보고 있다가 문득 '이 물건이 나의 무슨 일과 상관되는가? 모름지기 산과 물의 바람과 꽃을 좇는다면 마음을 다잡지 못하리라' 생각하고, 이런 뜻으로 시를 지어 벽에 붙여 스스로를 경계하기도 하였다. 자신의 높은 뜻이 꽃에 허물어지지 않도록 하겠노라 다짐한 것이기도 하다. 다음 시도 그러한 뜻에서 나온 높은 기상을 읽게 해주는 작품이다.

위로 푸른 하늘빛을 접하고

아래로 천 길 여울을 눌렀네.

미친 물결이 치든가 말든가

높은 곳은 범접치 못하리니.

上接碧天色 俯壓千丈灘

狂流任蕩擊 高處不容干

그렇게 세월을 보내다가 1605년 9월 잠시 하회를 떠났다. 태풍이
불어 하회에 큰 물난리가 났기 때문이다. 수목이 다 뽑혀나갈 정도였
다. 부득이 산중의 마을 서미동(西美洞)을 찾아 들어갔는데 찾아오는
손님이 없어 오히려 기뻐하였다. 창 앞에 오래된 배나무가 있어 꽃필
봄날을 생각하며 시를 짓기도 하였다. 이듬해 3월에는 이곳에 농환재
(弄丸齋)라 이름한 초당을 짓고 살았다. 농환재는 누추한 삼간초옥이
었다. 유성룡은 제자들에게 이렇게 말하였다. "사람이 이익에 빠져
염치를 잃는 것은 만족을 모르기 때문이다."

노년의 유성룡은 가끔 하회로 돌아갈 때를 제외하면 늘 이 초당에
살았다. 그러다가 1607년 3월 병중에 지은 시를 모아「관화록(觀化
錄)」을 편찬하게 하였다. '관화'는 죽음을 달리 이르는 말이다. 스스
로 죽음이 임박했음을 알았던 것이다. 사후의 일을 준비하게 하는 한
편, 유언으로 남길 시를 썼다. 그 시에서 "충효 외에는 다른 사업이 없
다(忠孝之外無事業)"라 하여 자제들로 하여금 이러한 뜻을 받들게 하

였다. 죽음에 임해서도 유성룡은 임금을 잊지 않았다. 당시 광해군은 백성들에게 많은 폐단을 끼쳤는데도 조정에서는 아무도 이를 말하지 않았다. 유성룡은 유언으로 남길 상소문을 지어올리고 의자에 기대어 자식들에게 선행을 하라는 유언을 남겼다. 그리고 5월 6일 조용히 눈을 감았다. 석 달 후 수동리(壽洞里)에 묻혔다.

유성룡의 위패는 1614년 병산서원(屛山書院)에 봉안되었고, 1620년 스승 이황을 모신 여강서원(廬江書院)으로 옮겨져 함께 모셔졌다. 1629년에는 유성룡을 기린 선비들이 그의 넋을 기려 남계서당이 있던 곳에 남계서원을 세웠다. 또 병산서원에 다시 위패를 모셨으며, 상주의 도남서원(道南書院), 용궁(龍宮)의 삼강서원(三江書院), 의성의 빙산서원(氷山書院)에도 제향되었다.

하회마을을 가꾼 사람들

유운룡의 후손인 유세명(柳世鳴, 1636~90)은 그의 형 유세철(柳世哲, 호는 悔堂)과 함께 17세기 하회마을이 낳은 큰 학자였다. 유세명은 자가 이능(爾能) 혹은 이능(以能)이며, 호는 우헌(寓軒)이다. 유성룡의 후손인 유원지(柳元之, 호는 齋拙)의 문인이다. 사가독서에 선발되었고 홍문관 교리를 지냈으니 장래가 촉망되는 인재였으나, 하늘이 그에게 빌려준 세월이 그리 길지는 않았다. 그러나 그의 붓 아래 하회 여러 곳이 아름답게 빛나게 되었다. 유세명은 1687년 안동부사로 가는 홍만조(洪萬朝)를 위하여 안동과 하회마을을 이렇게 자랑하였다.

화산은 진실로 영남의 큰 진산이다. 그곳이 국가의 중요한 강역임은 차치하고도, 산천의 빼어남과 인물의 성대함은 또한 온 도의 으뜸이다. 지금 고을의 운세가 크게 떨치지 못하고 마을이 조용하여 지난날의 성대함에 비할 바가 못 되지만 산천의 빼어남은 그대로 남아 있다. 산으로는 웅장하게 서린 태백산과 기이하게 솟아나 있는 청량산이 모두 이 땅에 있다. 강으로는 낙동강이 고을을 가로질러 흐르고, 영호루(映湖樓), 귀래정(歸來亭)이 그곳에 있다. 영호루에서 물을 따라 올라가면 임하(臨河)의 하천이 위에 있고 물을 따라 내려가면 성산(城山, 靑城山)의 석문(石門)이 나오는데 모두 옛 현인들의 유적이 있다. 또 그 아래가 풍산현이다. 풍산의 빼어남은 당나라 사람들이 전당(錢塘)에 비하였는데, 곧 홍사또의 옛 마을이다. 풍산현 서쪽 소요산(素要山)은 사또 외가의 선영이 있는 곳이기도 하다. 그곳에는 삼구정(三龜亭)이 있어 큰 들판을 평평하게 마주하고 멀리 여러 산을 당기고 있다. 망천(輞川)과 병산(屛山)이 그 남쪽에 있다. 백성들은 하회촌(河回村)에 산다. 그 서쪽에 선인(先人)의 정자가 있는데 푸른 절벽과 맑은 못이 있어 경치가 매우 빼어나다. 고을에서 산수로 이름을 날리고 마을이 들어선 곳 중에 또한 하회를 가장 먼저 친다.

유세명,「안동으로 부임하는 학사 홍만조를 보내면서(奉送洪學士萬朝赴任安東序)」,
『우헌집(寓軒集)』

17세기 안동이 배출한 인물의 위세는 이전에 비하여 위축되었지만,

하회마을 오늘날에도 여전히 예스러운 맛을 간직하고 있어 한국의 전통마을을 보고자 하는 사람들이 많이 찾고 있다.

하회를 비롯한 안동의 풍광은 여전히 영남의 으뜸임을 자랑하였다. 비록 안동은 근대화의 과정에서 뒷전으로 밀려났지만, 오히려 그 때문에 하회의 아름다운 산과 물은 유세명이 자랑한 그대로 남아 있다.

그러나 아름다운 산과 물도 사람이 있어야 빛이 난다. 사람이 가고 없으면 그 사람의 자취를 기림으로써 산과 물을 빛내는 법이다. 권구(權榘)는 1729년 옥연서당을 중수한 뒤 쓴 글에서, 옥연서당이 널리 알려진 것은 풍광이 빼어나기 때문이 아니라 유성룡이 있기 때문이라 하였다. 옥연서당은 일찍이 유성룡의 손자 유원지가 중수한 적이 있다. 유원지는 충효당을 만든 유의하의 아버지다. 그는 옥연서원을 중수하고 나서 시로써 하회를 더욱 빛내려고 하였다. 유원지는 하회마을의 열여섯 가지 아름다운 풍광을 자랑하면서 이신의(李愼儀)에게 시를 부탁하였으나 유원지와 함께 이신의 역시 급작스럽게 세상을 떠나버렸다. 이에 유의하의 손자 유성화(柳聖和)가 이만부에게 시를 청하였다. 하회마을의 십육경(十六景)은 마암의 성난 파도(馬巖怒濤), 입암의 맑은 물결(立巖晴漲), 화산에 일렁이는 달빛(花岫湧月), 산산에서 자는 구름(蒜山宿雲), 눈 그친 솔숲(松林霽雪), 밤숲 너머 밥짓는 연기(栗園炊煙), 빼어난 봉우리의 서리 맞은 단풍(秀峯霜楓), 잔도로 걸어가는 사람들(道棧行人), 남쪽 포구의 무지개다리(南浦虹橋), 먼 산의 신령한 비(遠山靈雨), 너럭바위에서 드리운 낚시(盤磯垂釣), 붉은 석벽에서 큰소리로 부르는 노래(赤壁浩歌), 강 위의 고기잡이 횃불(上江漁火), 나루에 걸쳐져 있는 배(渡頭橫舟), 수림에 지는 노을(水林落霞), 모래밭에 떨어지는 기러기(平沙落雁) 등이다. 이름만으로도 절로 아름다운 풍광이 떠오른다. 이만부 외에도 권만(權萬)이 같은 제목의 시를 남겼으니, 하회를 빛내고자 한 유성화의 정성이 지극하였음을 알 수 있다.

유원지의 노력에도 불구하고, 세월이 흐르자 옥연서당은 다시 퇴락하였다. 연좌루의 서까래와 벽도 헐어 무너졌다. 유원지가 중수하면서 지은 승방도 시커멓게 그을리고 남쪽에 있던 작은 누각도 기울어졌다. 이에 유성화가 종제 유성관(柳聖觀)과 함께 1729년 중수하였다. 화려하지만 사치하지는 않게, 검소하지만 누추하지 않게 두루 보수하여 예전의 모습을 찾게 하였다. 이와 함께 1757년 겸암정이 중건되었다. 18세기 영남의 학문을 이끌었던 이상정(李象靖)이 기문을 지어 걸면서 다시 한번 하회의 아름다움을 세상에 알렸다.

이리하여 하회마을과 그 너머 부용대는 오늘날까지 그 예스러운 맛을 지니고 있어, 한국의 전통마을을 보고자 하는 수많은 사람들이 찾고 있다. 유성룡과 그 후손들이 하회마을을 사랑한 까닭이다. 📖

하늘에서 내려다본 하회마을

물이 굽이돈다 하여 하회라 한다. 유성룡의 6대조 때 이 마을로 들어와 살았다.

은둔의 땅
돈암과 김장생

위로 산을 좋아하고 아래로 물을 좋아하며

사물을 만나면 이치를 깨닫는다

경회당 김계휘가 연산에 처음 세운 서당인데 지금은 돈암서원 안에 있다. 경회는 아름다운 모임이라는 뜻으로, 학문을 통하여 임금과 기쁘게 만날 것을 기약한 말이다.

율곡학파의 적통 김장생

김흥광(金興光)을 시조로 하는 광산김씨(光山金氏)는 고려시대 김양 감(金良鑑), 김태현(金台鉉) 등 명현을 배출하였다. 이들이 살던 곳은 광주 평장동(平章洞)인데 8대가 계속하여 평장사(平章事)의 벼슬을 하였기 때문이라 한다. 조선 초에는 김국광(金國光)의 명성이 높았다. 김국광은 좌의정을 지냈으며 광산부원군(光山府院君)에 봉해졌다.

광산김씨가 조선을 대표하는 학자 집안으로 성장한 것은 김장생(金長生, 1548~1631)에 이르러서다. 그 부친은 대사헌을 역임한 김계휘(金繼輝)다. 김장생은 어린 시절 팔문장의 한 사람인 송익필(宋翼弼)에게 사서(四書)와 『근사록(近思錄)』 등을 배웠고, 장성하여서는 이이(李珥)의 문하에 들었다. 예론(禮論)을 깊이 연구하여 『상례비요(喪禮備要)』를 저술하였으며 조선 예학(禮學)의 거두가 되었다. 그는 이이의 행장을 쓰면서 조선 성리학의 적통을 이어받았음을 천명하였다. 아들 김집(金集) 역시 예학을 계승하여 발전시켰거니와, 그의 후손에서 7명의 대제학이 배출되었으니 조선시대를 대표하는 문한가(文翰家)로 손색이 없다.

김장생은 자가 희원(希元), 호가 사계(沙溪)이며, 후에 문원(文元)을 시호로 받았다. 선조 11년(1578) 유일(遺逸)로 천거되어 창릉참봉(昌陵參奉)으로 벼슬을 시작하여, 선조와 광해군 때에 정산(定山), 단양(丹陽), 남양(南陽), 양근(楊根), 안성(安城), 익산(益山), 철원(鐵原) 등을 맡아 다스렸다. 인목대비 폐모론(廢母論)이 일어나자 고향인 연산(連山)으로 낙향하여 10여 년간 은거하면서 예학 연구와 후진 양성에 몰두

하였다. 인조반정 이후 여러 차례 벼슬에 제수되었으나 산림처사(山林處士)로 자처하였다. 그의 제자로는 아들이자 학문의 정통을 이은 김집 외에 송시열(宋時烈), 송준길(宋浚吉), 이유태(李惟泰), 강석기(姜碩期), 장유(張維), 이후원(李厚源), 신민일(申敏一) 등이 있다.

광산김씨와 연산

오늘날 연산은 논산에 딸린 면이지만 조선시대에는 어엿한 현(縣)이었다. 지세가 웅장하고 화려하지만 넓은 들판이 부족한 것이 흠이었다. 그럼에도 불구하고 연산을 추로지향(鄒魯之鄕)으로 만든 사람이 바로 김장생이다. 훗날 송시열이 연산에 세운 성삼문(成三問)의 유허비(遺墟碑)에서 연산을 빛낸 인물로 김장생을 손꼽았다.

김장생 집안이 연산에 와서 살게 된 계기는 조선 초기 김국광 때문인 듯하다. 김국광은 연산에 선영을 정하고 제사를 받들기 위하여 고암사(高庵寺)를 지었다. 또 선영에 나무꾼의 출입을 금하고 제사에 필요한 기물, 제수를 댈 논밭 등을 기록하여 책자로 만들어 후손에게 전하였다. 김국광은 세상을 떠난 뒤 연산의 동촌(東村)에 묻혔고, 그 후손들도 이곳을 유택으로 삼게 되었다. 김장생의 증조부 김종윤(金宗胤), 조부 김호(金鎬)의 묘소 역시 연산의 우두리(牛頭里)에 있으며 훗날 김장생 자신도 그곳에 묻혔다.

김국광은 선영 곁에 아한정(雅閑亭)을 경영하였다. 원래 아한정은 세조 때의 문인인 최청강(崔淸江)의 별업으로 서림리(西林里)에 자리잡고 있었다. 그러나 최청강이 불충과 불효의 죄목으로 세조 13년

(1467) 관노(官奴)로 떨어지자, 아한정은 김국광의 소유가 되었다. 김국광은 아한정에 다음과 같은 시를 붙였다.

숲속 정자에 복사꽃 꽃비가 붉게 내리는데
한 곡조 새로운 노래가 물을 쳐서 맑구나.
발 위로 나는 고추잠자리 한가하게 보느라
버들가지 저녁안개가 개인 줄도 몰랐네.
桃花紅雨散林亭　一曲新聲激浪淸
閑看紫蜓飛立鉤　不知楊柳暮煙晴

『여지도서(輿地圖書)』에 보이는 작품이다. 봄날 복사꽃이 붉게 떨어지는 아한정에서의 한정(閑情)이 돋보이는 작품이다. 김국광과 절친하였던 신숙주(申叔舟)는 위의 시에 이렇게 답하였다. 역시『여지도서』에 실려 있는 시다.

거센 비바람이 높은 정자를 에워싸니
십리까지 여울 소리 귀에 맑게 들어온다.
오래 만나지 못해 주인을 찾지 못했더니
푸른 버들 꾀꼬리 소리가 날 개었다 알리네.
山風高雨擁高亭　十里灘聲入耳淸
久阻未堪尋訪主　綠楊鶯語報新晴

광산김씨는 김국광 이후 뚜렷한 인물을 내지 못하다가 김장생의 부친 김계휘에 이르러 조야에 문명을 드날리게 된다. 연산에 새로운 고사를 만든 이도 곧 김계휘이니, 경회당(慶會堂)을 지어 후학들이 학문에 힘쓰도록 한 것이다. 당시 연산의 학생들은 천호산(天護山) 고운사(孤雲寺)에서 독서를 하였는데 식량이 부족하여 영남감사로 있던 김계휘에게 도움을 청하였다. 이에 김계휘는 300석의 곡식을 내어 경회당을 지어주었다 한다. 그후 돈암서원이 세워지면서 경회당의 재산은 돈암서원으로 귀속되었다. 천호산의 고운사는 1656년 대둔산(大芚山)으로 옮겨지게 되는데, 송시열이 이유태(李惟泰) 등과 김장생의 문집을 교정하였고 한때 기거하기도 한 유서 깊은 곳이다.

돈암의 양성당

김장생의 집안은 이른 시기부터 정릉동(貞陵洞)에 경저(京邸)를 두었다. 김장생은 그곳에서 나고 자랐으며, 그 집에서 벼슬길에 올랐다. 연산으로 낙향한 것은 선조 29년(1596) 정산군수를 마치고 나서다. 그후 다시 벼슬길에 나서 호조정랑, 남양부사, 안성군수 등을 역임하였으나 선조 35년(1602) 정인홍(鄭仁弘) 일파의 횡행을 못마땅하게 여겨 서울을 떠나 연산의 돈암(遯巖)으로 집을 옮기게 된다. 은둔의 바위 돈암은 만년에 호를 돈옹(遯翁)이라 한 주자의 뜻을 포갠 것이기도 하다. 김장생은 돈암에 성품을 수양하는 집 양성당을 지었다.

돈암의 원림 가운데 예전에 정자가 있어 편액을 아한정이라 하였

돈암서원 돈암은 은둔의 바위라는 뜻으로 주자가 만년의 호를 돈옹(遯翁)이라 한 것을
따른 것이다. 김장생이 이곳에서 성품을 기르는 집 양성당을 짓고 살았다. 돈암서원은
김장생을 제향하기 위해 그 터에 세운 서원이다.

다. 본디 세조 때 문사 최청강의 별업인데, 후에 서윤(庶尹)을 지낸
나의 백조부(伯祖父) 김석(金錫) 공이 차지하게 되었고, 이로 인해
내가 집을 정하게 된 것이다. 뒤쪽에 작은 산이 있고 산 아래 소나
무와 대나무가 있으며 앞쪽에는 긴 숲이 있다. 그 너머에 맑은 개울
이 흐르는데 흰 모래가 맑고 고우며 깊이는 배를 띄울 만하다. 또
뒤쪽에 개울이 바위틈으로 흐르는데 갓끈을 씻을 만하다. 이 물을
끌어다가 아래위에 못을 만들고 홍련(紅蓮)과 백련(白蓮)을 심었다.
또 오얏을 심은 오솔길, 버들이 늘어선 물가가 있고 잔디가 깔린 언
덕이 수백 보에 펼쳐져 있다. 배나무, 대추나무, 감나무, 밤나무, 닥

나무, 옻나무, 뽕나무 등이 좌우를 에워싸고 있다. 먼 형세로는 대둔산이 남쪽에 있고 계룡산이 그 북쪽에 솟아 있다. 봉우리들이 우뚝하게 자리한 곳에 다 몰려든다. 들판 너머에 거친 밭 몇 경(頃)이 있다. 하인들로 하여금 거기에 근실하게 힘을 쓰게 하면 먹을 죽은 댈 수가 있다.

그러나 내가 서울에서 나고 자라 조정의 벼슬에 매여 먼지구덩이에서 헤매고 있는지라 하루라도 조용히 수양할 힘이 없다. 그래서 후회하는 마음이 산처럼 쌓여 머리를 돌리면 아득할 뿐이다. 세월로써 고칠 수 있는 것은 아니다. 만약 일찍 관복을 입지 않고 위로 산을 좋아하고 아래로 물을 좋아하며 사물을 만나면 이치를 깨닫고 푸근하게 유유자적하였더라면 마음의 공부에 도움이 없지는 않았을 것이다. 그러나 그 뜻을 결단하지 못한 것이 오래였는데, 올해 비로소 귀거래를 할 수 있었다.

정자에는 예전에 새겨놓은 시가 있는데 그 하나는 정승을 지낸 조부께서 쓰신 것이다. 내가 일찍이 그 사이에서 시를 읊조리고 다시 여러 명사들로부터 시를 구하여 잇고자 하였지만 임진왜란 때 정자 건물과 함께 불타 잿더미가 되었다. 이제 감상에 젖어 옛터에 작은 집을 세우고 다시 시를 새긴다. 때때로 이를 보고 스스로의 행실을 살피고자 한다. 또 이름을 양성당이라 고치고 문인들에게 글을 구한다.

김장생, 「양성당기(養性堂記)」, 『사계집(沙溪集)』

서윤을 지낸 김석은 김장생의 백조부이지만 부친 김계휘가 그의 양자로 들어갔기에, 김장생이 아한정 터를 물려받아 양성당을 짓게 된 것이다. 임진왜란 때 불탄 아한정을 대신하여 양성당을 새로 지은 김장생은 「양성당기」에서 밝힌 대로 여러 벗들에게 글을 구하였다. 선조 36년(1603) 2천 리 떨어진 종성(鍾城)에 있던 정엽(鄭曄)에게 편지를 보내어 자신이 지은 기문을 보여주고 기문을 하나 더 써달라고 청하였다.

정엽이 지은 「양성당기」에는 아한정이 정유재란 때 불탔는데 김장생이 초가로 새로 지었다고 되어 있다. 또 양성(養性)의 뜻을 풀이하여 힘을 모아서 늙도록 게을리하지 않는 것이라 하였다.

김장생은 정엽에게 시도 함께 요구하였고, 그밖에 김상헌(金尙憲), 이정구(李廷龜), 신흠(申欽), 장유(張維), 정홍명(鄭弘溟) 등 당대 최고의 문인들에게도 답시를 구하였다. 이들의 시는 모두 김국광의 시와 같은 운으로 되어 있다. 이로 보건대 당시 양성당에는 김국광의 시와 함께 이들의 시문이 나란히 걸려 있었을 것이다. 김상헌의 시를 아래에 보인다.

> 산 아래 개울물, 개울물 위의 정자
> 개울 양쪽 흰 모래톱에 맑은 개울 비치네.
> 개울에서 개울 소리 듣기 좋아 앉았노라니
> 개울에 달이 막 오르자 개울에 비가 개었네
> 山下溪流溪上亭 夾溪沙白映溪淸

溪邊愛聽溪聲坐 溪月初生溪雨晴

김상헌, 「김사계 어른의 양성정 시에 차운하다(次金沙溪丈長生養性亭韻)」,
『청음집(淸陰集)』

장유는 김장생이 요구한 답시를 지어 보낸 것은 물론이거니와, 따로 「양성당십영(養性堂十詠)」을 지어 양성당과 그곳에 사는 김장생의 삶을 노래하였다. 이에 따르면 양성당은 꽃피는 봄이 되면 곳곳에 꽃이 만발하지만 찾아오는 이가 없으니 도화원 같은 곳이었고(一區桃源), 여름이면 파란 잎 위로 연꽃이 붉게 피어나 두 개의 못에 고운 향기가 진동하였다(兩池荷花). 학사(學舍)를 따로 두어 푸른 도포를 걸친 학생들로 하여금 이곳에서 책을 읽게 하였다(黌舍談經). 섣달이면 강가의 매화가 막 피어 달빛에 비치는 모습을 즐기고(梅梢皓月), 봄비가 내리면 채마밭에 약초를 가꾸었다(藥圃春雨). 흰 구름에 덮인 푸른 계룡산으로 은자를 찾아가 함께 거문고와 책 이야기를 나누다가 저녁에 노새를 타고 돌아오고(鷄龍訪隱), 한가한 날이면 지팡이를 짚고 가까운 거리에 있는 대둔산 석림정사(石林精舍)로 찾아가 시구를 나누었다(大芚尋僧). 먼 곳에서 가져온 대나무를 심어 푸른 그늘이 드리우면 그 아래에서 더위를 피하였다(竹林淸風). 숲속의 정자에 앉아 농부들이 농사짓는 것을 보았고(林亭觀稼), 가을이 와서 개울의 물고기가 살찌면 나무숲 그늘 아래 바위에서 낚시를 드리웠다(沙渚秋漁). 뜰의 풀을 베지 않고 생의(生意)를 살필 때에는 정호(程顥)가 되고 사물의 이치를 생각할 때에는 소강절(邵康節)이 되었으며, 연꽃을 즐길 때에는

454 • 조선의 문화 공간

주렴계(周濂溪)가 되었다.

그후 김장생의 서자 김비(金棐)가 김장생이 받은 시문을 「양성당시문첩(養性堂詩文帖)」으로 만들었다. 김비는 이를 송시열에게 보이고 글을 청하였다. 이에 송시열은 현종 13년(1672) 김장생의 문인 자격으로 경건하게 발문을 제작하여 붙였다. 송시열은 젊은 시절 양성당을 출입한 적이 있는데, 당시 김장생이 그에게 양성당의 연혁을 말해 주었다. 송시열은 그로부터 40여 년이 지난 후에 그 일을 회상하고 또 김비가 보여준 시문첩을 보고 감회에 젖었다. 그리고 후손들에게 이 시문첩의 의미를 마음 깊이 새기라고 당부하였다.

김장생 초상
사모를 쓰고 대례복을 입었다.
조선의 예학을 흥기한 학자의
모습을 볼 수 있다.

돈암서원에 모신 넋

김장생은 연산에 집을 정한 이후에도 벼슬을 하였으나 광해군 때에는 연산으로 물러나 두문불출하였고, 인조반정 이후 여러 번 부름을 받았으나 연산에 머물 때가 오히려 많았다. 연산에서 강학에 몰두하던 그는 인조 9년(1631) 8월 3일 평소와 다름없이 제자들과 강론을 하다가 83세의 나이로 조용히 눈을 감았다. 부고가 전해지자 장례에 모인 이가 천여 명에 이르렀다 한다.

김장생의 학문은 아들 김집에게 전해졌다. 김집의 정실부인은 유홍(兪泓)의 딸이고, 첩은 이이의 서녀를 얻었으니 서인의 핵심으로 자리하게 되었음을 알 수 있다. 김집은 여러 차례 임금으로부터 부름을 받아 도성을 출입하였지만, 벼슬에 그다지 뜻을 두지 않고 자주 연산에 내려와 부친의 학문을 이었다. 다만 그 아우 김반(金槃)은 정치에 뛰어들어 이조참판을 지냈다. 김반의 아들 김익희(金益熙)는 이조판서에 양관대제학을 겸하였으니 김장생의 손자대에는 정치의 중심에서 있으면서도 학문과 문학에도 뛰어난 활약을 보였음을 알 수 있다. 김만기(金萬基)와 김만중(金萬重)은 김익희의 아우 김익겸(金益兼)의 아들로, 이들은 당쟁의 소용돌이에 말려든 나머지 김장생처럼 한가한 삶을 살지 못하였다.

김장생의 맑은 정신은 그 아들 김집이 이어갔다. 김집은 부친이 처음 연산으로 내려와 살 때부터 함께 내려왔거니와, 그 이후에도 연산에 거처할 때가 많았다. 그는 조상의 얼이 깃든 연산을 지키고자 지극한 노력을 기울였다. 김계휘의 부친 김국광이 마련한 연산의 선영은

숭례사 돈암서원의 아름다운 꽃담 너머로 숭례사라 쓴 현판이 보인다. 예를 숭상하는 사당이라는 뜻이다. 문 이름을 입덕문이라 하여 덕으로 들어가는 문이라 하였다.

200년 동안 잘 관리되었으나 임진왜란과 병자호란을 겪는 와중에 다른 사람에게 점유당하였다. 다행히 김장생과 김집이 예전의 문서를 찾아 일부를 되찾을 수 있었다. 그 결과 김장생이 그곳에 양성당을 짓고 살 수 있었던 것이다. 이러한 분란을 겪었기에 김장생은 연산의 토지문서를 묶어 『선세분암유적(先世墳庵遺籍)』을 만들어 선영을 관리하는 사찰인 고정암(高井庵)에 보관하고, 후손들에게 잘 보존하라고 당부하였다. 『선세분암유적』에는 제사를 위해 마련한 논밭에 대한 문서와 제수에 필요한 각종 기물이 자세히 적혀 있었는데, 1633년 김집이 이 문서첩 위에 다시 글을 써서 선조의 제사를 잘 모실 것을 거듭 당부한 바 있다. 3년 후 김집은 문서를 재정리하고 필사하여 5책으로

응 도 당

돈암서원의 본채로, 도를 응축하는 집이라는 뜻이다.

좌우에 공경하는 자세를 견지하는 방 거경재와 의로움을 정밀하게 하는 방 정의재가 있다.

만든 다음 원본은 종가에 두고 4부는 지파(支派)에서 보관하도록 하였다. 김집은 이렇게 지극정성으로 선조가 물려준 땅을 지키고 또 선영을 영원히 보존하고자 하였다.

이러한 일을 다 마친 후, 김집은 진잠(鎭岑)의 성북리(城北里)에 장사를 지냈던 김장생의 묘를 현종 2년(1661) 연산의 고정산(高井山) 우두리(牛頭里, 牛首里로도 적는다)로 이장하였다. 선조 김계휘의 무덤에서 1리쯤 떨어진 곳이다. 훗날 김집은 천수를 누리고 천호산 고운암 곁에 묻혔는데 김계휘가 경회당을 지은 바로 그곳이다.

이보다 앞서 김집은 부친의 제자들과 힘을 합쳐 1634년 양성당 왼편에 사우(祠宇) 돈암서원(遯巖書院)을 세웠다. 김장생은『의례(儀禮)』와『주자대전(朱子大全)』을 고정(考訂)하여 죽림서원(竹林書院)을 만든 바 있는데, 돈암서원은 바로 그 제도를 그대로 따랐다. 본채 응도당(凝道堂)을 중심으로 양옆에 거경재(居敬齋)와 정의재(精義齋)를 두었는데 주자의 회당(晦堂) 협실(夾室)의 뜻을 따른 것이다. 사면에 담장을 두르고 문을 만들어 입덕문(入德門)이라 하고, 입덕문 좌우에 숙소를 두어 학생들이 묵을 수 있게 하였다. 현종 원년(1660)에 사액(賜額)을 받았다.

17세기 이래 돈암서원은 호서 학문의 중심지가 되었다. 송시열, 송준길, 윤증(尹拯), 정양(鄭瀁) 등이 이곳에 모여 윤선거(尹善擧)의『가례원류(家禮源流)』를 두고 토론을 하기도 하였다. 송시열은 돈암서원의 마당에 다음과 같은 비석을 세워 김장생과 김집 부자를 기렸다.

문원공(文元公) 사계 김선생이 숭정 신미년(1631, 인조 9) 8월에 사계에서 돌아가셨다. 장사를 지내고 나니 문인 제자들이 선생을 사모하는 마음을 붙일 곳이 없으므로, 즉시 사계 옛집의 왼쪽에 사우(祠宇)를 건립하여 3년 만인 갑술년(1634)에 낙성하고, 5월 정해 일에 의례(義禮)와 같이 신판(神板)을 봉안하고 배향하였다.

문경공(文敬公) 신독재(愼獨齋) 선생은 어릴 적부터 시(詩)와 예(禮)로 이름났다. 그러므로 문원공은 문경공과 상장(相長)의 보탬이 있다고 여겼으니, 이른바 부자 사이의 지기(知己)라는 것이 있었다. 문원공 때부터 후생들이 이미 사숙(私淑)하여 들은 것이 있었다. 문원공이 돌아가신 뒤에는 마침내 문원공을 섬기던 예로 문경공을 섬겨 선생이 있던 자리를 그대로 두고 거두지 않은 지가 거의 30년이었다. 문경공이 돌아가시자 사당에 배향하였다. 그 위치는 동쪽에서 서쪽을 향하게 하였고, 제생들이 모여 거처하면서 강론하고 익히는 규칙을 한결같이 문경공이 계획한 대로 하여, 장차 폐단이 없게 영구히 전하도록 하였다.

대저 두 분 선생의 규모와 기상은 후학이 감히 헤아려 알 바가 아니지만, 한 세대가 칭송한 것으로 논한다면, 문원공은 장중하고 혼후함이 마치 땅이 바다를 싣고 있는 것과 같아서 그 끝을 헤아릴 수 없고, 문경공은 자상하고 치밀함이 마치 순정한 금이나 옥과 같아 그 흠을 볼 수가 없다. 그러므로 두 분 선생이 이룬 덕은 각각 다르지만, 배움과 가르침은 한결같이 주자(朱子)를 근본으로 하였다. 이른바 입지(立志)를 근본으로 정하고, 거경(居敬)으로 뜻을 다잡았으며, 사물의 이치를 궁구하여 밝히고, 자신을 반성하여 확충했으니,

김장생 사당 돈암서원 제일 안쪽에 있다. 지금도 그 후손들이 봄가을 모여 제사를
올린다.

이 네 가지는 대체로 포백(布帛)이나 숙속(菽粟)과 같아서 하루도
빠질 수 없는 것이다. 그러니 그 도에 나아감에 있어 대개 동일하지
않음이 없었다고 하겠다.

　후세에 배우는 이들이 두 분 선생의 서로 다른 점에는 비록 억지
로 생각하여 따라가기를 기대할 수 없겠지만 서로 같은 것을 더듬
어 토론하고 힘써 행해서 죽을 때까지 마지않는다면, 두 분 선생의
도(道)가 땅에 떨어지지 않아서 사해(四海)의 기준으로 삼고 주자에
게 질정해도 좋을 것이다.

송시열, 「돈암서원 묘정의 비석(遯巖書院廟庭碑)」, 『송자대전(宋子大全)』

지금 돈암서원은 임리 74번지 서원말에 있다. 양성당은 이미 고종 연간에 퇴락하였지만 돈암서원은 고종 3년(1865)의 서원철폐령에도 살아남았다. 지금의 돈암서원은 원래의 위치에서 1.5킬로미터 떨어진 곳에 세워져 있다. 원래 있던 자리는 지대가 낮아 홍수 때마다 물이 뜰까지 넘쳐 들어와, 고종 17년(1880) 현재의 자리로 옮겨 지은 것이다. 그후 세인의 관심을 받지 못해 세월과 함께 나날이 영락하여 지붕까지 풀이 무성하였다. 근래에 대대적으로 정비하였으니 그나마 다행이다. 그럼에도 김장생과 김집 같은 학자를 고리타분하다고 여겨서인지 사람들이 많이 찾지는 않는다. 그래서 돈암서원은 글자 그대로 지금도 은둔의 땅에 있다. 🔖

돈달산의 야인
고상안

모든 일은 시기가 있는 법

농사일은 늦출 수 없다네

남석정 고상안이 1608년 돈달산 아래 지은 정자인데, 집터에 거대한
바위가 늘어서 있어 남석이라 이름하였다.

젊은 날의 삶과 태촌

고상안(高尙顔, 1553~1623)은 자가 사물(思勿)이다. 이름 상안(尙顔)은 안연(顔淵)을 숭상한다는 뜻인 듯하다.『논어』에 안연이 인(仁)에 대해 묻자 공자가 "예가 아니면 보지 말고, 예가 아니면 듣지 말고, 예가 아니면 말하지 말고, 예가 아니면 행하지 말라(非禮勿視 非禮勿聽 非禮勿言 非禮勿動)"하였으니, 아마도 여기에 "예가 아니면 생각하지 말라(非禮勿思)"는 뜻을 더하여 자를 사물(思勿)이라 한 듯하다. 고상안의 호 태촌(泰村)은 그의 고향마을 경북 용궁(龍宮)의 왕태동(旺泰洞)에서 나왔다. 왕태동의 별칭이 태촌(泰村)이기 때문이다. 금수(錦水) 서쪽 두 봉우리 아래에 있는 이 마을은 그의 7대조가 들어와 산 이래 이 집안의 세거지가 되었다.

고상안은 6세에 공부를 시작하여 7세 때 강제(姜霽)의 문하에 들어가 학업을 익혔는데, 이때에 이미 시를 지을 정도로 문학에 소질이 있었다. 그후 24세에 회시(會試)에 합격하였는데, 시관으로 있던 노수신(盧守愼), 김귀(金貴), 정유길(鄭惟吉), 윤근수(尹根壽) 등의 칭찬을 받았다. 이후 벼슬길에 나아가 함창현감(咸昌縣監), 좌랑(佐郎), 감찰(監察), 정랑(正郎) 등을 지낸 후 1491년 벼슬에 뜻을 접고 귀향하였다.

그러나 1492년 임진왜란이 발발하자 의병대장으로 추대되어 의병 활동을 벌였다. 전란 중에 삼가현감(三嘉縣監)을 지냈으며 무과(武科) 별시(別試)의 시관(試官)으로 차출되어 통영에서 이순신(李舜臣)과 함께 지내면서 여가에 시를 주고받기도 하였다. 7년전쟁이 끝난 후 침체된 학풍을 진작시키기 위하여 학생들을 모아『소학(小學)』등을 가르쳤으며, 이후 지례(知禮)·함양(咸陽) 등에서 고을원이 되어 문교(文教)를 베푸는 데 힘을 다하였다.

이러한 그의 삶에서 고향 태촌은 언제나 안식처였으니, 고상안은 집에 태촌이라 편액을 붙이고 자신의 호로 삼았다. 「태촌자설(泰村自說)」에서 그는 '태(泰)'라는 글자를 쓴 의미를 세 가지로 밝힌 바 있다. 첫째는 그의 집안이 대대로 이곳에서 살면서 자손이 번창하였으니 태촌이라는 글자를 그대로 쓰는 것이요, 둘째는 벼슬을 하였으되 굳이 나아가려 하지 않고 논밭에서 살아갈 분수를 지키니 태평(泰平)을 숭상히는 것이요, 셋째는 대대로 가난하게 살아도 태연(泰然)하니 그 뜻을 취한다고 하였다.

돈달산의 남석정

1607년 고상안은 풍기(豊基)의 군수가 되었다. 몸은 풍기에 있었지만 그의 마음은 그곳에 있지 않았다. 그래서 1608년 당시 상주(尙州) 땅이었던 돈달산(遯達山)에 집을 장만하였다. 예전 점촌시청 건물 북쪽에 있는 273미터의 야트막한 산이 돈달산이다. 오늘날 문경시 흥덕동이다. 고상안은 그 아래 남석정(南石亭)을 짓고 스스로 남석노인(南石老人)이라 하였다.

상산(商山, 상주) 북쪽으로 몇십 리 달려가면 들판에 솟아난 산이 하나 있으니 돈달산이다. 속리산 천왕봉(天王峯)에서 발원하여 보은과 문경을 지나 100여 리를 지나 돈달산을 휘감고 흐르는 것이 영

강(潁江)이다. 돈달산 동쪽 한 지맥이 남석이다. 남석은 몇 걸음에
걸쳐 뻗어 있는데 흙이 붙어 있지 않다. 어떤 것은 깎은 듯이 서 있
고, 어떤 것은 빽빽하게 늘어서 있는데 기괴한 형상을 이루 다 적을
수 없다.

내가 영강에 임시로 우거한 지 한 해가 되었다. 한가한 날 문득
지팡이를 짚고 나가 사물을 구경하기도 하고 멱을 감기도 하였다.
남석에 올라보면 돈달산은 그다지 높지 않고 땅은 매우 평평하여
앞으로 강과 들판이 내려다보인다. 으슥하면서도 넓으며 산기슭이
아름다워 시를 읊조리기에 알맞다.

이에 자갈밭을 개간하여 터를 닦고 집 몇 칸을 엮었다. 정자는 남

석정이라 하였으니, 그 땅 이름을 따른 것이다. 집은 이재(頤齋)라 하였는데 수양한다는 뜻을 취한 것이다. 학문을 닦을 곳으로 삼아 매일 그 안에 거처하였다. 병을 다스리고 책을 읽으면서 아이들에게 농사일을 가르쳤다. 한적하여 더 구할 것이 없는 정취는 스스로 즐기기에 충분하였다. 굳이 다른 아름다운 산과 빼어난 물, 이름난 누각에 양보하지 않는다. 이곳에 거처하면서 율시 두 수를 지어 문미에 걸었다. 또 팔경시를 지어 아침저녁 노닐고 쉬며 흥을 부쳤다. 고산(孤山), 조연(棗淵), 학가산(鶴駕山), 봉수산(鳳岫山), 영야(潁野), 포촌(浦村), 갑장산(甲長山), 불암산(佛巖山) 등의 여러 경치를 마침내 각각 칠언절구 1수씩 읊조렸다.

아아, 내가 박복한 팔자로 이처럼 그윽하고 한적한 땅을 얻었으니 어찌 우연이겠는가? 상산과 영강은 모두 옛 신선이나 은자들이 노닐던 곳이 아니던가? 어찌 내가 쉽게 차지할 수 있는 것이겠는가? 그 만분의 일이라도 적어서 기문으로 삼는다. 강물의 신이나 산의 신령이 나를 더럽게 여겨 배척하지 않을지 모르겠다. 스스로 축하하면서도 근심과 두려움이 따른다.

고상안, 「남석정의 기문(南石亭記)」, 『태촌집(泰村集)』

상산은 상주의 옛이름인데, 은자인 상산사호(商山四皓)의 고사가 생겨난 산과 이름이 같다. 영강이라 이름한 것은 세이(洗耳)의 고사를 남긴 허유(許油)가 귀를 씻던 영수(潁水)와 이름이 같다. 그러므로 고상안은 은자로서 이곳에 살고자 한 것이다. 영강은 옛 점촌과 문경 사이로 흐르는 강이다. 상량문에 따르면 남석정은 인근 농부들의 도움을 받아 지었는데, 마루는 아래위로 긴 시렁을 얹어 노소가 나누어 쉴 수 있게 하였고 동서로 방 두 개를 두었다. 아침에는 봉수산에 어린 노을을 구경하고 저녁에는 학가산의 흰 달빛을 바라볼 수 있었다. 이곳에 오르면, 남쪽으로는 맑은 강이 굽이굽이 산을 돌아 흐르고, 서쪽으로는 불암산의 산사에서 종소리가 들려왔으며, 북쪽으로는 자신이 살던 마을이 보였다. 이러한 경치를 읊조린 율시 두 편을 써서 붙였는데 첫번째 시는 이러하다.

강 남쪽 산이 두르고 바위가 솟아오른 곳
정자는 바위 이름 따랐으니 나날이 호젓하다.
어부의 주고받는 노랫가락에 한가한 꿈 깨어나
편한 흥취에 때때로 저녁 언덕을 오르노라.
겨울에 글 읽고 여름에 거문고 타니 일이 족하여라.
면화 피고 나락 익어 생계가 넉넉하다.
맑은 강 밝은 달이 조용한 창가에 오르니
허망한 인생에서 어느 것도 구할 것이 없어라.

山繞水南石起頭　亭因巖號日生幽
漁歌互答驚閑夢　逸興時來陟晩丘
冬誦夏絃工令足　綿開稻熟治生優
滄江月上明窓靜　浮世經營百不求

고상안, 「남석정(南石亭)」, 『태촌집』

고상안이 정한 남석정 팔경은 「고산의 외로운 소나무(孤山獨松)」,
「조연에서 고기잡는 늙은이(棗淵漁翁)」, 「학가산에 새로 뜬 달(鶴駕新
月)」, 「봉수산의 갠 이내(鳳岫晴嵐)」, 「영야의 농가(潁野農歌)」, 「강마을
목동의 피리소리(江浦牧笛)」, 「갑수산으로 돌아가는 구름(甲岫歸雲)」,
「불암사에 걸어놓은 등불(佛巖懸燈)」 등이다. 여기서는 「영야의 농가
(潁野農歌)」를 보인다.

> 번다한 농사일에 노래를 주고받으니
> 그 맑은 흥취 무엇과 비교하리오.
> 좋고 나쁜 것 아무도 알아주지 않아도
> 짧은 노래 거친 노래 종일 답하네.
> 穡事紛紜發互歌 箇中淸興較誰多
> 淸商宮濁無人識 短曲狂謠盡日和

남석정을 마련한 이듬해인 1609년 고상안은 아예 풍기군수를 그만
두고 그곳으로 들어갔다. 이때부터 고상안은 하인들을 거느리고 직
접 농사를 지었다. 다음 시가 그의 한적한 정황을 잘 말해 주고 있다.

> 문 앞에 나락 익어 밥을 짓고
> 집 뒤에 면화 열려 옷을 짓노라.
> 바람 부는 평상에서 낮잠이 단데
> 아이가 물고기 잡아왔다 말하네.

門前稻熟堪爲飯　舍後綿開可作衣

午睡正甘風榻上　兒童忽報打魚歸

고상안, 「시골에서의 홍취(野興)」, 『태촌집』

집 앞에 내려다보이는 들판에 나락이 익어가고 뒷밭에 면화가 무성한 모습은 상상으로도 홍이 일게 한다. 평상에서 낮잠을 즐기다 보면 영강에서 아이들이 물고기를 잡아온다. 회를 뜨고 찌개를 끓여 술 한잔 하는 것이 고상안의 풍류였다.

세상을 끊고 들어간 초동

고상안은 농사를 짓고 살면서 동지들과 함께 학문을 강론하고 여가에 수창(酬唱)을 즐기면서 한적하게 살았다. 1611년(광해군 3) 조정이 소란하자 고상안은 세상과 인연을 끊고 전원에서 소요하기로 마음을 먹었다. 고상안은 대북파(大北派)를 매우 싫어하였다. 실제로 그의 시중에는 정인홍(鄭仁弘) 일파를 비꼬아 쓴 시가 여럿 있기도 하다. 대북파가 득세하자 고상안은 청운(靑雲)의 길을 버리고 백운(白雲)의 길을 택하여 더욱 깊은 산골로 들어가려고 생각하였다. 이에 태촌이나 남석도 조용하지 못하다고 여겨 가족을 이끌고 초동(草洞)으로 들어갔다. 초동이 어디인지는 알 수 없다. 다만 상주 관아에서 북쪽으로 90리 떨어진 곳이라 하니 남석정에서 그리 멀지 않은 산골로 추정되지만, 후손들도 어딘지 알지 못한다.

초동에도 기이하고 아름다운 곳이 있었으니 석굴이 그것이다. 이

남석정 이곳에서 아침에는 봉수산에 어린 노을을 구경하고 저녁에는 학가산의 흰 달빛을 바라볼 수 있었다.

곳은 그가 임진왜란 때 잠시 우거하던 곳이기도 하다.

아, 저 석굴은 궁벽한 골짜기 황량한 계곡에 있다. 휑하니 구멍이
뚫려 높이가 몇 길이고 너비가 백 명을 들일 수 있다. 흙이 붙어 있
지 않고 전부 돌로 둘러싸여 있다. 늘어선 푸른 절벽이 병풍이 되었
다. 아래로 개울을 내려다보면서 호흡을 하는 듯하고 소나무와 삼
나무로 둘러싸여 원림이 되어 있다. 사슴들과 짝이 되고 해와 달로
마음을 함께하며 언덕과 골짜기를 생애로 삼는다. 비바람도 움직일
수 없고 눈서리도 침노할 수 없다. 정정하게 홀로 서 있어 사람의
시비를 허용하지 않고 세상과 추이를 함께하지도 않은 채 끊어진
협곡 사이에 버려져 있다.

고상안, 「석굴에 대한 작은 기문(石窟小記)」, 『태촌집』

이후 그는 초동에서 여생을 보내게 된다. 그곳에서 주자(朱子)와 같
은 학자로서의 삶을 기약한 것이다. 주자가 「운곡잡영(雲谷雜詠)」에서
산중의 삶을 노래한 그 차례대로 고상안은 자신의 삶을 노래하였다.
책 읽기가 지겨우면 산을 올라(登山) 시원한 바람을 쐬고(値風), 산 위
에 오른 달을 구경하기도 하였다(翫月). 속세에서 온 손님은 사절하고
(謝客), 직접 힘들여 농사를 짓는 한편(勞農), 도를 강마하였다(講道).
아무도 없는 산중에 홀로 있는 외로움에 뜻을 함께하는 벗을 그리워
하기도 하고(懷人), 궁벽한 초동의 구석구석을 지겹도록 노닐다가 돌
아오기도 한다(倦遊). 조용히 자신의 저술을 정리하기도 하고(修書),

아무 일 없이 편안히 앉아 있기도 한다(宴坐). 그렇게 시간을 보내다가 개울을 따라 산에서 내려와(下山), 조그마하지만 마음의 여유를 누릴 수 있는 집으로 돌아오곤 하였다(還家).

모든 일은 시기가 있는 법
농사일은 늦출 수 없다네.
이 때문에 월령가를 지어서
책 가득 두루 늘어놓았지.
그저 논밭일에 힘쓸 뿐
잘잘못은 따지지 않노라.

凡事有早晚　農功不可緩

所以著月令　布列卷中滿

但務服田穡　何論長且短

고상안,「농사일에 힘쓰면서(勞農)」,『태촌집』

고상안은 1619년 스스로 농사를 짓고, 또 주위의 농민들이 지혜롭게 농사를 지을 수 있도록 「농가월령(農家月令)」을 지었다. 그리고 민간의 남녀들도 쉽게 알 수 있도록 한글로 번역하였다. 한때 한글시가 「농가월령가(農家月令歌)」가 그의 것으로 오해되었으나, 그의 후손가에서 한문으로 된 「농가월령」이 나와, 이것이 농서(農書)임이 확인되었다. 고상안의 서문에 따르면 12달과 24절기에 따라 농가에서 해야할 일을 자세히 적었는데, 농부들도 이를 알게 하기 위하여 한글로 번역을 해두었다고 하였지만 현재 한글로 된 책은 발견되지 않고 있다.

고상안은 농서를 편찬하고 스스로 농사를 지으면서 그렇게 살았다. 그리고 1623년 10월 4일, 초동의 집에서 영면하였고 그곳에서 그리 멀지 않은 산수가 아름다운 호계(虎溪)의 선암(仙巖)에 묻혔다. 문경의 선배 문인 홍귀달(洪貴達)이 150여 년 전에 애경당(愛敬堂)을 짓고 살다 간 그 땅이다.

고상안이 살다 간 돈달산 아래 영강을 마주보는 마을은 그 후손들의 세거지가 되었다. 고상안의 후손들은 1845년 남석정이 있던 터에 서원의 형태로 영고서재(穎皐書齋)를 만들어 고상안을 제향하는 한편 교육의 기능을 하도록 하였다. 1898년에는 그의 문집이 이곳에서 편찬되었다. 오늘날도 그 후손들이 고상안의 손자 세렴(世廉)으로부터 전해 내려온 고가를 지키고 있다. 🏠

영강

상주의 예전 이름 상산이 은자의 산이고 돈달산이 은둔의 산이라면,

영강은 허유가 귀를 씻던 은거의 강이다.

참고문헌

- 姜翼, 『介庵集』, 민족문화추진회 한국문집총간
- 姜再恒, 『立齋遺稿』, 민족문화추진회 한국문집총간
- 高尙顔, 『泰村集』, 민족문화추진회 한국문집총간
- 權韠, 『石洲集』, 민족문화추진회 한국문집총간
- 權好問, 『松巖集』, 민족문화추진회 한국문집총간
- 奇大升, 『高峯集』, 민족문화추진회 한국문집총간
- 金尙憲, 『淸陰集』, 민족문화추진회 한국문집총간
- 金世濂, 『東溟集』, 민족문화추진회 한국문집총간
- 金堉, 『潛谷遺稿』, 민족문화추진회 한국문집총간
- 金長生, 『沙溪集』, 민족문화추진회 한국문집총간
- 金宗直, 『佔畢齋集』, 민족문화추진회 한국문집총간
- 金昌翕, 『三淵集』, 민족문화추진회 한국문집총간
- 盧禛, 『玉溪集』, 민족문화추진회 한국문집총간
- 南九萬, 『藥泉集』, 민족문화추진회 한국문집총간
- 閔仁伯, 『苔泉集』, 민족문화추진회 한국문집총간
- 朴淳, 『思庵集』, 민족문화추진회 한국문집총간
- 白光勳, 『玉峯集』, 민족문화추진회 한국문집총간
- 徐居正, 『四佳集』, 민족문화추진회 한국문집총간
- 徐敬德, 『花潭集』, 민족문화추진회 한국문집총간
- 徐命膺, 『保晚齋集』, 민족문화추진회 한국문집총간
- 成守琛, 『聽松堂集』, 민족문화추진회 한국문집총간
- 成運, 『大谷集』, 민족문화추진회 한국문집총간
- 成俔, 『虛白堂集』, 민족문화추진회 한국문집총간

- 蘇世讓,『陽谷集』, 민족문화추진회 한국문집총간
- 宋文欽,『閒靜堂集』, 민족문화추진회 한국문집총간
- 宋純,『俛仰集』, 민족문화추진회 한국문집총간
- 宋時烈,『宋子大全』, 민족문화추진회 한국문집총간
- 宋寅,『頤庵遺稿』, 민족문화추진회 한국문집총간
- 申光漢,『企齋集』, 민족문화추진회 한국문집총간
- 申翊聖,『樂全堂集』, 민족문화추진회 한국문집총간
- 申欽,『象村稿』, 민족문화추진회 한국문집총간
- 沈義,『大觀齋集』, 민족문화추진회 한국문집총간
- 梁慶遇,『霽湖集』, 민족문화추진회 한국문집총간
- 梁大樸,『青溪集』, 민족문화추진회 한국문집총간
- 楊士彦,『蓬萊集』, 민족문화추진회 한국문집총간
- 吳道一,『西坡集』, 민족문화추진회 한국문집총간
- 吳翽,『天坡集』, 민족문화추진회 한국문집총간
- 柳根,『西坰集』, 민족문화추진회 한국문집총간
- 柳夢寅,『於于集』, 민족문화추진회 한국문집총간
- 柳成龍,『西厓集』, 민족문화추진회 한국문집총간
- 柳世明,『寓軒集』, 민족문화추진회 한국문집총간
- 尹根壽,『月汀集』, 민족문화추진회 한국문집총간
- 尹鉉,『菊磵集』, 민족문화추진회 한국문집총간
- 李達,『蓀谷集』, 민족문화추진회 한국문집총간
- 李萬敷,『息山集』, 민족문화추진회 한국문집총간
- 李晩秀,『屐園遺集』, 민족문화추진회 한국문집총간
- 李山海,『鵝溪遺稿』, 민족문화추진회 한국문집총간
- 李選,『芝湖集』, 민족문화추진회 한국문집총간
- 李昭漢,『玄洲集』, 민족문화추진회 한국문집총간
- 李睟光,『芝峯集』, 민족문화추진회 한국문집총간

- 李純仁,『孤潭逸稿』, 민족문화추진회 한국문집총간
- 李植,『澤堂集』, 민족문화추진회 한국문집총간
- 李安訥,『東岳集』, 민족문화추진회 한국문집총간
- 李彦迪,『晦齋集』, 민족문화추진회 한국문집총간
- 李塏,『松齋集』, 민족문화추진회 한국문집총간
- 李原,『容軒集』, 민족문화추진회 한국문집총간
- 李珥,『栗谷全書』, 민족문화추진회 한국문집총간
- 李楨,『龜巖集』, 민족문화추진회 한국문집총간
- 李廷龜,『月沙集』, 민족문화추진회 한국문집총간
- 李賢輔,『聾巖集』, 민족문화추진회 한국문집총간
- 李滉,『退溪集』, 민족문화추진회 한국문집총간
- 林億齡,『石川集』, 민족문화추진회 한국문집총간
- 林悌,『林白湖集』, 민족문화추진회 한국문집총간
- 林薰,『葛川集』, 민족문화추진회 한국문집총간
- 鄭斗卿,『東溟集』, 민족문화추진회 한국문집총간
- 丁範祖,『海左集』, 민족문화추진회 한국문집총간
- 鄭汝昌,『一蠹遺集』, 민족문화추진회 한국문집총간
- 鄭曄,『守夢集』, 민족문화추진회 한국문집총간
- 鄭蘊,『桐溪集』, 민족문화추진회 한국문집총간
- 鄭齊斗,『霞谷集』, 민족문화추진회 한국문집총간
- 曹植,『南冥集』, 민족문화추진회 한국문집총간
- 趙正萬,『寤齋集』, 민족문화추진회 한국문집총간
- 趙緯韓,『玄谷集』, 민족문화추진회 한국문집총간
- 周世鵬,『武陵雜稿』, 민족문화추진회 한국문집총간
- 車天輅,『五山集』, 민족문화추진회 한국문집총간
- 蔡彭胤,『希菴集』, 민족문화추진회 한국문집총간
- 崔慶昌,『孤竹遺稿』, 민족문화추진회 한국문집총간

- 崔岦, 『簡易集』, 민족문화추진회 한국문집총간
- 河受一, 『松亭集』, 민족문화추진회 한국문집총간
- 許筠, 『惺所覆瓿藁』, 민족문화추진회 한국문집총간
- 許磧, 『水色集』, 민족문화추진회 한국문집총간
- 洪貴達, 『虛白亭集』, 민족문화추진회 한국문집총간
- 琴蘭秀, 『惺齋集』, 규장각본
- 柳得恭, 『京都雜誌』, 규장각본
- 柳夢寅, 『於于野談』, 전통문화연구원 역주본
- 柳本藝, 『漢京識略』, 규장각본
- 柳袗, 『修巖集』, 규장각본
- 李肯翊, 『燃藜室記述』, 민족문화추진회 국역본
- 鄭磏, 『北窓先生詩集』, 규장각본
- 鄭載奎, 『老栢軒集』, 규장각본
- 處能, 『白谷集』, 국립중앙도서관본
- 許筠, 『國朝詩刪』, 아세아문화사 영인본
- 洪錫謨, 『東國歲時記』, 을유문화사 1969
- 『江原道邑誌』, 규장각 영인본
- 『京畿道邑誌』, 규장각 영인본
- 『慶尙道邑誌』, 규장각 영인본
- 『高麗史節要』, 민족문화추진회 국역본
- 『국역조선왕조실록』, CD-Rom
- 『大東詩選』, 아세아문화사 영인본
- 『東國輿志備考』, 규장각본
- 『東文選』, 규장각본
- 『新增東國輿地勝覽』, 민족문화추진회 국역본
- 『輿地圖書』, 영인본
- 『列聖御製』, 규장각본

- 『吾山志』, 영남대본

- 『臥遊錄』, 규장각본

- 『臥遊錄』, 장서각본

- 『全羅道邑誌』, 규장각 영인본

- 『珍本靑丘永言』, 영인본

- 『淸凉講義』, 규장각본

- 『淸凉山誌』, 규장각본

- 『忠淸道邑誌』, 규장각 영인본

- 『皇華集』, 장서각본

- 경상대 남명학연구소,『교감 국역 남명집』, 경상대 남명학연구소 1995

- 김영상,『서울육백년』, 대학당 1996

- 문일평,『호암전집』, 조선일보사 1939

- 봉은사 편,『月刊奉恩』 통권 제38호, 1996. 6

- 서울시사편찬위원회,『동명연혁고』VIII

- 서울특별시 편,『漢江史』, 서울특별시 1985

- 심경호,「조선후기 시사와 동호인 집단의 문화활동」,『민족문화연구』31호, 1998

- 윤진영,「조선시대 구곡도의 수용과 전개」,『미술사연구』217호, 1998

- 이상원,「16세기 시조의 성격과 조선 전기 시조사의 구도」,『어문논집』43, 고려대학교 국어국문학과

- 이성원,『농암 이현보의 강호문학』, 강호문학연구소 2000

- 이종묵,「奉恩寺 일대의 風光과 그 題詠」,『韓國漢詩硏究』4, 韓國漢詩學會 1996

- 이종묵,「16세기 한강에서의 연회와 시회」,『한국시가연구』9집, 한국시가학회 2001

- 이종묵,「조선초중기 인왕산에서의 문학활동」,『인문과학』9집, 서울시립대 인문과학연구소 2002

- 이종묵,「朝鮮時代 臥遊文化 硏究」,『진단학보』98호, 진단학회 2004

- 이종묵 외,『칼을 찬 유학자 남명 조식』, 청계출판사 2001

- 장지연, 『장지연전서』, 단국대 동양학연구소 1989
- 정민, 『韓國歷代詩話類編』, 아세아문화사 1988
- 정민, 『한국역대산수유기취편』, 민창문화사 1996
- 최석기 외, 『선인들의 지리산 유람록』, 돌베개 2000

사람이름

ㄱ

각심 208

강석기 448

강세황 26

강익 62, 64, 174, 183

강인경 142

강재항 213

강제 465

경림 281

경백 405

경유 404, 405

고경명 56, 59, 302~304

고상안 465, 466, 468, 470, 471,
473, 474

고용후 343

고흥달 349~352

곽간 399, 403

곽순 169

곽종석 168

광평대군 263

광해군 139

구변 187

구봉령 194, 208, 386

구수담 48

구용 326

권건 320

권경룡 203, 204

권구 98, 104, 441

권규 169

권근 320

권기 320, 323, 382, 389

권덕윤 382

권두경 212

권람 320

권만 442

권문해 426

권벌 23

권벽 320, 321

권상일 37

권상하 235

권섭 235

권시 213

권예 380

권율 320

권응인 350

권이진 213

권적 337

권정침 213

권제 320

권준 320

권질 79

권춘란 208

권필 291, 319~327, 330~333,
335~339, 349, 354, 355

권항 324

권호문 206, 208, 373~376, 378,
379, 381~386, 389~391

금관채 382

금난수   194, 198, 202, 203
금보   203
금응협   202
금응훈   202
기대승   49, 50, 53, 110, 160, 207
기준격   360, 361
김개   361
김계휘   447, 450, 453, 456, 460
김광수   420
김구용   304
김국광   252, 447~450, 453, 456
김귀   465
김낙철   123
김돈희   264
김득신   236
김득연   208
김등   348, 349, 363
김류   305, 310, 311
김만기   456
김만중   456
김반   456
김범   185
김부륜   203
김부의   203
김비   455
김사원   204
김상헌   103, 290, 453
김생   189
김생만   215
김석   451, 453
김성일   389~391
김세렴   363
김세필   265
김수온   190, 263

김수증   139, 235, 236
김수항   123, 235
김시습   190, 223
김안국   23, 265
김안로   45, 147, 148, 150, 252, 320
김양감   447
김언기   390
김우성   361
김우옹   61
김육   295
김윤황   361
김응린   204
김응조   58
김익겸   456
김익희   456
김인후   39, 56
김일손   176
김장생   235, 447, 448, 450,
        453~457, 460, 463
김정희   160, 264, 279, 283
김제남   360, 361
김종윤   448
김종직   176, 196, 341
김직재   334
김집   447, 448, 456, 457, 460,
        463
김창석   37
김창집   212
김창협   123, 212, 235
김창흡   59, 105, 212, 235
김천일   324
김청   345, 363
김태현   447
김평묵   123

김현　　　 239
김현성　　 235, 326
김호　　　 448
김홍도　　 214, 236
김홍원　　 313
김흥　　　 176
김흥광　　 447

ㄴ

남곤　　　 247
남궁두　　 358
남극관　　 360
남도　　　 311
남명　　　 → 조식
남선　　　 311, 313, 315
남언경　　 185
남용익　　 235, 259
남치리　　 204
남형　　　 382
남효온　　 176
노과　　　 70
노수성　　 49
노수신　　 160, 251, 269, 465
노진　　　 59, 62, 64, 69, 70, 73, 76,
　　　　　 80, 174
노흠　　　 169
노희　　　 69

ㄷ

도청　　　 193, 194
도희령　　 184

ㅁ

매창　　　 352~357

문정왕후　 46
문충　　　 129
민순　　　 137, 139
민인길　　 351, 358
민인백　　 80

ㅂ

박경중　　 382
박동열　　 326
박민헌　　 137, 139
박상　　　 39, 110
박세채　　 100, 104, 133
박소립　　 160
박순　　　 56, 110~112, 116, 118,
　　　　　 119, 121~123, 137, 139,
　　　　　 301~303, 342, 343
박습　　　 70
박승원　　 61, 174
박승임　　 194
박영　　　 49
박우　　　 39
박운　　　 49
박응서　　 123
박의　　　 104
박인로　　 161
박종　　　 153, 215, 216
박지원　　 365
박지화　　 91, 269, 350
박현　　　 239
배삼익　　 390
배용길　　 425
배유장　　 212
백광훈　　 249, 270, 272~274, 277,
　　　　　 279

백광훔 281
백월선사 189
백이 238
보우 263, 264
보운 278

ㅅ

서거정 396, 408
서경덕 47, 110, 130~133, 135,
137, 139, 142, 145, 247
서명응 94, 296, 297
서승덕 139
석개 252, 255, 257
성대중 214
성로 325, 332
성삼문 448
성세창 23
성수침 43, 185
성연 278, 279
성우 166, 169
성운 65, 166, 169, 174, 175, 185
성제원 175, 185
성현 130, 264, 265
성혼 110, 118
소세양 42, 43, 53, 58
손중돈 147
손천우 187
송규렴 235
송기 257, 259
송문흠 238
송병선 216
송세림 39
송순 39, 40, 43, 45, 46, 48, 49,
51~53, 57

송시열 213, 214, 216, 235, 236,
400, 448, 450, 455, 460
송연 325, 332
송익필 91, 447
송인 48, 247~251, 253, 255,
257, 259, 269
송인수 23, 169
송제민 325
송주석 235
송준길 448, 460
송질 247, 251
송환기 213
송흠 46
송희갑 333
송희경 39, 40, 58
송희규 49
순화군 249, 334
신계성 169
신광업 361
신광한 265, 268, 271
신내옥 382
신민일 448
신사임당 223, 234
신숙주 319, 449
신위 279
신유 311, 313
신은 378
신응시 303
신이 116
신익성 100, 257
신잠 39, 49
신지제 208
신흠 234, 257, 259, 453
신희계 91

심광세 344, 345, 349, 351
심덕현 349
심언광 147
심우영 351, 358, 361
심의 135, 136
심장원 223
심정세 360

ㅇ

안명례 320
안처순 313
안축 395
안평대군 319
양경우 34, 59, 301, 303~305,
307, 310, 311, 315~317,
326
양대박 56, 301~306, 311,
315~317
양만고 100, 103~105
양명진 317
양봉래 121
양사기 91
양사언 91~93, 95, 98~107, 109,
120
양사준 91
양산보 46, 59
양항숙 217
양형우 304, 305, 307
어득강 161
어무적 354, 355
어숙권 350
엄황 192
엄흔 59
연희국사 263

영기율사 283
영창대군 360
오건 62, 174, 184
오겸 49
오세창 279
오숙 76, 78, 151, 159, 191
오언각 191
오첨경 311
우경방 361
우경석 91
운수 278
원만령 235
원종 361
월산대군 319
유공작 420
유관 363
유근 102, 103, 291, 305, 310
유몽인 285, 289, 290, 319
유성관 442
유성룡 152, 209, 386, 419, 420,
422~426, 428, 431~435,
437~439, 441
유성민 363
유성하 442
유세명 439, 441
유세철 422, 439
유영 336, 419
유운룡 204, 209, 419, 422, 424,
426, 436
유원지 439, 441, 442
유의하 419, 420, 441, 442
유종지 64, 187
유종혜 419
유중엄 204

유중영　420
유진　209
유형린　43
유형원　363~365
유호인　190
유홍　456
유희경　353
유희분　335
윤결　320
윤계영　361
윤근수　269, 303, 332, 465
윤녕　73
윤두수　58, 59, 437
윤봉조　105
윤선　353~355
윤선거　460
윤수겸　360
윤원형　45, 46, 48, 51, 150, 397
윤증　213, 460
윤진　325
윤춘년　248
윤침　142
윤현　315
윤효지　333
의창군　360
이간　259
이강　361
이개　397
이경석　279
이경전　417
이경준　351
이계양　191
이계전　397
이곡　395, 397

이공량　178
이공린　103
이광정　219
이구성　219
이국량　203, 361
이귀　352
이규보　144, 341
이긍익　285
이기　150
이난눌　321
이남규　417
이달　102, 270, 272, 274, 279, 281, 350
이달충　395
이덕무　279
이덕수　123
이덕형　397, 404
이덕홍　202, 204, 424
이림　169
이만부　67, 73, 76, 82, 84, 212, 419, 420, 442
이만여　220
이면교　204
이명한　105, 293
이문건　49
이문량　29, 203
이민구　105, 109, 119
이번　147
이복고　153
이사준　252
이산보　397
이산해　160, 269, 323, 397~405, 408~411, 413, 415, 417
이상정　442

이색 397
이서오 239
이석 235
이석간 203
이선 350
이성 324, 325
이세택 217
이소한 103
이수광 336, 349, 409
이수준 257
이수희 147
이순신 465
이순인 276, 278
이승일 212
이시춘 104
이식 105, 253
이신의 441, 442
이안눌 59, 161, 291~293,
295~297, 320, 322,
325~327, 335, 336
이안도 202, 204
이언적 23, 28, 147~151, 153,
156, 157, 160, 161
이여 235
이우 190~192, 215, 397
이원 169
이원형 354, 355
이유태 448, 450
이윤경 48, 166, 173
이은상 59
이응복 258
이응인 156
이의건 123
이이 110, 118, 223~225, 227,

233~236, 238, 239, 251,
447, 456
이이순 217, 219
이이첨 334
이익 212, 365
이인문 236
이인식 82
이재 212, 420
이재영 350, 351, 354, 357, 361
이전인 150, 156, 157
이정 64, 172, 176, 178, 187,
248, 249, 285, 288~290,
292~297
이정구 132, 142, 144, 145, 285,
287~291, 320, 321, 326,
332, 453
이정엄 343
이정일 212
이정필 361
이제현 129
이종덕 397
이종선 397
이종학 397
이주진 91
이준 156, 161
이준경 48, 166
이중량 29
이지번 399
이지함 319, 397
이집 296
이징 296
이치 169
이항 185
이항복 305

이해	28, 191, 192, 215
이해수	349
이행	250, 265, 341
이헌	24
이현보	23~29, 33~37, 190, 191
이현일	212
이호민	161, 259, 321, 326
이홍기	152
이홍남	56, 252
이홍후	152
이화중	142
이황	23, 28, 29, 34~37, 51, 58, 78, 79, 84, 110, 150, 156, 178, 189, 191, 192, 194~200, 202~206, 208, 212, 214~217, 219, 220, 221, 224, 234, 251, 253, 389, 390, 409, 420, 439
이후원	448
이훤	58
이휘일	212
이희보	23
이희안	169, 176, 178, 185
이희조	235, 236, 238
인목대비	305
임상원	235
임숙영	334, 335
임억령	56, 59, 405
임용중	422
임운	64, 81, 137
임제	56, 252, 255, 302, 305, 314, 315
임훈	63, 64, 66, 67, 69, 76~78, 80, 84

임회무	61, 174
자계옹	→ 이언적
장유	310, 448, 453, 454
장지연	279
장현광	152
정경세	437
정구	212
정두경	279~281
정렴	269, 271
정몽주	139
정백창	293
정번	350
정범조	214, 217
정복현	184
정사룡	23
정사성	202
정선	236
정순옹주	247, 251
정양	460
정여창	67, 73, 80, 177
정엽	95, 453
정온	82, 84, 86
정유길	252, 253, 465
정유명	67, 82
정유일	205
정응태	433
정인홍	167, 450, 471
정작	269
정전	100
정종로	87
정종아	84
정철	53, 301, 302, 323~325

정추 395
정탁 303
정현황후 263
정호 235, 454
정홍명 59, 325, 453
정화 350
조경 92, 99, 103
조광조 234
조남명 → 조식
조덕린 212
조목 194, 202
조문명 105
조사수 23
조성기 235
조세걸 235
조수륜 334, 335
조식 61~67, 84, 165~169,
172~179, 183~186, 247
조신 350
조안습 165
조욱 51, 135, 185
조위한 59, 105, 305, 307, 310,
311, 320, 326
조유수 105
조종도 64, 390
조준룡 110
조지서 177
조차산 169
조찬한 36, 293, 310
조효연 191
조희일 310, 349
주세붕 29, 169, 192, 195~198,
217, 219, 221, 380
지문 278

지번 398
진극경 187
진릉군 334
진복창 51
진종주 382

ㅊ

차식 98
차천로 98, 326
채무택 147
채수 130, 395
채제공 109
채팽윤 105, 106, 150
처능 280, 282
천연 112
천인 190
최경창 270, 272, 274, 278, 281
최당 129
최립 231, 236, 269, 285, 291,
297, 326, 416
최명룡 91
최서지 104
최세환 104
최영경 187
최윤덕 104
최일경 104
최자점 104
최청강 448, 451
최충 144
최치원 189, 214, 215
최호 98
최홍림 175
추랑 321

ㅌ

탄홍　429
퇴계　→ 이황

ㅎ

하연　382
하위지　51
하응도　64, 187
하인준　361, 362
하징　187
하항　64, 187
한명욱　362
한명회　252
한석봉　→ 한호
한수　185
한유　197
한유한　176
한준겸　435
한호　109, 116, 120, 122, 160,
　　　285, 297, 326
허균　105, 119, 223, 343~345,
　　　349~365, 416
허목　212, 221
허봉　105, 223
허성　358
허엽　133, 137, 139, 157, 361
허유　468
허자　48
허적　105, 291, 293
허진동　341~343, 363
현응민　361, 362
홍계흠　239
홍귀달　475
홍만조　439

홍명원　293
홍서봉　326
홍언충　191
홍원례　132, 144
홍이상　139, 208
홍인우　137
황근중　95, 98
황기로　49
황맹헌　191
황신　324, 325
황신지　104
황여일　408, 409
황여헌　49
황위　311
황윤헌　49
황응청　408
황정욱　334
황준량　28, 29, 35, 190, 194, 198,
　　　199, 203, 390
황진이　131
황혁　334
회재　→ 이언적
효령대군　319

外 중국사람

가도　223, 321
고적　350
공자　132, 465
공치규　28
농옥　257
도연명　23, 24, 45, 364, 432
두보　118, 281, 285, 330, 376,
　　　377
백아　120

사령운 45
상자평 345
서시 380, 381
선문자 349
소강절 122, 248, 376, 454
소동파 29, 34, 43, 45, 91, 136
순제 152
안기생 349
안연 465
왕양명 437
왕희지 43, 258, 271, 429
이백 53, 197, 358, 437
이태백 → 이백
이하 29
장계 268
장식 196, 198, 204, 422
장횡거 136
조맹부 257
종자기 120, 238
주렴계 455
주자 122, 147, 196, 198, 204,
219, 228, 238, 248, 422,
423, 450, 473
증남풍 248
진관 356
하지장 99

땅이름

ㄱ

가마실 40
가은동 398
갈라산 383
갈선대 194
갈천동 64, 82~84
감악산 61, 174
감음현 82
감호 98~107
갑수산 470
갑장산 468
강계 150, 152, 157
강화도 156, 263, 324, 333, 337
개평촌 64, 68
개화 → 부안
거창 61, 81, 82, 84, 174
검모포 342
검현 410
경연기 324
경일봉 196
경주 147
경행방 247~249
계룡산 285, 293, 452, 454
계발 → 부안
계선암 437
고려산 327
고산 194, 198, 217, 220, 226,
228, 468, 470
고세대 194
고암 129
고양 337
고운대 189
고자동 40
고정산 460
곡화천 286, 295
관동 166
관악산 420
관암 149, 153, 160, 228, 231

관어전   32
관청동   195
관포연   61, 174
광릉   272, 273, 278, 281
교룡산   303, 304, 310, 311
교리   373
구담   398
구선봉   99~103
구성   189
구하대   385
국도   102, 103
군남산   410
군자암   67, 68
굴봉   414
굴탄   27
금강   285
금강산   91, 95, 98~100, 103~106,
        109, 223, 224
금계   424
금구대   386
금산   286
금성산   41, 56
금수   465
금수도   348
금오산   159
금원동   84
금원산   84
금원촌   82~84
금장대   159
금주산   92
금탄   230, 233, 236, 238
금탑봉   189
기곡   39, 40
기박산   → 기백산

기백산   72
기산   395
기성   395
기촌   40
길명리   92
김생굴   189
김탑봉   196

ㄴ

낙동강   29, 380, 440
낙천   201
남계   68
남도   292
남령   67, 68, 84
남산   112, 248
남산리   58
남석   467, 471
남석대   389
남양   447
남원   270, 301, 303, 310~312,
        315
남한산성 86
낭주   → 부안
내순암   83
노동   → 황보촌
노악   67
녹문산   95
농암   25, 27~29, 32, 34~36
농월담   79
능가산   → 변산
능파대   437

ㄷ

단사   194, 217, 220

단성 79, 147
달관대 436, 437
달전리 147
달촌 409, 410
대둔산 450, 454
대모산 282
대사동 234
대추 57
대학봉 384
대흥동 129
덕곡 64
덕담 381, 383
덕산동 166
덕산 165, 179, 183, 184, 186
덕암마을 64
덕유산 67, 69, 76, 77, 82, 286
도고산 398, 416
도굴산 168
도덕산 153
도미진 434
도산 201, 202, 212, 220, 221,
224, 253, 420
도솔대 76
도심촌 434, 435
도음산 151
도탄 177
도화천 436, 437
돈달산 466, 467
돈암 450
동발촌 410
동소 301
동암 194
동음현 119
동촌 448

동취병 200
동호 252, 259, 268~270,
276~279, 322
두류산 → 지리산
두류협 303
두망대 28, 190
두모포 23
두문산 103
둔주산 383
뚝섬 252

ㅁ

마감산 378
마악 409
마암 410, 442
막곡리 391
만사음 285
만세교 92
만월대 135
만폭동 95, 98
망곡평 383
망천 440
면유동 129
명례동 320
명옥연 113
명옥폭 385
명월담 194
모란암 385
모리 83, 84
목산면 58
목산촌 41, 57
몽선산 41, 56
묘적산 252
무량산 58

무이산 238
무진장 315
묵사동 432
미륵산 286
미지산 435

ㅂ

박연폭포 47, 129
반송지 320, 325
반월산 102
반포촌 292
발악 414
백구촌 414
백로암 109
백로주 93, 109, 119
백암 402
백암산 395, 408~411
백운계 113
백운동 110, 166
백운산 92, 93, 113
백천동 95
백탑동 100
백학대 113
별하연 32
병산 440
병산연 386
병풍암 32, 34
보안 → 부안
보장산 112
보허대 436
봉수산 468~470
부령 → 부안
부안 341, 343~353, 355,
357~360

부연 83
부용대 422
부용봉 302
부운벽 120
북천 159
북천대 385
북평 223
분강 29, 32
분천 23~25, 27, 37, 220
불대산 56
불암산 468, 469
불은리 324, 325

ㅅ

사동 408
사동산 409
사륜동 165, 179, 186
사리 183
사봉 100
사자석 35
사천 250
사촌리 420
사탄 383
사평 252
사포 342
산금대 113, 118
산산 442
삼가 61, 165~168, 172, 187
삼가식현 178
삼성동 263
삼성산 410
삼해면 324
삽암 176
상감천마을 337

상덕리　39, 40
상동리　301
상락대　386
상봉대　→ 서애
상산　466, 468
상암　35
상진암　384
생애동　305, 313
서경포　409
서대　331
서림리　448
서미동　438
서석산　41, 57
서애　420~422
서천　48, 159
서촌　314, 323, 332, 409
서취병　200
서호　319~322
석담　224, 227, 228, 232~236,
　　　238, 239
석담구곡　226
선계　342
선릉　263, 264
선암　475
선암리　250
선원면　325
선적봉　228
선학봉　196
설악산　95
설옥담　72, 73
성거산　129, 130
성북리　460
성산　379, 381, 382, 440
성산연　383

성촌　311
세마기　324
세심대　149, 151, 157, 160, 161
세이천　384
소라산　250
소요산　440
소유동　327, 330
소이진　292
송대풍혈　191
송방리　373
송산　301
송악산　129
송암　83, 374, 375, 378
송애　226, 230, 232
송해면　324
송현　27, 426
수경대　113, 118
수도산　263, 273
수동리　439
수류촌　325
수서　263
수석대　386
수송대　77~79, 83, 84
수승대　61, 78, 80, 82
수양산　228
수어대　384
수연산　41
수정계　410
수진방　224
수침촌　383
승과평　264
시전촌　416
신어산　168
신응동　166, 178

신전　　342
신전촌　435
신흥리　295
심원동　342
심진동　61, 64, 68, 73, 76, 84
쌍송애　437

ㅇ

아배야동　147
아차산　252
악양현　176
안강현　159
안음현　79
안음　　80
안의　　61, 62, 84, 174
안의삼동　61, 67, 68, 80, 82
암계촌　50
압록강　362
앙앙곡　383
앵두파　327, 330
야두촌　226
약산　　383
양근　　434, 447
양동마을　147, 157
양령　　292
양좌촌　147
양주　　250, 301
양화나루　322
양화도　320, 325
어등산　56
여계　　41, 58
여산　　380
역동리　84
연곡　　325

연당　　161
연산　　447, 448, 450, 456
연적봉　196
연지　　152
연화방　166
연화봉　196, 208
영가　　380
영강　　466, 468, 475
영귀대　149, 152
영봉리　51
영송촌　→ 영승촌
영승동　80
영승동　→ 영승촌
영승리　→ 영승촌
영승촌　78
영야　　468, 470
영주산　→ 변산
영지산　24, 28, 190, 200
영천　　24, 27
영취산　67, 129
영통동　129
영평　　92, 93, 95, 103, 109, 110,
　　　　112
영평천　109
영해　　212
예안　　190
오관산　129, 130, 132, 142
오담　　220
오류천　327
오리　　327
오용리　295
오천　　202
옥계　　82
옥과　　312

옥산동   64, 65, 68

옥산리   147

옥연   437

옥천   216

옥천산   41

온계리   191

옹암   383

옹암산   41, 57

와룡산   383

와준   113, 118

왕심리   433

왕태동   465

외순암   83

용계산   286

용구산   41

용궁   439, 465

용귀산   56

용대   73, 76

용두산   190

용문산   252

용산   84

용성천   295

용암산   129, 130, 132

용연   41

용유담   62, 63, 67, 68

용유동   166

용음대   76

용진산   41, 56

용천산   41

용추   70, 76, 152

용추계곡   61, 68, 72, 73, 76

용추서원   161

용추폭포   71, 73

우두리   448, 460

우두연   112

우두천   109

우반   348

우반동   341~343, 345, 353, 357, 363~365

우암   410

우암산   409

운암   220, 304, 305

원포   383

원학동   61, 64, 69, 76, 77, 82, 84

월성   67, 84, 159

월성계곡   68

월송교   399

월송포   415

월연암   62, 63, 66~68, 76

월천   220

월출봉   331

위양리   337

은병   230, 232, 236, 238

응령   307

의공계   427

의령   168

의성   439

의인현   33

이색암   25

이안면   295

이현   342

이화탄   383

임의대   395, 396, 408

임하   440

입석리   250

입선대   410

입선동   409

입암   442

ㅈ

자계곡구　161
자남산　129
자소봉　196
자연봉　196
자옥산　147, 160
자운산　234
자하동　129, 135, 142
자하산　194
작현　383
장단　129
장성　325
장수동　64, 68, 69, 76
장원방　51
장의문　247
장인봉　196
장주갑　78
장항동　166
저자도　252, 270, 271
적송봉　384
적항암　385
전교　252
전농리　433
점석　28, 29, 32, 35
점촌　468
점풍대　385
정릉동　450
정명촌　395, 408
정산　447
정수역　177
정우당　220
제암　312
제월봉　40
제호　305, 307, 310~315

조계　232
조곡촌　385
조기폭포　161
조도잔　395, 396, 408
조령　123
조연　468
조협　230
종모암　379
종성　234, 453
종연　83
종현산　113, 118
주곡마을　73
주령　409, 411
주부동　168
주생면　301, 313
주화산　286
죽곡　57
죽도　342
죽천대　382, 383, 386
지곡면　64
지례　466
지릉　91
지리산　67, 69, 165~168, 176,
　　　　179, 183, 184, 301, 311
지우산　69, 70, 72
지주암　437
직산　358
진보　191
진암산　228
진원현　325, 326
진잠　460
징심대　148, 149, 153, 160

ㅊ

차일암　67, 68
창옥병　93, 109, 110, 112, 116,
　　　　118, 119, 121, 122
채호암　76
척수암　77, 78, 83
천등산　286, 374, 424
천마산　129
천방산　416, 417
천사　220
천서암　102
천왕봉　165, 179
천호산　450, 460
청계　311, 313, 315
청계동　301, 303~305
청계산　252, 282
청량산　29, 32, 189~203, 205,
　　　　206, 208, 209, 212,
　　　　214~217, 219~221, 380,
　　　　382
청령담　113, 116, 118
청성산　374, 379, 381~383, 385,
　　　　386, 389, 391
청왕봉　466
청학대　113, 118
청학동　166, 178
초동　471, 475
초정　112
총명수　189
추담　64
추성　40
추암　129
추월담　437
추월산　41, 56

추포　324
축융봉　196, 212
취병　230, 231
취소대　384
치원봉　206
칠천　57

ㅌ

탁립봉　196
탁영　220
탁영대　149, 153, 160
탁타교　137
탁필봉　196
탄동　168, 187
탄현　142
탕목정　396, 408
태백산　434, 440
태봉　410
태촌　465, 466, 471
토동　165, 166, 172
토운상　113, 118
토천　326

ㅍ

파릉　281
판현　165
평장동　447
평창　91
평촌리　73
평해　395, 397, 398, 402, 404,
　　　　405, 408, 413~415
포촌　468
풍기　466
풍덕　132

풍류암   76
풍산   191, 391
풍산현   440
풍송석   425
풍암   230, 232
풍혈   189

ㅎ

하도리   324
하령   198
하명오   194
하용추   159
하회   426, 431, 435, 438, 439,
        442
하회마을   419, 423, 440
학가산   374, 435, 468~470
학림   102
학포   103
한둔산   286
한송단   382, 383
함열   357, 360
해금강   91, 105
해산   383
해주   225~227
향로봉   100, 196
향천   187
현석촌   319~321, 323, 325, 332
혈포   57
호계   475
호골암   383
혼량매   → 부안
홍류동   73
홍매촌   324, 327
홍해   147

화개산   153
화개현   177
화담   47, 129~133, 135~137,
        139, 140, 142, 144, 145
화령   198
화림동   61~64, 66~69, 82
화산   190, 429, 440, 442
화악산   435
화암   228, 231
화양동   214
화원   129
화정리   133, 137
화진   286
화촌   402
황룡산   337
황보천   399
황보촌   398, 399, 401~403, 408,
        414
황암   342
회령   305
회암   83
회양   91
흥덕   466
흥해   151
희안   → 부안

집 이름

ㄱ

간죽문   437
감록당   429, 430
감호당   100, 104
개풍루   341

거경재 460
거연정 61
견성사 263
견성암 263
겸암사 437
겸암정 442
겸암정사 420, 422~424, 435
경광서당 382, 386
경덕궁 135
경운궁 247
경직재 390
경회당 450, 460
계당 153
계부당 167, 172, 173
계수정 384
계정 149, 151~153, 156, 160
계조암 408
고금당 304, 314
고산별업 194
고산정 194
고운산 450
고운암 460
관물당 376, 377
관물헌 382
관아재 376
관이당 248, 249
구미사 313
구산서원 58
구소 83, 84, 86
구인당 160
구인사 160
군자정 61, 68
권선당 220
귀래정 440

귀법사 143, 144
극락암 67
금계정사 424
금수정 93, 109, 118, 120
금적정사 175
김생사 191

ㄴ

낙계정사 426
남계서당 426, 439
남계서원 64, 80, 439
남계정사 427, 428
남석정 466, 468, 469, 470
납청루 159
농암종택 26, 36
농운정사 219
농월정 60, 61
농환재 438
뇌룡정 172, 173

ㄷ

담담정 319
대명암 96, 98
덕천서원 187
도남서원 439
도산서당 200, 219
도산서원 37
도솔원 386
독락당 147, 149~153, 156, 160
독서당 224, 269
돈암서원 450, 460, 462
동대 120
동성원 312
동호정 68

ㅁ

만월암   193
망사정   395, 396, 408, 415
망양정   395, 398, 408, 415
망원정   319
매학정   49
면앙정   39, 40, 43, 45, 46, 48, 49,
        51, 53, 56, 57, 59, 121
면앙정   52
명농당   23, 27
명륜당   390
모리재   86
몽뢰정   252, 253, 255
몽상암   191
무민재   382
무변루   160, 161
무진정   49
문수사   191
문충서원 139
민구재   157, 160

ㅂ

반환정   331
배견와   113, 118, 119, 121
백률사   159
백암사   411
백운암   191, 193, 219, 381
병담정사 83
병산서당 386
병산서원 439
보락당   252
보만정   332
보제원   111
보허정   303

보현암   202
봉은사   263~265, 268~274,
        276~282
북담서당 428
분강서원 37
분강천   37
분천서원 30, 37
불암사   470
비래당   104
비래정   101~103, 106
빈연정사 426
빙산서원 439

ㅅ

사락정   79
사마계   28
사평원   252
산천재   183
산해정   167~169
삼강서원 439
삼구정   440
삼불암   67
삼일당   325
삼장사   184
상로당   426
상봉정   422
서림사   348
서사정   140, 142
서운암   67
석담서원 236
석림정사 454
석문정사 389
석불사   41, 57
석천암   86

선암사　409
성산서당　386
성산암　385, 386, 391
성성재　194
세심재　430
소겸당　351
소래사　341
소세원　46
소현서원　234, 236
송정　383, 399
수명루　384, 385, 390
수산치원암　189
수월정　251~253, 255, 257~259
수정사　342
수혈원　358
시노실　385
시노재　384
신계사　95, 96, 98
신산서원　187
신의재　64
신통사　57
심정재　427
십매헌　286, 288
쌍청당　26
쌍취헌　111

ㅇ

아한정　448~450, 453
안중사　191
암수재　157, 160
압구정　252
애경당　475
애련당　427
애일당　24~26, 32~34, 36, 37

약허재　384
양성당　450, 452~455, 457, 462
양어지　427
양의당　321, 322
양진당　419
양진암　153, 194
양진재　160
양휴당　64
어풍정　100
여강서원　386, 439
역락문　159
연대사　189, 192, 216
연송재　103
연어헌　382~384, 389, 426
연엽정　102
연좌루　431, 442
영각사　67, 68
영고서재　475
영귀대　427
영모재　426
영사정　313
영지정사　28
영통사　129
영호루　440
영휘원　395
오산당　217~220
오죽헌　223
오천초당　333
옥계정사　64
옥병서원　122, 123
옥산서원　147, 156, 159~161
옥산정사　160
옥연서당　426, 428, 430, 431, 435,
　　　　　437, 441, 442

온진정 312

완심재 426, 437

완적료 430

요금정 236, 238, 239

용수사 194, 435

용암서원 187

용장서원 304

용천사 39

용천정사 84

용추사 73

우두정 109, 120

우반정 341, 343

운서재 220

운서헌 219

운와헌 384

원락재 430

원지정사 420, 425, 426, 428, 429

원통사 132

월란사 37

월란암 194

월선정 285, 288~290, 293, 295

월송정 395, 396, 398, 402, 408,
        413~415

월파정 49

유정당 220

유정재 382

유천서원 341

은병정사 228, 232, 234, 236

응도당 460

의방재 390

이암 248, 249

이양정 112, 113, 116, 118

인지당 384, 385, 390

인지암 385

인지헌 153

임강사 35, 36

임청각 409

입덕문 460

ㅈ

자운서원 234

장수사 68~70, 72, 76, 84

장암정 47, 48

장흥사 268

점역당 303, 317

정관대 149

정사암 345, 348, 349, 351, 363

정의재 460

정토사 321

정혜사 152, 153

제승정 48

조종사 435

주정재 390

지곡사 184

지산재 275

지숙료 219, 220

진언문 129

집경당 376, 378

ㅊ

차일암 129

창굴암 342

천방사 417

천일정 252

철적정 238

청계당 228

청계정사 301, 302, 304

청량사 191

청량정사 217
청성서원 389~391
청성정사 383, 386
청원루 341
청풍사 390
체인묘 160
초은대 427
총명수 191
추담정사 64, 80
추풍정 325
충효당 419
취원루 341
침류당 252

ㅌ

탄서헌 427
탄현문 129
통제암 396, 408

ㅍ

팔각정 165
평망정 95
풍영정 121
풍월루 395, 415

ㅎ

한서암 194
한서재 373
한송단 384
합강정 315
해립재 160
해산정 98
해월헌 409
해인사 175

현등사 435
화곡서원 139
화엽루 87
회산서원 187
효사정 46
희우정 319, 322

조선의 문화공간 2책

지은이 | 이종묵

1판 1쇄 발행일 2006년 8월 7일
1판 2쇄 발행일 2006년 8월 21일
1판 2쇄 발행부수 3,000부 총 6,000부 발행

발행인 | 김학원
편집인 | 한필훈 이재민 선완규 한상준
크리에이티브 디렉터 | 김영철
기획 | 황서현 유은경 박태근 유소연
마케팅 | 이상용 하석진
저자·독자 서비스 | 조다영(humanist@hmcv.com)
스캔·표지 출력 | 이희수 com.
조판 | 새일기획
용지 | 화인페이퍼
인쇄 | 청아문화사
제본 | 정민제본

발행처 | 휴머니스트
출판등록 제10-2135호(2001년 4월 18일)
주소 | 서울시 마포구 연남동 564-40 121-869
전화 | 02-335-4422 팩스 | 02-334-3427
홈페이지 | www.hmcv.com

만든 사람들

편집 주간 | 이재민(ljm2001@hmcv.com)
책임 편집 | 이명애
사진 | 권태균
표지 디자인 | AGI 황일선
본문 디자인 | AGI 황일선 최지섭
그외 도움을 주신 분들 | 장유승 최은정 이원혜